HBYT-JCJ-1-05

华北油田组织史资料（基层卷）

第一部　第五卷

第五采油厂

（1986—2015）

第五采油厂人事科／党委组织部｜编

石油工业出版社

图书在版编目（CIP）数据

华北油田组织史资料 . 基层卷 . 第一部 . 第五卷 /
第五采油厂人事科 / 党委组织部编 . -- 北京 ：石油工业
出版社，2025. 6. -- ISBN 978-7-5183-7531-8

Ⅰ . F426.22

中国国家版本馆 CIP 数据核字第 202557Q8K3 号

华北油田组织史资料　基层卷　第一部　第五卷
第五采油厂人事科 / 党委组织部　编

项目统筹：冀宇飞　李廷璐

图书统筹：李廷璐

责任编辑：孟海军

责任校对：张　磊

出版发行：石油工业出版社

　　　　　（北京市朝阳区安华里 2 区 1 号楼　　100011）

　　　　　网　　址：www.petropub.com

　　　　　编辑部：（010）64523611　64219117

　　　　　图书营销中心：（010）64523731　64523633

印　　　刷：北京中石油彩色印刷有限责任公司

2025 年 6 月第 1 版　　2025 年 6 月第 1 次印刷

787×1092 毫米　　开本：1/16　　印张：22.5

字数：356 千字

定价：328.00 元

《华北油田组织史资料（基层卷）第一部 第五卷》编纂人员名单

编审委员会

主　　任：莫日根　郭　简

顾　　问：陈繁华　李仰民　刘春平　付　浩　李经纬

副 主 任：王　鑫　孙学峰　杨中峰　范晓辉　李小永　田　莘

委　　员：（以姓氏笔画为序）

于东升　马永伟　马海骄　马德长　王鹏举　刘　玮

刘万斗　刘建军　刘清源　江　涛　闫　斌　孙　斌

孙新瑞　寿　韬　李　静　李士恩　李永才　何永志

张　凯　张玉川　张占生　陈再贺　胡俊美　赵晓光

战桂波　崔　建　崔为上　梁立生　曾　锐　靳　利

窦勤光　谭卫平　樊永利　戴　磊　魏　星

编 纂 组

组　　长：梁立生

顾　　问：郭小玉　李英强　王国斌

副 组 长：霍志超

责任编纂：陈　铎　谢世平

编辑编务：曹利丽　张海建　李燚芳　段潇雨　王　嫱　孟祥文

李晓云　李　霞

特邀统稿：霍志超　陈　铎

前　言

2013年4月，中国石油天然气股份有限公司华北油田分公司全面启动《中国石油华北油田组织史资料》系列图书编纂工作，共分企业卷、基层卷2个层面组织编纂。企业卷由华北油田分公司人事处牵头组织编纂，基层卷由华北油田分公司所属单位牵头组织编纂。5月，第五采油厂成立组织史资料编纂组，同时在人事科（组织部）成立编纂办公室，全面启动《华北油田组织史资料（基层卷）第一部　第五卷》编纂工作。经过4年多的资料收集、编录、核对等大量工作，终于完成编纂。本书按照《华北油田组织史资料编纂技术规范》的要求和规定，采用编年体与纪事本末体相结合的方式，系统回顾了第五采油厂组织机构沿革、领导任免、人事管理、组织建设及体制改革等总体情况，比较全面、客观、真实地记录和反映了第五采油厂从成立至2015年的发展历程。

1979年5月21日，深西油田泽21井钻探成功，由此拉开冀中南部油田开发建设的序幕。此后，位于束鹿县（现辛集市）境内的何庄西、何庄和台家庄等油田相继被发现并投入开发。特别是1983年11月和1985年10月位于宁晋县境内的晋45井和晋古2井先后获得高产油气流，其中晋古2井喜获双千吨工业油流，引起河北省委、省政府和石油工业部的高度重视。1986年8月1日，经石油工业部批准，华北石油管理局成立第五采油厂，从此揭开冀中南部油田开发建设的新篇章。建厂之初，第五采油厂坚持以原油生产为中心，积极组织新井站建设和原油上产会战，加强企业经营管理，狠抓队伍建设，建成设施齐全、功能完善的生活基地，连年超额完成上级下达的生产经营任务。在建厂的头3年，第五采油厂累计生产原油164.6万吨，为华北油田连续10年稳产1000万吨以上做出重要贡献，特别是1987年原油产量达到60.2074万吨，创造了第五采油厂发展史上的年产原油最高纪录。经过建厂初期连续3年的高产稳产，囿于油田地质条件和连续10年勘探无突破，第五采油厂产量逐年递减，1995年原油产量跌到24万吨，但广大干部职工始终把企业的稳定发展作为中心任务，坚持以油为主、多种经营协调发展的路子，大打增储、稳产仗，深化中小潜山措施挖潜，不断积累复杂油藏治理经验，精雕细刻荆丘油田，创造了全国同类型油藏领先的开发水平；开展榆科、荆丘和台家庄等老油田滚动增储研究，通过实现勘探开发"一体化"，发现赵州桥、深南油田，首次实现当年新增可采储量大于当年产油量。经过10年的艰苦奋斗和拼搏进取，原油产量止跌回升，油气田开发步入良性发展轨道。

1996年，华北石油管理局重组分离，第五采油厂非核心业务划转第十五综合服务处。1999年，华北油田重组，华北油田分公司成立，第五采油厂整建制划转华北油田分公司，为所属正处级单位。2000年以来，第五采油厂始终把油气资源的有效接替放在首位，不断深化地质研究，创新地质认识，先后在深南构造带、西曹固构造带和赵县背斜带等新老区实现滚动增储上的突破，泽70断块单井出油点的滚动、赵86断块隐蔽型油藏的发现、车城油田三维地震资料反序解释法的创新、滚动开发研究向油藏评价的延伸都成为滚动增储工作的经典之作；始终把油田稳产作为中心工作，强化剩余油分布研究，积极实施"调水增油"措施，加大油田注水开发调整力度，优化挖潜措施结构，积极探索三次采油新技术；始终坚持"科技是第一生产力"的指导思想，大胆探索，勇于实践，把技术引进和二次创新有机结合起来，不断提高应用水平与自主研发能力，实现地质认识的突破，解决一系列制约油田开发的工艺技术难题，形成完善的配套工艺技术体系，为增储上产提供有效的技术支撑；始终围绕提高经济效益这个中心，积极实施全方位、多层次的降本增效措施，率先完成油区用电村庄转网改造，开展零散天然气发电工作，实施发电机余热回收和利用地热，较早开展地面工艺流程简化实践，实施提高生产系统效率工程，这一系列带有前瞻性、方向性的探索和实践，对华北油田创建节约型企业起到示范、引导和推动作用。

截至2015年12月，第五采油厂设机关部门10个、直属单位7个、油气生产单位6个、辅助生产单位9个，在册员工1688人。勘探开发主战场集中在冀中南部地区的深县、束鹿和晋县3个凹陷，生产区域分布在石家庄、邢台和衡水市的6个县（市）。共探明含油面积66.64平方千米，石油地质储量8953.4万吨，累计生产原油1420.08万吨、天然气8.38亿立方米。开发管理油田12个，油藏32个；管理油水井944口，其中采油井645

口、注水井 299 口。2015 年，生产原油 52.5 万吨；固定资产原值 68.38 亿元，净值 41.29 亿元。第五采油厂逐步转变为以油气开采为主营业务的资产优良、运作高效的现代化能源企业。

始终抓住资源有效接替是企业生存和发展的根本；积极实施技术创新、管理创新是企业实现永续发展的动力；紧紧依靠广大员工办企业，油地、矿区共创和谐是企业持续稳定发展的有力保证。企业组织机构沿革和人事更迭，是企业发展史的重要组成部分，希望广大干部员工认真学习了解第五采油厂的发展历史，传承石油人的光荣传统，更加积极地投身石油勘探开发工作。

第五采油厂组织史资料编纂组

2018 年 12 月

凡　例

一、本书按照中国石油天然气集团公司下发的《〈中国石油组织史资料〉编纂技术规范》和华北油田分公司下发的《〈中国石油华北油田组织史资料〉编纂技术规范》进行编纂。

二、指导思想。本书以马列主义、毛泽东思想、邓小平理论、"三个代表"重要思想、科学发展观、习近平新时代中国特色社会主义思想为指导，坚持辩证唯物主义和历史唯物主义的立场、观点和方法，按照实事求是的原则和"广征、核准、精编、严审"的工作方针，以2015年12月时的华北油田分公司各所属单位为对象，追溯历史，全面客观地记述各所属单位自成立以来的组织机构演变发展历程和人事变动情况，以期发挥"资政、存史、育人、交流"的作用。

三、断限。本书收录上限始于各单位成立之日，下限断至2015年12月。

四、指代。本书中"总公司"指代中国石油天然气总公司，"集团公司"指代中国石油天然气集团公司，"股份公司"指代中国石油天然气股份有限公司，"华北油田分公司"指代中国石油天然气股份有限公司华北油田分公司，"管理局"指代华北石油管理局。"中国石油"以1988年9月中国石油天然气总公司成立为界，之前泛指中国石油工业。"华北油田"以1981年6月为界，之前泛指华北石油会战指挥部所属油田（含大港油田），之后泛指华北石油管理局与华北油田分公司。

五、资料的收录范围。本书收录的资料分3个部分：一是组织机构沿革及领导成员名录等正文收录资料；二是组织人事统计资料及其他相关人员名录等附录资料；三是组织人事大事纪要等资料。

组织机构收录范围主要是依据行政隶属关系和股权管理确定，领导名录收录范围主要是按照干部管理权限确定。具体包括：各单位的领导机构及其领导成员，机关部门、附属单位、直属单位、所属单位、控股公司领导机构及其领导班子成员。参股公司只收录属华北油田分公司（华北石油管理局）

员工（职工）的董事、监事、高级经营管理人员或股东代表。

附录主要内容包括：组织机构设置序列和沿革图，局级及以上专家、技术能手，副高级以上职称等高层次人才队伍人员名录，全国及省（市）、县党代表、人大代表、政协委员名录，局级及以上先进集体、先进个人和石油英模名录，企业主要经营指标完成情况及历年人事劳资统计简表等。每卷附录收录内容依据各单位实际情况而定。

组织人事大事纪要主要收录干部任免、人事劳资、教育培训等重要组织人事业务的时间、决定机关、依据文件、主要内容或结果等。

六、资料的收录原则。党、政组织机构较详，其他组织机构较略；本级机构较详，下属组织机构较略；存续下来的机构较详，期间撤销或划出的组织机构较略；组织机构及领导成员资料较详，其他资料较略。

七、编纂结构体例。本书采取"先分阶段，再分层级，后分层次"横竖结合的方法，按卷、编、章、节、目等层次进行编纂，按机构名称设卷分册。各单位自成一卷，各卷根据内容篇幅分册。全书共分为37卷40册。其中，第1至第11卷为常规油气业务板块单位，第12至第13卷为新能源板块和对外合作板块单位，第14至第16卷为多种经营板块单位，第17至第28卷为矿区服务板块单位，第29至第37卷为生产服务及社会服务板块单位。

各卷根据本单位历史沿革分为若干编，各编第一章章下不设节，直接分条目收编具体的党政组织机构领导名录；正文其他各章以本章所收编的具体机关部门、企事业单位或具体建制单位等分别设节，节下收编具体的组织机构。一般按照机关职能部门、直属单位、所属单位性质的机构单独设一节，机关附属单位根据具体情况单独占节或收录在相应业务从属部门的节下。

各卷、编附录主要以表格或列项的形式收录。

八、本书采用文字叙述、组织机构及领导成员名录、图表相结合的编纂体例进行资料编排。

（一）组织机构沿革文字叙述的编排。本书文字叙述起连接机构、名录、图表的链条作用，主要包括综述、分述和简述。在各卷或编首写有本单位组织机构的综述，主要记述该时期本级组织机构的基本简况、沿革变化及其历史背景；下属工作机构和所属单位的机构改革、体制调整等组织沿革情况；本级组织机构在企业管理和改革、生产经营、干部和员工队伍建设、党的建设和企业文化建设等方面所采取的重大决策、重要措施及取得的主要成绩等内容。

在各章之首，写有本时期领导机构、机关工作部门、所属单位每个层次的分述，主要围绕本层次组织机构发展主线，采取编年纪事与本末纪事相结合的方式，简要概述本层次机构所涉及的重大管理体制调整、组织机构调整、业务重组整合、领导届次变化和组织机构的基本概况。

在各节或目下，分别收编具体组织机构，一般分为两部分：第一部分为该组织机构沿革的文字简述，第二部分为该组织机构及领导成员名录。简述主要记述该机构建立、撤销、分设、合并、更名、职能变化、业务划转、规格调整、体制调整的依据及结果，上级下属、内部机构设置及人员编制的变化情况，机构驻地和生产规模、工作业绩概况等。

（二）组织机构的编排顺序。一般按机构成立时间先后或编纂下限时的规范顺序排列。工作机构，按照职能部门、直属单位（派出机构列直属单位一章）均按时间顺序收编；各所属企事业单位按其成立时间先后或编纂下限时机构设置序列表为序，有明确规范排序的，按规范的顺序。

领导机构原则上在1988年实行局（厂）长负责制以前，按党的领导机构、纪委领导机构、行政领导机构和工会领导机构依次编排，1988年实行局（厂）长负责制之后，按行政领导机构、党的领导机构、纪委领导机构和工会领导机构依次编排。同时，为了规范简洁，编纂时间段跨1988年的按照行政领导机构、党的领导机构、纪委领导机构和工会领导机构依次编排，有明确规定的按规定顺序编排。设董事会、监事会的，董事会、监事会列在行政领导机构前。收录助理、副总师的，列在工会领导机构后。

（三）领导名录的编排顺序。一般按正职、副职和任职时间先后的顺序分别排列。同为副职的，按任职先后排列；同时任职的，按任免文件中的顺序排列；上级主管部门任命时已注明排列顺序或有规范惯例的，按文件规定和当时的惯例排序；领导班子中有正、副处级巡视员及其他相应职级干部的，依次编排在行政领导班子成员名录后；提前退出领导班子现职的成员，本书未收录。

一人兼任多职的，按不同职务序列名称分别编排。除上级部门领导兼任下级职务和"安全总监"职务标注"兼任"外，其他同一人分别担任不同岗位职务时一般不标注"兼任"。

本书领导名录编排顺序不代表班子成员实际排序。

（四）其他。组织机构名称一般使用全称，名称过长或常用简称的，第一次出现时使用全称并注明之后用简称。目录和标题中的机构名称一般用规范的简称或全称。

九、本书收录的领导成员资料包括其职务（含代理）、姓名（含曾用名）、性别、少数民族族别、任职起止年月等人事状况。凡涉及女性、少数民族、兼任、主持工作、挂职、未到职或领导成员实际职务级别与组织机构规格不一致等情况的，在任职时间括号内备注。涉及同一人的备注信息，仅在该节第一次出现时加注。同一卷中姓名相同的，需标注性别或籍贯、出生年月、毕业院校等以示区别。对组织上明确设有"常务"职务的，一般单列职务名录，编排在其他副职前。

十、本书收录的组织机构及领导成员，均在其后括号内注明其存在或任职起止年月。月不详者注季，季不详者注上半年、下半年或年，年、月均不详者括号内注不详。任职上下限时间在同一年内者，标注下限时间时省略年，例如（19××.×—×）；在同一个月内者，任职时间只标注年月，例如（19××.×）。同一组织、同一领导成员，其存在或任职年月有两个或两个以上时段时期时，前后两个时期之间用"；"隔开；组织机构更名的，排列时原名称在前、新名称在后，中间用"—"连接。收录的某一组织机构，在其存在时限内，其领导成员一直空缺或不详者，分别在职务后括号内标注"空缺"或"不详"。

十一、组织机构设立和撤销时间，原则上以上级机构管理部门正式下发的文件为准；没有文件的，以工商注册或资产变更等法定程序为准。

十二、领导成员任离职时间，均以干部主管部门任免时间或完成法定聘任（选举）程序时间为准。同一个人有几级任免文件的，按干部管理权限，以主管部门任免行文时间为准。属自然免职或无免职文件的，将下列情况作为离职时间：被调离原单位的时间，办理离、退休手续的时间，去世时间，机构撤销时间，选举时落选时间，新的领导人接替时间，副职升正职的时间，随机构名称变更而职务变化的时间，刑事处罚、行政处分和纪律处分时间。确无文件依据的，经组织确认后，加以标注。此外，各职务领导接任时间不连续的，一般视为干部任免考察需要，除特殊情况外不标注。

十三、本书入编机构为以人事部门机构文件为准的常设机构，未收录各种临时机构、虚设机构、领导小组、委员会等非常设机构。

十四、本书资料收录的截止时间，不是组织机构和领导成员任职的终止时间。各组织机构一般按机构起止时间划段，分别收录在相应编（章）内；对跨限时间较短的，则集中编排在上一编（章）或下一编（章）内。同一编内，机构性质发生变化的，按照变化的时间划段，分别编排在不同章下。

十五、本书对历史上的地域、组织、人物、事件等，均使用历史称谓。中国共产党各级组织名称一般省略"中共"二字，简称为"党委""党总支""党支部"。收录党组织领导名录时，根据编排需要，一般省略所属单位党组织名称中"华北石油会战指挥部""华北石油管理局""中国石油""中国石油天然气股份有限公司华北油田分公司"等字样。中国共产党第 × 次全国代表大会，简称为"党的 × 大"；中华人民共和国第 × 届全国人民代表大会，简称为"× 届全国人大"；中国人民政治协商会议第 × 届全国委员会第 × 次会议，简称为"全国政协 × 届 × 次会议"。

十六、本书一律使用规范的简化字。数字使用依据《出版物上数字用法》（GB/T 15835—2011），采用公历纪年，年代、年、月、日和记数、计量、百分比均用阿拉伯数字。表示概数或用数字构成的专用名词用汉字数字。货币单位除特指外，均指人民币。

十七、本书采用行文括号注和页下注。行文括号注包括领导成员的人事状况，组织的又称、简称、代称，专用语全称与简称的互注等。页下注系需要说明的问题。同一内容的注释，只在该册第一次出现时注明。

十八、本书收录的文献多为全文照录，保留原标题。篇幅较长的文献，以突出组织人事工作主线进行适当节录。对已公开出版或已经收录到文件选编的，一般只列出标题，内文省略。

十九、本书收录的资料，仅反映组织机构沿革、领导成员更迭变动和干部队伍发展变化的历史，不作为机构和干部个人职级待遇的依据。由于情况复杂，个别人员姓名和任职时限难免出现错漏和误差，有待匡正。

二十、本书各卷在本凡例之后设有"本卷编纂说明"，进一步说明该卷需要交代的具体事项。

本卷编纂说明

一、本卷为《华北油田组织史资料（基层卷） 第一部 第五卷》，收录 1986 年 8 月至 2015 年 12 月期间，第五采油厂的组织机构沿革和主要领导成员资料，是按照华北油田分公司的统一部署，在华北油田分公司人事处组织史资料编纂办公室指导下，由第五采油厂人事科 / 党委组织部牵头编纂完成。

二、本卷章节设置：

本卷卷首综述包括 5 部分内容：组织机构沿革、企业发展与主要成绩、企业改革与经营管理、领导班子及人才队伍建设、党的建设与思想政治工作。

本卷按照领导机构、机关部门及党组织、直附属单位、油气生产单位、辅助生产单位、附录及组织人事大事纪要分 7 章编纂。

三、本卷组织机构及领导成员名录收录范围：

领导机构：第五采油厂行政领导机构及班子成员，第五采油厂党委及成员，第五采油厂纪委及成员，第五采油厂厂长助理、副总师等。

机关部门、直附属单位、油气生产单位、辅助生产单位及其领导班子成员、党组织领导。

四、本卷特殊说明：

（一）本卷收录的组织机构以 2015 年 12 月存续机构为依据，向前追溯，设置章节。各所属单位的排序，主要按成立时间先后编排，不代表实际排序。

（二）建厂初期，为便于第五采油厂对生产单位的管理，早期生产单位全部为直属单位。2000 年以后成立的直属单位具有机关职能。

（三）早期厂机关部门隶属单位，不单独设节，调整为厂属中队级单位后，在简述中进行说明。

（四）1993 年至 2001 年，治安大队等合署办公单位不在节标题中体现，只在简述中进行说明。

（五）因缺乏资料，附录中机关部门员工名录未收录 2000 年以前成立的部门。

五、本卷原始资料主要来源：第五采油厂档案室文书资料，各所属单位征集上报的资料，会议材料、工作总结、人事劳资统计报表等。由于早期部分档案文件缺失，在编纂过程中部分资料来源于会议纪要、当事人口述回忆资料。

目　　录

综　述

第五采油厂成立于 1986 年 8 月，为华北石油管理局所属二级单位，是以石油天然气开采为主营业务的资源采掘企业。机关办公地点在河北省辛集市束鹿大街。生产区域主要分布在华北平原冀中南部地区，横跨石家庄、邢台、衡水 3 个地区的 6 个县（市），年生产规模 50 万吨左右。1996 年 12 月，华北石油管理局实施重组，第五采油厂非核心业务划转第十五综合服务处。1999 年 7 月，集团公司对华北石油管理局进行重组改制，以油气勘探开发、炼油化工、油气产品销售等核心业务成立华北油田分公司，第五采油厂整建制划入华北油田分公司，为所属正处级单位。自成立至 2015 年 12 月，按照华北油田分公司要求，第五采油厂积极转变观念，加强科学管理，逐步从一个"大而全、小而全"的社会化企业，转变为以油气开采为主营业务的资产优良、运作高效的现代化能源企业。

一、组织机构沿革

1983 年 11 月和 1985 年 10 月，位于河北省宁晋县境内的晋 45 井、晋古 2 井先后获得高产油气流，特别是晋古 2 井喜获双千吨工业油流，引起河北省委、省政府和石油工业部的高度重视。1986 年 7 月，随着生产规模进一步扩大，为强化和便于冀中南部油区开发和管理，经石油工业部批准，华北石油管理局决定，组建第五采油厂。

1986 年 8 月 1 日，第五采油厂正式成立，为华北石油管理局所属二级单位。1988 年按照华北石油管理局的统一要求，第五采油厂实行厂长任期目标责任制。1999 年 9 月，第五采油厂整建制划入华北油田分公司。

第五采油厂成立后，根据发展形势和生产任务变化的需要，按照高效精干的原则，组建机关部门和所属单位，建立科技、企管、工会、共青团等各种组织，逐步建立机构设置、编制规模与业务需求相适应的管理机制。

成立初期，为了保障各项工作有序顺利开展，第五采油厂借鉴采油厂机关部门设置结构，至 1986 年 12 月，明确机关部门设置及岗位定员，设机关部门 18 个：厂办公室、综合计划科、财务科、人事教育科、生活科、生产调度室、工农科、生产技术科、机械动力科、油田建设科、技安环保科、党委办公室、党委组织部、党委宣传部、纪委办公室、工会、团委、保卫科，定员 142 人。直属单位 4 个：小车队、托儿所、供应站、劳动服务公司。为满足油田管理需要，确保油气生产指标落地，依据油田分布区域设置机构层级，按照工作性质任务划分管理单元，遵照方便管理要求建立工作生活队站，设中队级油气生产单位 5 个：采油一队、采油二队、采油三队、长输队、采油四队。为保障油气生产，完善管理服务职能，实现油田管理高效安全运行，设辅助生产单位 7 个：作业一队、作业二队、作业三队、车队、维修队、机修站、地质队。

1987 年 3 月，第五采油厂成立采油五队、工程技术队、试井队，为油气生产单位。5 月，保卫科更名为公安分处，改列直属单位。8 月，液化气队成立，为油气生产单位。12 月，车队分立为运输队和特车队，均为辅助生产单位。

1988 年 7 月，经营办公室成立，为机关部门。8 月，作业四队成立，为辅助生产单位。9 月，运输队更名为运输大队。10 月，采油六队成立，为油气生产单位；作业一队、作业二队、作业三队、作业四队、准备队、特车队等 6 个单位合并，成立作业大队，为辅助生产单位。12 月，机修站更名为修保站。

1989 年 1 月，子弟学校成立，为直属单位。2 月，采油七队成立，为油气生产单位。为进一步优化组织机构，第五采油厂将维修队、修保站合并，成立机修站，为辅助生产单位。

1990 年 3 月，撤销生活科，成立生活服务站，为直属单位。6 月，监察科成立，为机关部门；撤销机修站，成立工程维修大队，为辅助生产单位。7 月，撤销劳动服务公司，成立多种经营综合开发部，为直属单位。11 月，机关党总支列为机关部门。

1991 年 7 月，生活科成立，为机关部门；采油八队成立，为油气生产单位。9 月，审计科、国有资产管理科成立，为机关部门；撤销生活服务站；成立荆丘综合采油队，为油气生产单位，采油二队、采油四队、液化气队划归荆丘综合采油队。12月，卫生所调整为中队级单位，隶属生活科。

1992年3月，撤销多种经营综合开发部，成立鸿达公司，为厂属具有法人资格的集体经济实体，列直属单位。5月，注水科成立，为机关部门。7月，撤销生活科，成立生活服务公司，列直属单位；荆丘综合采油队液化气队划归鸿达公司；成立离退休职工管理办公室；卫生所、托儿所调整为第五采油厂机关附属单位。

1993年3月，综合计划科更名为经营计划科；工会更名为工会办公室；人事教育科更名为劳动工资科；纪委办公室、监察科合并为纪监办公室；撤销国有资产管理科、经营办公室、工农科；生产技术科、注水科划转工程技术队；采油六队划归采油一队。4月，荆丘综合采油队撤销采油四队；劳动工资科教育培训职能划出，成立教育培训中心，为直属单位；托儿所、子弟学校调整为教育培训中心所属单位。5月，离退休职工管理办公室更名为离退休职工管理站。8月，计划生育管理职能由厂办公室划转生活服务公司；机关党总支不再列为机关部门。至12月，第五采油厂设辅助生产单位11个：作业大队、运输大队、工程维修大队、试井队、地质队、工程技术队，以及教育培训中心、公安分处（武装部）、鸿达公司、生活服务公司、供应站。

1992年至1993年，按照华北石油管理局三项制度改革要求，第五采油厂精简机关部门6个，将机关部门重新划分为党群系统、行政系统、生产系统。至1993年12月，第五采油厂设机关部门15个：厂办公室、经营计划科、劳动工资科、财务科、审计科、机械动力科、生产调度室、技安环保科、油田建设科、党委办公室、党委组织部、党委宣传部、纪监办公室、工会办公室、团委。

1994年4月，技术监督科成立，为机关部门。5月，工农科成立，为机关部门。10月，为加强赵州桥油田管理，成立采油四队，为油气生产单位。

1995年4月，加强采油队伍"五定"和专业化管理，逐步向多种经营开发项目分离富余人员，将荆丘综合采油队生活服务队、液化气队划转鸿达公司，撤销荆丘综合采油队，保留采油二队、输油队，为油气生产单位。6月，撤销纪监办公室，成立纪委办公室（监察科）。12月，社会保险管理所成立，为直属单位。

1996年8月，电力管理大队成立，为辅助生产单位。12月，华北石油管理局解体"大而全、小而全"的管理模式，将生活后勤、卫生、教育等业务与生产主业分离，鸿达公司、生活服务公司、离退休职工管理站、教育培训中心、卫生所、社会保险管理所等多个单位，整体划转第十五综合服务处；供应站整建制划转华北石油管理局器材供应处；撤销审计科，相关业务划转华北石油管理局审计处。调整后，第五采油厂设机关部门16个：厂办公室、经营计划科、劳动工资科、财务科、机械动力科、生产调度室、工农科、技安环保科、油田建设科、技术监督科、党委办公室、党委组织部、党委宣传部、纪委办公室（监察科）、工会办公室、团委，定员81人。

1997年5月，物资计划科成立，为机关部门。5月，采油七队迁至赵县，负责高邑油田的原油生产任务。6月，为加强边零井的有效管理，边零井采油队更名为边零井综合采油队，为第五采油厂油气生产单位。

1998年6月，为加强赵州桥油田管理，撤销采油四队、采油七队，合并成立赵州桥采油工区，为科级油气生产单位。

1999年4月，为优化组织结构，强化管理职能，第五采油厂调整采油、输油队伍编制。采油二队、输油队合并，成立荆丘采油工区，为油气生产单位；采油三队、采油五队、长输队和边零井综合采油队合并，成立辛集采油工区，为油气生产单位；采油一队、采油八队合并，成立深州采油工区，为油气生产单位。5月，机械动力科更名为资产设备科；物资计划科更名为物资管理科；油田建设科撤销；技安环保科、技术监督科合并成立安全环保技术监督科；成立勘察设计研究室、质量检验监督站均为直属单位。6月，试井队更名为综合测试队；成立联办储蓄所、辛集油品经销处，为直属单位。9月，华北石油管理局实施重组改制，第五采油厂整建制划转华北油田分公司。划转后，第五采油厂设辅助生产单位13个：作业大队、工程维修大队、运输大队、电力管理大队、地质队、工程技术队、综合测试队、勘察设计研究室、质量检验监督站、小车队、辛集油品经销处、联办储蓄所、公安分处（武装部）。机关设部门15个：厂办公室、财务科、劳动工资科、经营计划科、生产调度室、工农科、安全环保技术监督科、资产设备科、物资管理科、党委办公室、党委组织部、党委宣传部、纪委办公室（监察科）、工会办公室、团委，定员69人。

2000 年 1 月，为加强对低效井的管理，成立抽捞油采油队，为油气生产单位。工程维修大队划转华北石油管理局第一油田建设公司，运输大队划转华北石油管理局运输公司，作业大队除油管场外划转华北石油管理局井下作业公司，作业大队油管场调整为中队级辅助生产单位。10 月，第五采油厂对组织机构进行调整。地质队更名为地质研究所；工程技术队更名为工程技术研究所；综合测试队调整为科级单位；物资管理科更名为物资管理中心，资产设备科更名为设备管理中心，均为直属单位。调整后，第五采油厂设辅助生产单位 14 个：车队、油管场、电力管理大队、综合测试队、地质研究所、工程技术研究所，以及质量检验监督站、勘探设计研究室、物资管理中心、设备管理中心、小车队、公安分处（武装部）、联办储蓄所、辛集油品经销处。

同月，对机关部门进行调整。党委办公室、党委宣传部、团委合并，成立党群工作部；生产调度室、工农科合并，成立生产运行科；党委组织部、劳动工资科合并，成立人事科（组织部）；经营计划科更名为综合计划科，资产设备科更名为设备管理中心，物资管理科更名为物资管理中心，更名后均为直属科级单位。调整后，机关设部门 9 个：厂办公室、综合计划科、财务科、人事科（组织部）、生产运行科、安全环保技术监督科、党群工作部、纪委办公室（监察科）、工会办公室，定员 69 人。机关附属单位 4 个：员工培训中心、综合档案室、通讯组、机关服务组。

2001 年 5 月，联办储蓄所撤销。11 月，第五采油厂开展"撤队建站"工作，将"厂—工区—采油队—班站"四级管理模式改为"厂—工区—站"三级管理模式。撤销中队级建制 22 个，组建班站 40 个；减少管理人员 60 人，充实到生产岗位 31 人。12 月，公安系统体制改革，第五采油厂公安分处（武装部）移交冀中公安局。

2002 年 6 月，保卫科成立，为直属单位。

2005 年 3 月，企管法规科成立，为机关部门；小车队、车队合并，成立小车队，为辅助生产单位。8 月，按照华北油田分公司煤层气试采工作部署，成立山西煤层气试采队，为油气生产单位。

2006 年 4 月，辛集油品经销处撤销。5 月，为加强深—楚输油线管理，成立综合采输队，抽捞油采油队划转综合采输队。8 月，第五采油厂山西煤层气试采队划转华北油田煤层气勘探开发分公司。

2008年3月，为理顺组织机构及相应职能，第五采油厂对部分机构进行调整。综合采输队更名为输油作业区，赵州桥采油工区更名为赵州桥采油作业区，荆丘采油工区更名为荆丘采油作业区，辛集采油工区更名为辛集采油作业区，深州采油工区更名为深州采油作业区，质量检验监督站更名为质量监督中心，设备管理中心更名为资产装备中心，勘察设计研究室更名为工程设计室，油管场更名为油管检修站，小车队更名为客运大队，综合测试队更名为测试大队，厂办公室更名为厂长办公室，安全环保技术监督科更名为质量安全环保科，综合计划科更名为计划科，党群工作部更名为党群工作科，纪委办公室（监察科）更名为纪委监察科；成立科技信息中心，为直属单位。10月，为优化资源配置，促进企业发展，华北油田分公司决定，华丽综合服务处泽57项目合采部整建制划转第五采油厂，华北石油工程建设有限公司第五工程处、井下作业公司第五作业大队等单位整体划转第五采油厂，华北石油管理局供应处辛集供应站整体划转第五采油厂。

2009年2月，第五采油厂优化整合部分组织机构，撤销泽57项目合采部，将其油水井管理职能划转深州采油作业区；将高邑油田从赵州桥采油作业区划出，成立高邑采油作业区，为油气生产单位。华北石油工程建设有限公司第五工程处更名为第五采油厂工程大队，井下作业公司第五作业大队更名为第五采油厂作业大队。原辛集供应站、物资管理中心合并，成立物资供应站。

2013年5月，油田建设管理中心成立，为直属单位。

2014年12月，综合服务队成立，为辅助生产单位。

2015年5月，生产运行科负责的电力系统日常运行、维护管理，新建项目审核及改造项目设计委托，现场协调和生产用电等管理职能划转电力管理大队，电力管理大队更名为电力管理中心。10月，撤销工程大队，成立工程维修站，为辅助生产单位。

截至2015年12月，第五采油厂设机关部门10个：厂长办公室、计划科、财务科、人事科（组织部）、企管法规科、生产运行科、质量安全环保科、党群工作科、纪委监察科、工会办公室，定员64人；机关附属单位2个：机关服务班、财务核算室；直属单位7个：质量监督中心、资产装备中心、科技信息中心、油田建设管理中心、工程设计室、物资供应站、护厂大队（保卫科）；油气生产单位6个：输油作业区、深州采油作业区、辛集采油作业区、荆丘采油作业区、高邑采油作业区、赵州桥采油作业区；辅助生产单位9个：测试大队、电力管理中心、作业大队、地质研究所、工程技术研究所、客运大队、油管检修站、综合服务队、工程维修站。

二、企业发展与主要成绩

建厂30年来，第五采油厂认真贯彻华北石油管理局及华北油田分公司的工作部署，坚持一手抓油气生产，一手抓基础建设，努力创建良好稳定的厂区环境，全面加强原油稳产、增储建产和安全生产工作，形成"团结协作，艰苦创业，务实创新，多做贡献"的良好风气，各项工作取得显著成绩。

（一）完善管理制度，紧抓油气生产主线

建厂初期，第五采油厂紧抓基础工作，按照"精简、健全、实用、有效"的原则，从机关到基层明确岗位责任制，下发《车辆用油规定》《运输车辆管理规定》《切实做好节能计量工作的通知》《材料核算管理规定》《用电管理规定》《采油队基础工作规范汇编》《标准化工作管理办法》《强化设备管理若干规定》等一系列专业管理文件。仅1989年就先后制定完善163个岗位的856项1881条管理制度标准，使各项工作都有了明确的标准和要求。成立油田基础工作办公室，制定各专业系统目标和实施细则，如采油管理的"八率二延长"、井下作业管理的"三标、两证、四跟踪"、注水管理的"三稳、一标、五提高"、集输管理的"三保、三降、三提高"、设备管理的"十字作业法"等，狠抓油田开发管理标准化、规范化、系统化建设。1994年，全厂各专业系统严格执行目标管理，在井站规格化管理、设备管理、标准操作和现场施工方面创出新水平，动态监测、采油管理分获华北石油管理局上半年基础工作大检查第一、二名，项目管理、油气集输分获华北石油管理局下半年基础工作大检查第二、三名，油井开井率、作业有效率、措施比率比往年大幅提高。同时，为保证新井新站按期投产，加

快产能建设，第五采油厂组织新井、新站投产领导小组，监督并实施"三个提前"，即工人提前上岗，工具提前配齐，各项投产措施提前制定，保障了2座联合站、7座计量站、1座接转站、3座配水间、17口油水井的成功投产。

2000年后，第五采油厂以"大生产、大工农、大协调"为工作思路，加强关键环节控制，通过生产例会、现场办公等形式，提高应急处理反应速度和生产指挥效率，强化组织协调，超前谋划，靠前指挥。各职能部门及时组织钻机运行、电力春检、防洪防汛、冬季保温等季节性重点工作，落实"班班见干部"的责任制度，全力解决生产运行的重大问题；加强设备、仪表与计量容器的管理，组织注采输与特车修保会战，重点突出抽油机维护保养与特种车辆的管理；开展井站规格化建设，建立健全各种设备与各项技术档案，为原油生产提供有力保障。第五采油厂坚持"以我为主，多方联动"的工作方式，联合地方政府、冀中公安局和支油办，有效解决钻井试油、地面建设、措施作业等工作中的各种工农问题，开创了"大工农"工作新局面。加强工程项目管理，突出项目施工指挥协调的"两个重点、三个加强、四到现场、四个结合"，实施组织项目会战，保证所有项目年内全部竣工、验收、投产、结算。积极落实华北油田分公司"精细管理、一组一策、一井一法"的要求，依托自动化平台，推动油水井精细化管理，实施采油井"1+2"和注水井"1+3"分析管理，提高采油井开井率和生产时率。加强电力线路检修、优化调整，对辛集、深县作业区等油田配电线路进行大修改造，对赵州桥油田赵578石油专线供电进行恢复改造，实施赵州桥油田35千伏线路建设。

第五采油厂始终把原油生产建设放在各项工作的首位，针对油田原始地层压力下降快的情况，重点组织荆丘油田、深西油田、深南油田3座主力油田的综合治理措施，强化油田注水，投产脱水工艺，改善注水流程，实行分层配注，有效保证油气生产任务的完成；同时，拓展方向，创新地质认识，积极落实增储建产。

"七五"期间，加强油田基础管理，减缓了潜山油田综合含水率上升趋势，年采油速度保持在3%以上，1987年至1989年连续3年超额完成上级下达的各项生产经营指标，原油日均产量由建厂初期的1500吨上升到

1800 吨，实现高产稳产开发。针对原油黏度大、物性差、开采层位深等不利因素，成立抽油井、抽油机、油井热洗等管理小组，加强油井诊断、搞好参数优选，加强清蜡和原油取样分析，1987 年实施油井热洗、套管放气、换大泵、调参、化学堵水、磁化防蜡等措施共计 340 余次，实现增油 5846 吨。

　　"八五"期间，面对油田产量大幅递减、综合含水率迅猛上升、油水井套管变形井不断增多的困难，第五采油厂按照"综合治理保稳产，分层治理降含水"的指导思想，主攻荆丘油田，综合治理南部潜山油田，深入挖潜外围油田，加快产能建设，加强油井的调查分析，实时掌握生产动态，及时调整综合治理方案。1991 年，强化油田注水的"两调、一补、一保"措施，在低渗透区块实施注采井网调整，调整工作制度，补打调整井，改善油藏生产条件。泽 57 和晋 40 断块整体改造见效，为以后低渗透油藏实施整体改造提供宝贵经验。针对中小潜山埋藏深、面积小、地质情况复杂、综合含水率高的实际情况，借鉴学习任丘迷雾潜山综合治理经验，以治水为重点，通过补钻调整井，采取间注措施，实施补孔、堵水、酸化等进攻性措施，有效减缓含水上升速度，稳定地层压力，为南部中小潜山的综合治理积累成功经验。加强地质数据分析，根据油藏开发状况和剩余油分布研究，在深西油田低渗区和含油边界断层上断棱扩边带和高部位部署调整井、扩边井，完善注采井网，进行产量接替。根据油田试油试采资料、油田产能、油层连通性和横向变化等特点，在榆科油田部署新井。在深南油田台 4 断块，深西油田及榆科油田榆 7、榆 29 等断块实施滚动开发，改变了第五采油厂产量接替少、原油生产被动、储量增长缓慢的局面。

　　"九五"期间，第五采油厂坚持"立足老区挖潜，加强滚动求发展"的指导思想，以"探索一块、开发一块、准备一块"为工作目标，充分利用计算机工作站，对三维地震资料进行精细处理，积极开发新区块。1996 年，先后投产深南油田泽 70 断块，荆丘油田晋 45 断块，车城油田晋 95 断块、晋 93 断块，赵州桥油田赵 86、赵 60、赵 61、赵 57 断块，榆科油田榆 108 断块，在冀中南部地区连续 4 年实现当年新增可采储量大于当年原油采出量。1997 年，在晋县凹陷南固庄背斜的赵 37 井实施试采，圆满完成特高稠油试采设计和华北石油管理局要求的采油工艺试验、资料录取工作。1999 年，通过对泽 70 断块成藏规律和赵县背斜南翼地质构造和砂岩体分布状况的研究，先后部署 19 口滚动开发井，新增地质储量 307 万吨，新建产能 1.7 万吨。2000 年，在对赵 86 断块油气成藏条件及赵 86 井试采、测试资料综合分析的基础上，根据储油构造和砂岩体分布状况，部署滚动开发井 14 口，实现赵 112—赵 86 不同含油层系的复合连片，新增石油地质储量 115.4 万吨，当年建成原油生产能力 4 万吨，赵 86 断块滚动开发成为冀中地区早期预测、寻找隐蔽油藏的成功范例。

"十五"期间，第五采油厂以赵州桥、车城、深南油田和深西潜山为滚动开发重点，积极落实地质构造和砂岩体分布状况，强化砂岩油田注水工作，提高油田水驱储量控制程度，改善水驱储量动用状况，扩大调驱技术应用范围。2001 年，认真探讨油气成藏规律，以车城、南小陈和榆科油田为产能建设重点，采用"双靶点钻棱"负压钻井技术，钻井 26 口，新增石油地质储量 484 万吨，新建产能 6.42 万吨；在赵州桥、车城、荆丘和台家庄油田开展注水井调配，采取补孔、堵水、酸化和压裂等措施，恢复长停井 22 口，全年增油 6.6 万吨。2002 年，在泽 70 断块、泽 88 潜山和晋 94、晋 93 西、晋 105、晋 40 断块部署滚动开发井 28 口，新增石油地质储量 222 万吨，新建产能 6.48 万吨；在赵州桥、车城、台家庄油田推广应用三次采油技术，解决了晋 40 断块油藏开发后期剩余油挖潜等问题，累计增油 2.19 万吨。2003 年，以控制综合递减率和自然递减率为油田开发工作重点，加强榆科背斜带、赵县背斜带、西曹固构造带和中小潜山的地质研究，精细构造解释，重建地质模型，总结剩余油分布规律，先后在榆科、车城、赵州桥油田和深西、何庄潜山钻井 28 口，新增石油地质储量 266 万吨，新建产能 7.35 万吨，实现连续 6 年储采比大于 1，滚动增储项目连续 4 年获华北油田分公司重奖；在晋 94、晋 95、赵 57、泽 10、泽 70 断块采取完善注采井网、低渗透改造和动态配水等措施，投转注水井 7 口，注水井重配、调配 283 井次，全年新增有效水驱储量 125 万吨。2004 年，先后在榆 108、赵 41、赵 86 断块，雷家庄构造带、深南构造带和赵县背斜带钻井 26 口，新增石油地质储量 113.7 万吨，新建产能 5.4 万吨；针对赵州桥、车城、荆丘油田低渗层、储层污染和高含水的情况，实施压裂、酸化、卡（堵）水等措施 26 井次，累计增油 1.89 万吨；开展沉积微相研究，完成车城油田构造建模工作。

2005 年，第五采油厂拓宽找油视野，在束鹿凹陷西曹固构造带、晋县凹陷南生油洼槽周边开展滚动评价工作，部署滚动开发井 12 口，新增石油地质储量 192.5 万吨，新建产能 2.52 万吨；在晋 105、晋 94、榆 108 断块实施投转注、补孔、提液措施，完善赵州桥、深南油田注采井网，新增水驱储量 424 万吨。

　　"十一五"期间，第五采油厂深入分析总结冀中南部潜山油气富集规律，按照"山外找山，山下找山"的油藏评价思路，实现"新模式、新山头、新层次"三个突破，坚持"调水增油"的开发思路，在深南、车城、赵州桥油田开展大规模的注采井网完善和注水调整工作。2006 年，注重油气富集区域大面积整体解剖和成藏模型研究，在晋 95 北断块、台 8 断块、赵 76 断块应用新型钻探技术，新增石油地质储量 321.5 万吨，新建产能 1.8 万吨；完善泽 10 断块和榆科、车城、赵州桥油田开采层系，实施油井措施 63 井次，恢复长停井 15 口，日增油 287 吨，全厂原油产量由 43 万吨上升到 56 万吨，实现资源替换率连续 8 年大于 1，连续 3 年获华北油田分公司滚动增储重奖。2007 年，在晋 93、泽 25 断块和泽 37 北潜山，部署滚动开发井 9 口，日增油 141.5 吨；提出岩性控制成藏的观点，初步计算增加地质储量 100 万吨。2008 年，在深南油田、高邑油田通过精细构造认识，开展圈闭综合分析，部署滚动井 10 口，新建产能 2.4 万吨；在何庄潜山发现和落实雾迷山组潜山油藏，新增石油地质储量 219 万吨；在晋 40 断块钻探评价井 2 口，遇Ⅰ类油层 6 层 21.6 米、Ⅱ类油层 5 层 16.4 米，证实了"岩性控制成藏"的观点。2009 年，在深南、何庄、赵州桥、高邑、榆科油田钻井 16 口，新建产能 7.23 万吨；完善何庄潜山构造与油气富集规律认识，成功评价泽 37-7 断块，新增地质储量 159.62 万吨，以小圈闭成藏为重点，成功落实晋 105-35 断块，新增地质储量 46.9 万吨；加大赵州桥、车城油田复杂断块注采调整力度，新增水驱控制储量 345 万吨。2010 年，在泽 10-43 断块、孙虎潜山部署水平井，在泽 70 油藏细分层系二次开发，新增地质储量 290 万吨；在赵 108、泽 70 等 8 个断块，实施深度调驱 28 个井组，日增油 76 吨；大力实施油井补孔、提液等增产措施 70 井次，恢复长停井 31 口，累计增油 4.86 万吨。

　　"十二五"期间，第五采油厂积极拓展增储领域，完成增储建产任务，夯实老油田稳产基础，改善水驱开发调整，完善注采井网。2011年，加强束鹿西斜坡顺向断层研究、深西断层下降盘构造研究，在泽10-43、泽10-100、晋68、晋105-25断块新增石油地质储量333.2万吨；在泽70、赵41断块，何庄西，泽37潜山部署调整井，新建产能7.07万吨。2012年，在泽70-15、赵61、晋95、晋105断块，虎16潜山新钻井28口，新增石油地质储量117.76万吨，新建产能9.22万吨；在赵108断块、泽70稠油油藏开展三次采油，增油0.74万吨。2013年，部署钻探新井18口，新增石油地质储量193万吨，新建产能3.6万吨；在晋93西断块部署评价井获得成功，打破"只有反向断块能够成藏，顺向断块不易成藏"的传统认识，新增探明储量90万吨；在赵61、晋105-40、泽10断块部署开发井15口，新建产能4.4万吨。2014年，在晋93-35顺向断块部署钻探新井11口，在赵61断块开展二次滚动开发，部署开发井4口；在复杂小断块部署开发井20口，全年共钻探新井39口，新增石油地质储量346万吨，新建产能7.62万吨；在台4断块浅层明化镇组及馆陶组顶部发现新油层，获日产18吨高产油流。2015年，在束鹿西斜坡外卡站进行老井复查、区域统层对比、沉积模式构建、构造整体解剖等地质研究，大胆构建"底层超覆"油藏模式，在晋93-40、晋105-45X1井区精心评价，新增石油地质储量60万吨；在车城、高邑油田的"牙刷状"油藏部署滚动扩边井及井间剩余油挖潜井26口，新建产能6.9万吨；加大注水井综合治理，开展以储层改造、分注、重配、调剖为主的层间治理30井次，增加水驱控制储量92.4万吨，全厂水驱动用程度提至58.3%；实施油井恢复16口、注水井恢复7口，累计增油4967吨，恢复日注水能力300立方米。

（二）依托技术创新，扭转产量递减趋势

"八五"期间，油田自然递减率、综合含水率逐年上升，稠油井开采难度不断加大，第五采油厂积极开展技术创新，不断引进新技术，寻找稳油增油新途径。首先，通过应用化学降黏技术、空心抽油杆技术、玻璃钢抽油杆深抽和使用射流增压泵、双驴头抽油机、旋转扶正器、地面电加热技术等，积极恢复停井、稠油井；其次，推广应用地震资料精细处理、化学降黏、斜井采油工艺、油管锚定、交直流复合脱水、变频调速、多功能水质过滤、进

口磁化过滤、单井增压注水等新工艺，实现增储建产。

"九五"期间，第五采油厂加强信息网络应用，采油队资料、油田月生产开发数据、调度信息管理，油水井管理，油田综合计划管理，油田地面建设设计等全面实现网络化。针对全厂油田"块小、点多、面广"的特点，广泛采用油藏精细描述、数值模拟、油砂体横向预测、地震资料反演、稠油开采、暂堵酸化、斜井采油、阴极保护、套管整形、静液压封隔器、洗井不压井管柱等先进技术，开展荆丘油田高含水期剩余油挖潜、层系调整，进行赵县、高邑、深南油田滚动开发及工艺配套等项目攻关，加大自主研发及科研合作力度，圆满完成滚动增储任务。1996 年，与石家庄新工减速机企业集团公司电热制品厂合作研制的电热膜加热管，通过河北省科委鉴定，进行批量生产。这种加热管适用于抽油开采、井下分级加热、清蜡降黏和地面单井拉油点单管加热集输，加热温度在 100℃以上，可以取代油井热洗和三管伴热流程，减少生产成本。1998 年，在深南油田、车城油田、赵州桥油田运用简易拉油点电加热集油技术，在庄一联合站推广磁处理原油脱水技术，通过推广应用新工艺技术，当年全厂节省油田基建投资 846 万元，节约生产费用 441 万元。1999 年，与西安石油学院合作研制螺杆泵变频调速系统，在荆一联合站、荆二联合站、庄一联合站每台用电设备上安装自行设计组装的功率因数补偿器，降低无功损耗，节约用电量。2000 年，在深南构造带、西曹固构造带和赵县背斜带运用储层横向预测技术和三维地震解释技术，实现三维地震资料目标精细处理；在赵 86 断块应用原油常温输送和工艺流程改造新技术，建成国内首次投用的整区块常温单管集输工艺流程；在泽 70、晋 40、赵 86 断块及荆—晋长输线积极推广应用自动化监测技术，共有 61 口油井、5 座计量站、1 座联合站和 40.8 千米长输线建成生产自动化监测系统，实现采输油工况实时监测、生产数据采集、生产故障报警和原始记录数据库管理四大功能。在对国内外调驱技术应用情况进行调研的基础上，通过大量室内试验，筛选出适合赵 108 断块油藏特点的 CDG-2 型调驱剂，采取多段塞、笼统注水方式，对赵 108 断块 4 口注水井进行调驱，调驱后全年累计增油 8140 吨。

"十五"期间，第五采油厂努力实践"精细管理、全员创新"的经营管理理念，狠抓机械采油、油气水处理和原油集输三大生产系统改造及自动化实施应用。2001年，采用高效三项分离器、悬流除油装置和电极净水装置的新技术，使荆一联合站、泽21接转战和深一联合站实现油、水处理工艺全密闭，简化了油水处理流程，降低了油气系统损耗，减缓了设施、管网的腐蚀速度；在赵57、赵60、榆24断块引进自震源增油技术，在油井底部安装自震源，通过油管正常生产时的自由伸缩激励自震源产生超声波，对油层中的原油产生空化作用、机械振动作用和致热作用，改善近井地带的渗流状况，提高了油井产量，全年增油1825吨，投入产出比高达1：12.4。2002年，对全厂抽油机井系统效率进行全面测试、分析和平衡调整动态管理，加强抽油机井工况诊断，调整地面参数，优化井下管柱组合，全厂抽油机井系统效率平均提高5.1%。全厂更换11台新型节能加热炉和高效自动化燃烧器，全面节约油气当量近1742吨；建设深一联至庄一联输油线，将深南、深西、何庄3个油田的净化原油输送至庄一联，年节约拉油运费300多万元。2003年，在赵州桥油田14口油井进行复合塑钢单管通球技术改造，在车城油田14口新投产油井实施单管集油工艺技术，全年节约投资84万元，累计节约天然气234万立方米；针对主力油田油井偏磨严重问题，采取安装旋转井口、抽油杆尼龙刮蜡扶正器和挂加重抽油杆等措施；针对赵州桥油田部分油井出砂严重的情况，推广应用长冲程防砂泵，平均检泵周期延长120天，累计增油0.39万吨。2004年，针对荆丘和深西油田管线结垢腐蚀严重，积极推广聚氨酯橡胶清管器物理清洗管线技术，使注水管线的平均压力损失下降至1.2兆帕，注水效率提高至64%，注水单耗下降至6.84千瓦时。2005年，针对部分油藏底层能量不足、注水连通性差的情况先后在晋94-21、泽43-11、赵57-15井进行2500米～3000米深抽试验，通过在油管中部安装抽油杆减载器，减轻抽油杆载荷，累计增油2439吨，泽43-11井泵挂深度达到3006.64米，成为华北油田分公司抽油井最大下泵深度。

　　"十一五"期间，第五采油厂积极实施老油田简化，完善生产自动化系统。2008年，在泽70、晋40和赵86断块以及荆一晋长输线，建成生产自动化监测系统，并在此基础上，独立开发"华北油田采油统计管理信息系统"；榆科油田率先实现计量站无人值守和井站生产图像在线监视。2009年，提出以"整体规划、分步实施、逐步推进"为建设思路的自动化系统升级改造，明确工程技术研究所为第五采油厂自动化系统建设和管理的责任部门，在各作业区配备相应的技术人员。在高邑、深南等油田合计 114 口采油井实施 RTU 升级和载荷传感器的更换，在榆科油田恢复 2 个计量间和 12 口单井的自动化量油监控系统，逐步形成覆盖所有主力油田的生产监控系统。2010 年，积极开展采油工艺新技术推广，应用内衬油管、双空心抽油杆、深抽载荷、腐蚀结垢化防等技术。

"十二五"期间，第五采油厂着手建立采油井井况分析模板，完善无线网络、视频监控系统，实施智慧化油田建设。2011 年，升级 200 余口油井的数字监控和视频监视系统，建立起以中控室—作业区—工程所为三级处理流程的快速反应机制。截至 2015 年，全厂联合站、接转站和输油线的自动化覆盖面均达到了 100%。"一井一法"动态分析系统的应用，有效促进油田开发管理水平的提高，全厂单井日产高居华北油田之首，单井用人和人工成本远低于冀中其他油气生产单位，年人均油气当量始终位居华北油田前列。2012 年，应用"膨胀管补贴 + 无接箍套管悬挂 + 化学堵剂封堵"组合工艺，完成长井段套管破损治理；应用径向水力喷射工艺，增加抽油井渗流能力，与之配套的"螺杆泵 + 双空心杆"技术解决了高黏稠油井生产难题，14 口应用井有效生产时率增加 3.68%。2013 年至 2014 年，积极推广内衬有关配套双向接箍治理偏磨问题，应用双管掺水输送工艺、端点掺水环状集油工艺、单管常温集油工艺，年节约燃油 2400 吨。2015 年，应用自动化验封测调分注技术，加强精细注水；在晋 93-35X 井应用滑套式定量油嘴分采技术和桥式定量分采技术；优选热固性树脂封堵工艺成功恢复赵 41-54X 井，日产油 6.8 吨。

（三）注重开源节流，寻求新的经济增长点

"十五"以来，第五采油厂积极实施"低成本、可持续"发展战略，转变观念，大胆创新，努力探索，注重"开源与节流"，寻求新的经济效益增长点，创造了华北油田多项"第一"，一系列带有前瞻性、方向性的探索和实践，对华北油田创建节约型企业起到良好的示范、引导和推动作用。

第五采油厂率先在华北油田实施天然气发电，先后在赵州桥、荆丘、深西、车城油田建成 5 座天然气发电站。截至 2009 年年底，连续 5 年自发电量保持在全厂总用电量的 60% 以上。在对晋古 2 潜山地热资源评价和调研

论证的基础上，利用2口长期停产井进行地热开发，满足荆二联原油脱水、外输和站内伴热需要，节约了天然气、原油用量，成为华北油田新能源利用的开端。

第五采油厂成功研制用于回收天然气发电机烟道余热的针形管换热器和发电机冷却水热能回收装置，并将回收热量用于原油集输系统伴热，有效降低加热炉的负荷。该工艺技术为国内首创，并被授予国家专利，已被广泛应用于天然气、瓦斯发电行业。

第五采油厂应用高效三相分离器和电极净水装置、悬流除油装置，对4座联合站进行油气水密闭处理改造，将开放式流程改造为密闭工艺短流程。特别是2004年，第五采油厂重点对荆丘油田地面系统实施整体简化示范工程，采取"关、停、并、转、减"的方式，实现个别站点的无人值守，对两座联合站的油气水处理和供变电系统进行改造，荆一联合站简化为晋45断块的注水站，荆二联合站实现密闭处理短流程。荆丘油田地面生产系统简化项目作为华北油田分公司第一个老油田简化示范工程，为后来油田简化、优化提供了成功范式。

（四）强化责任落实，严守安全生产底线

建厂初期，第五采油厂认真贯彻《中华人民共和国劳动保护法》和华北石油管理局安全生产"特别规定"，以"五防"为教育重点，狠抓安全生产，实行全员安全风险抵押，为生产一线配备硫化氢报警仪、可燃气体报警仪和高温报警仪，完成3座联合站的防火堤改造，有效防范火灾事故的发生。及时制定《强化安全生产管理实施细则》，在厂属基层单位和直属队实行安全评比挂牌制度，以事故伤亡及事故直接经济损失为主要考核指标，分"安全生产先进单位""安全生产合格单位""不安全生产单位"3类，分别挂红牌、黄牌、黑牌。完善安全生产领导责任制，实行领导干部安全风险抵押金和要害部位承包制度，开展"查根源、堵漏洞、反违章、防事故"活动，组织现场消防演习和安全知识考试，加强安全检查与现场技术监督，狠抓"三标"班组建设，实行安全生产一票否决制，使各种事故隐患得到整改和处理。狠抓职工安全生产教育，举办消防学习、安全生产知识培训，增强广大职工的安全生产意识和自我保护意识。同时，深入开展以"查隐

患，纠违章，抓整改"为重点的安全生产检查，发现问题及时整改。加强车辆管理，认真落实安全行车"十八法"，狠抓司机道德教育和实际操作技术培训。

自2000年起，第五采油厂认真落实华北油田分公司安全生产部署，实施安全环保责任制，按照"谁主管、谁负责、谁尽责"的原则，将责任层层分解，推行安全环保直线管理、属地管理。2001年，实施全员安全生产和承包商、供应商安全生产合同管理，推广HSE管理体系，积极推行生产要害部位HSE风险评估，实施HSE作业指导管理，形成了"一个系统、三个网络"的工作模式。2003年，强化HSE管理，修订完善11项安全生产规章制度、26个作业文件，发布实施第二版《第五采油厂HSE管理体系实施办法》，完善工区HSE实施细则、班站"两书一表"，制定《重大突发事件应急管理办法》等5个应急预案，开展形式多样的安全培训和宣传教育活动，加大事故隐患排查和整改力度，加大安全技术措施资金的投入力度，实行交通安全连带责任追究制度。2004年，结合"两个决定"和"五严"要求，层层落实安全生产责任制，推行全员累计积分考核，落实安全隐患立销项制度，使隐患整改做到责任人、措施、资金和时间"四落实"，完成荆丘油田劳动安全现状评价和赵县地区环境影响评价，进行员工健康体检和职业性体检，完成78个工业现场卫生监测，实施发电站噪声治理。2006年，加大"三违"行为查处力度，加强"三高"井的安全基础管理，实施安全隐患分级管理、治理和监控，集中开展要害部位安全设施检查、检测和维修，开展违章驾驶行为纠察，加强长途车和非生产用车管理。2007年，深入贯彻《反违章六条禁令》《反违章十条规定》，开展现场安全监督检查和安全环保政策法规培训，提高安全监督执行力。开展清洁生产审核工作，选取荆丘、深州两个采油作业区开展首批重点队站清洁生产审核，组织419名员工和28名炊事员进行健康检查，对22口班站水源井的水质进行化验。加强GPS监控管理，规范车辆停放。2008年年底，全厂"连续安全生产2330天无事故"。2009年，大力宣传杜邦安全理念，全面开展安全经验分享活动，认真学习新《中华人民共和国消防法》，开展消防专项检查、消防演练和联合消防演习，促进消防安全"四个能力"建设。积极开展改扩建项目的环境评价、全员环境因素识别与评价，加强含污资源的关键环节和工序控制。2011年，强化有感领导，落实直线责任，推进属地管理，切实提高安全环保工作的主动性，逐级落实责任压力，层层细化安全指标，签订安全环保责任书 290 份、安全环保承诺书 1144 份，实现各层级岗位责任、直线责任、属地管理三者点、线、面的充分结合。加大隐患排查治理力度，对人、物、现场等各方面开展安全环保检查，投资 438 万元实施 7 项安全隐患治理工程。在全面辨识的基础上，深化"两个因素"识别评价工作，实施分级管理和治理。开展污染源排查和环境监测，强化职业卫生和劳动保护，对全厂 26 个站点的饮用水进行检测。2012 年，强化有感领导，落实挂点联系要求，细化安全环保责任指标，逐级签订安全环保责任书，各级领导干部深入基层，定期开展安全检查。制定并发布第五采油厂《安全环保管理实施细则》等 8 项体系文件。2013 年，建立健全《HSE 管理分级手册》《HSE 隐患管理实施细则》《承包商管理实施细则》等相关体系文件 13 项，明确直线责任部门和属地管理单位责任；实行分级、分群体、分类培训，坚持"干什么，学什么""缺什么，补什么"的原则，扎实开展安全培训；强化安全监督职能，提高安全管理人员监督检查能力；狠抓设计与质量安全，加大建设项目"三同时"管理力度；全年共投入资金 500 万元，治理隐患 18 项；加强应急管理，提升应急处置能力，组织开展全员、全过程风险识别，做到机构健全、预案完善、物资完备、演练及时。2014 年，细化和补充体系文件，逐级签订 HSE 承诺书；明确 HSE 矩阵培训责任，针对各层次管理人员、特殊工种、承包商建立能力评估和培训办法，加强风险识别与安全隐患排查、危险作业管理、消防知识培训；及时制定切实有效的预防控制措施，实行挂牌督办，督促整改，形成闭环管理；加快推进污染减排和环保"三同时"治理，及时组织项目安环评工作，积极协调泥浆池固化，开展固废回收；强化应急管理，完成 1 个总预案和 14 个子预案的修订，组织厂级应急演练 4 次、作业区（大队）级应急演练 51 次、班站（岗位）级应急演练 557 次。2015 年，层层签订《HSE 承诺书》，委托第三方对科级管理人员进行 HSE 履职能力评估，开展安全生产诚信等级和风险等级评定，对新改扩建项目开展安环评，有力推进了安全环保依法合规管理；针对工作需求和薄弱环节开展安全培训，组织全厂员工开展"全员写承诺""全员写风险"活动；开展全要素覆盖的 HSE 体系审核，对审核发现的问题及时进行整改；规范承包商管理，严把施工准入、进站检查、现场监护"三关";强化井控安全、交通安全、社区消防、职业病防治管理,有效杜绝险情和事故的发生。

截至 2015 年,第五采油厂已探明含油面积 66.64 平方千米、石油地质储量 8953.4 万吨;累计生产原油 1420.079 万吨、天然气 8.38 亿立方米。在华北石油管理局时期,第五采油厂职工总数由建厂初期的 1027 人增至 1996 年华北石油管理局重组前的 2327 人;固定资产原值由建厂初期的 1.24 亿元增至 16.48 亿元;原油年产量却由建厂初期的 60.2074 万吨最高点降至 1995 年的 24 万吨最低点。面对人数增加、成本增加、产量递减等重重困难,第五采油厂迎难而上,创新增效,使原油产量从低谷逐年稳步攀升。从划入华北油田分公司至 2015 年,第五采油厂员工总数由 1840 人降至 1688 人;固定资产原值由划入初期的 16.48 亿元增至 68.38 亿元;原油年产量从 2001 年起,连续 15 年稳定在 50 万吨以上;主力油田自动化覆盖率达到 100%;劳动用工效率位居华北油田前列。

三、企业改革与经营管理

第五采油厂自立以来,坚持以原油生产为中心,以市场需求为导向,以提高经济效益为目标,积极探索内部改革和现代企业管理模式,实行厂长责任制,推行承包经营责任制,加强内控建设,完善考核机制,增强了企业活力,不断推动企业创新发展。

(一)推行厂长责任制,强化企业管理体制改革

建厂初期,第五采油厂实行党委领导下的厂长责任制,党委作为行政权力主体,代表国家行使经营决策权,同时对各项经营活动具有监督检查权,保证上级下达的生产任务按时按量完成。1988 年,第五采油厂实行厂长任期目标责任制和经济责任制。厂长具有企业法人资格,有经营管理的决策权和生产指挥权,代表第五采油厂签订经济、技术合同,全厂实行内部独立核算、自主经营、自负盈亏。为保证厂长决策的合法性和正确性,第五采油厂成立"1 个室、5 个系统"的行政管理机构,保证厂长行使权力、履行义务;成立生产管理、经营管理、科学技术 3 个委员会,协助厂长解决生产管理和

经营管理中的重大问题；制定相应工作程序和管理细节，明确各级组织的责任、权利和义务；建立健全职工代表大会制度和其他民主管理制度，监督行政领导，维护职工合法权益。1989年12月，根据华北石油管理局关于加强党的建设的有关精神，第五采油厂在一线生产单位恢复政治教导员、指导员制度，明确党组织在企业中的领导作用。

1988年至1995年，第五采油厂按照"以收定支、量入为出、保生产重点、压缩非生产费用"的原则，在全厂范围内实行成本管理责任制。为使这项工作有序开展，制定下发《节能计量管理基础工作规范汇编》《采油队基础工作规范汇编》等一系列管理制度。实行成本管理，将成本指标逐级分解，采取成本切块包干管理方法，横向上对重大开支项目进行分解，把材料费、措施费、运费、电费、维修费等10项重大开支项目，一次下达至主管部门；纵向上进一步细化成本核算单元，把成本（经费）分成若干小项，一次下达到各责任单位，各责任单位再将成本指标分解到班组或落实到个人。同时，认真落实岗位责任制，严格执行专业目标管理，狠抓井站管理规格化、操作和现场施工标准化等油田管理基础工作，加大成本考核力度。

1991年，根据华北石油管理局《关于推行勘探开发建设项目管理若干问题的暂行规定》，第五采油厂全面推行油田建设工程项目管理。成立项目管理领导小组，执行华北石油管理局下达的项目管理指令及制度规定，实行甲乙方合同制。根据项目的性质、规模、环境条件对项目管理组工作人员实行聘任制，项目经理对实施项目的工期、质量、成本负直接责任。项目管理组对项目实行全面"四包"，即包资金、包工期、包质量、包各项资料的填写整理。

1996年至1998年，第五采油厂按照华北石油管理局《推进两个根本性转变，加强计划管理的十条措施》的要求，严格遵守"事前预算，过程监督，事后分析"的成本控制原则，将所有投资项目和生产经营活动全部纳入预算管理，将成本指标分解到班组或落实到个人，初步形成"成本重担众人挑，人人肩上有指标"的责任体系。在保证正常生产经营的前提下，全面推行资产经营责任制和目标成本管理。对全厂资产实行四级管理三级核算，保证账、卡、物、资四对口，减少资产占用，实现闲置资产内部调剂。加强项目成本管理，实行工程项目经理负责制，严格控制成本支出，加大成本超支"一票否决制"和内部分配考核力度，增强干部职工的成本意识和效益观念。

（二）转换经营运行机制，推行多种形式承包经营责任制

1988 年至 1995 年，第五采油厂在实行厂长任期目标责任制的同时，全面推行多种形式的承包经营责任制。按照"基数包干，确保上交，超额留成，欠收自补"原则，采取"两包一挂"①方式，转换经营机制，增强发展活力。1991 年 9 月，在荆丘综合采油队进行改革试点，逐步建立起以采油队为中心的专业化管理机制；对各采油队实行"二包、二定、五保、一挂钩"经济承包，将任务成本与管理技术指标一次性下达至采油队，推行甲乙方合同制，使采油队成为原油生产建设承包的甲方，其他辅助施工单位为采油队服务的乙方，初步形成纵向承包、横向制约的新型生产经营管理模式。1993 年，制定《第五采油厂 1993 年承包办法》等 19 项配套措施与管理规定，对采油、作业、输油、运输等系统实施承包经营，承包经营覆盖面达 73.7%。1992 年至 1995 年，按照华北石油管理局"以油为主，多种经营"的工作要求，坚持"两权分离"原则，全面发展多种经营。在集体经营项目中，实行公开招标和承包试点，聘任承包经营者，实行自负盈亏、独立经营。1992 年，鸿达公司经过组织结构和人员调整，进一步理顺管理体制，先后对 17 个经营场点实行"风险抵押，个人承包"。截至 1995 年，第五采油厂对所属 20 个单位全面实行"包、定、挂"形式的责任承包，调整产业及人员结构，多种经营创产值 3913.88 万元，上缴利税 252.26 万元。

1987 年，在实行原油产量承包责任制的同时，华北石油管理局对采油厂实行任务成本包干制。第五采油厂试行内部分配制度改革，采取"薪酬切块包干，成本节余提成，按分考核计奖"管理办法，将职工贡献大小与个人收入直接挂钩，全年人均增加收入 545 元。1990 年，第五采油厂实行内部考核管理办法，在采油队、液化气队、长输队、作业大队、工程维修大队等单位，按照生产任务、运行成本等考核指标，实行节奖超扣；在供应站实行指标考核、采购资金经费指标包干，视考核情况计发奖金。1992 年，第五采油厂积极推行三项制度改革，有效调动广大职工的工作积极性。1994 年，

---

① "两包一挂"：包工资总额、包成本降低率，单位资金与成本节约挂钩。

第五采油厂实行以岗位技能工资制为主要形式的基本工资制度。岗位技能工资采取"一条龙"的序列标准，打破干部和工人身份界限，提高了广大职工的收入水平。1995年，初步建立起绩效工资管理体系。

1992年，第五采油厂逐步改变"大而全，小而全"的经营管理体制，压缩编制，减少定员，精干主业队伍，解决多种经营造成企业大量冗员的问题。将荆丘综合采油队的生活服务队、液化气队，运输大队的修包车间，工程维修大队的机加工车间先后划入鸿达公司，改变厂属单位"小而全"的管理现状。1996年，按照华北石油管理局的统一安排，将厂属的生活服务公司、鸿达公司、社会保险管理所、教育培训中心整体划转第十五综合服务处，解体第五采油厂"大而全"的管理体制。

（三）深化企业改革，建立现代企业制度

第五采油厂自划入华北油田分公司后，顺应改革趋势，按照华北油田分公司的工作要求，坚持以油气生产建设为中心，精细管理，不断创新，持续深化内部改革，积极探索现代企业管理模式，初步建立起适应社会主义市场经济的产权清晰、权责明确、政企分开、管理科学的中国特色现代企业制度。

建立完善安全环保管理体系。在安全环保管理方面，第五采油厂认真贯彻落实安全生产法律法规和企业规章制度，始终坚持"环保优先、安全第一、质量至上、以人为本"的管理理念，按照"谁主管、谁负责"的管理思路，强化安全环保责任制落实，加大"反违章禁令"执行力度，认真贯彻HSE管理原则，推进属地管理，突出重点领域、要害部位和关键环节监管，积极推进HSE管理体系建设，加大安全生产现场监督检查力度，深入开展隐患治理，采取切实有效的措施，使全厂安全环保工作实现健康、平稳、有序发展。自2008年以来，第五采油厂积极推行清洁生产，全方位提升员工安全生产、清洁生产的意识，大力实施清洁生产工艺技术，实现废弃物的源头治理，从而达到"节能、降耗、减污、增效"的清洁生产目的，通过河北省清洁生产审核验收。截至2010年年底，第五采油厂连续安全生产突破3000天。

建立完善经营管理体系。在经营管理方面，第五采油厂将所有生产经营活动纳入计划管理；建立以作业区、部门和班组为责任中心的成本控制体系，实行成本指标业绩考核。扩大招议标项目范围，在华北油田首创量价

分离、甲方供料和先投标后做标底等招议标方式，实行合同履行跟踪考核制度，建立施工单位业绩档案和评定制度；加强项目前期研究和规划，优化项目方案设计，严格执行方案、设计会审制度，实行"三全""十一段"管理法，细化项目施工管理。在部分采油队打破以计量间为单元的管理模式，平均单井用人由 2001 年的 2.23 人降低到 2006 年的 1.28 人。

建立完善业绩考核管理体系。2008 年，第五采油厂全面开展以平衡计分卡为主要形式的全员绩效考核工作，与管理、专业技术人员签订业绩合同，对操作员工采取分散考核的方式，业绩考核覆盖面达到 100%。认真落实第五采油厂机关部门服务满意度和基层单位执行力与工作效果测评制度，测评结果与领导干部年度考核结果相结合，对各级领导班子和领导干部进行全面的考核评价。

同时，第五采油厂完善企业管理现代化创新项目管理办法，重视创新成果的管理和推广，"自动化采油条件下采油企业生产管理方式的建立与实践"和"基于自动化采油条件下的班站管理"先后荣获石油石化企业管理现代化创新成果一等奖，"推行清洁生产，实现经济效益与环境效益双赢""精细信息管理，提升油田综合开发水平"等 4 个项目先后荣获河北省企业管理现代化创新成果一等奖。

四、领导班子及人才队伍建设

第五采油厂自成立以来，始终将加强领导班子建设和提高全体员工的综合素质作为一项重要工作。结合组织机构重组调整，逐步深化人力资源改革，持续加强队伍建设和全员培训工作，进行完善用工制度、优化队伍结构等方面的探索和实践，建立与企业发展相匹配的管理体系，为企业可持续发展培育和打造了一支高素质的员工队伍。

（一）加强领导班子建设和干部队伍管理

重视领导班子建设，发挥党组织的领导作用。建厂之初，第五采油厂制定《干部廉洁守则》，推行"十不准"规定，建立"党委统一领导，党政齐抓共管，纪委监察主管，部门协调负责，群众积极参与"的监督制约机制。紧密围绕原油生产，加强厂党委、工会、共青团各方面联动协作，克服"假、大、空"，使工作落到实处，在干部群众中开展基本理论和基本路线"双基"教育，宣传国家政策、政治形势和采油厂的经营理念，形成党政工团齐抓共管的思想政治工作格局。2000年以来，第五采油厂党委坚持党委理论学习中心组学习制度，先后开展"三个代表"重要思想、科学发展观学习实践等教育活动。2004年，按照华北油田分公司相关要求，第五采油厂建立领导干部基层工作联系点制度，要求各级领导班子严格执行议事规则和决策程序，完善重要情况通报制度、征求意见制度及决策公开制度。2009年，通过组织召开交流会、推进会等活动，将"四好"领导班子创建活动覆盖到机关，延伸到班站。

高度重视干部队伍建设，干部队伍充满活力。建厂初期，第五采油厂坚持"德才兼备，以德为先"的选人用人标准，通过组织选拔、公开招聘、竞争上岗等方式选拔任用干部，在全厂范围内全面实行本人申请干、群众拥护干、组织批准干"三干"法，不断调整和优化干部队伍。同时，实行干部轮岗交流制度。2006年以来，第五采油厂严格落实干部聘任、考核管理办法，加强对干部的日常管理监督，开展机关服务满意度和基层单位执行力与工作效果网上测评；围绕采油厂战略目标，加强和改进"四好"领导班子创建和干部年度考核工作，签订全员绩效合同，并将绩效考核结果作为评价和使用干部的依据。加强干部选拔任用，以科学规范的竞争上岗办法，促进干部队伍整体素质的提升；加大年轻干部的培养选拔力度，对科级后备人员进行调整和补充，探索年轻干部培养选拔工作机制；强化换岗交流，积极推进干部岗位交流、多岗位锻炼干部；对干部队伍进行督促和监管，对存在倾向性、苗头性问题的领导干部进行诫勉谈话或提示性谈话，将问题消灭在萌芽状态；建立完善领导干部考核激励机制，科学设定考核指标，将薪酬和业绩挂钩，使领导干部对待工作更有激情、更讲责任、更重实效。

1986年，第五采油厂推行专业技术职务制度，激励专业技术人才成长，促进企业形成尊重知识、尊重人才、尊重技术的用人环境。1988年5月，第五采油厂成立以厂长为组长的职称改革领导小组，根据华北石油管理局职改办下达的评审指标，成立专业技术职务评审委员会，严格执行评审程序，做到"评审政策、控制指标、推荐人选、述职答辩、评审结果"五公开，注重推荐优秀青年专业技术人员，加快技术人才培养。2010年以来，第五采油厂建立专业技术岗位序列，完善职级体系，拓宽了人才晋升通道；在基层站队设立实习技术员岗位，为刚入职的大学毕业生提供发展空间和成长平台。实施薪酬激励，合理拉开分配档次，将薪酬和绩效工资向专业技术人员和艰苦偏远岗位倾斜；设立厂长专项奖，依据业绩贡献分配奖金；设立QC成果、合理化建议、技术创新、管理创新等专项奖励基金，调动广大干部员工的创新积极性。实施精神激励，大力加强先进典型的培养选树和宣传，发挥典型的示范引领作用；选送优秀人才参加工程硕士深造，选送骨干参加石油工程师协会的高端研讨或进行项目考察。

（二）规范员工队伍建设

建厂初期，第五采油厂从建章立制抓起，完善用工制度，有效推动了企业全面发展。为加强职工队伍管理，第五采油厂制定下发《劳动纪律暂行规定》，除特殊倒班生产的工种岗位外，全面实行8小时工作制，严格执行考勤制度。1988年，第五采油厂制定下发《第五采油厂雇佣计划外用工有关问题的规定》，对计划外用工进行明确规定。1992年，华北石油管理局开始实行职工提前退休制度，第五采油厂积极做好一人一事的思想工作，为29名职工办理提前退休手续，为其待业子女办理转招手续。1993年至1994年，按照华北石油管理局三项制度改革的要求，第五采油厂向多种经营企业分流职工，实行社会化有偿服务和专业化管理相结合，逐步将生活服务公司、运输大队、工程维修大队推向市场；建立厂内劳务市场，积极发展第三产业，多渠道安置、聘任富余和下岗人员。1996年，根据《关于石油企事业单位全面实行劳动合同制的实施意见》，第五采油厂实行全员劳动合同制，与全厂2328名职工全部签订劳动合同。

2000年，按照华北石油管理局减员增效实施意见，第五采油厂分两批开展员工有偿解除劳动合同工作，截至2001年共有176名员工签订《解除劳动关系协议书》。2008年至2010年，第五采油厂积极开展"五定"工作，落实"三控制一规范"，管理人员编制从334人压缩至319人，计划外用工从195人减少至109人。2012年12月起，按照华北油田分公司"走出去"战略的要求，第五采油厂先后组织7批员工赴长庆油田参与支援"西部大庆"建设。2013年至2015年，第五采油厂认真贯彻落实华北油田分公司人力资源建设和改革调整的总体部署，撤销作业区机关组室建制，只设技术和管理岗位，减少管理层级；撤销生产区域临近、生产规模小、管理效率低的7个基层队站；借助中心控制的集群式自动化生产模式，撤销原有计量站机构设置，统一由中控室管理，全厂计量站、注水站无人值守率达到44%，节约用工78人。

2008年起，第五采油厂建立技师定期轮岗制度，在作业区之间、班站之间按照工种和岗位，定期开展技师轮岗交流，形成长效机制，加强技师定期评审工作。随着技师队伍的逐步扩大，为了更好地发挥团队优势，整合技能人才资源，组建技师团队创新工作室，高技能人才的示范和引领作用得以全面发挥。通过以上管理措施，员工队伍素质得到有效提升，涌现出以中央企业劳动模范刘凤芸，集团公司劳动模范谭卫平，全国五一劳动奖章获得者郝秀敏、付亚荣，河北省"燕赵金牌技师"李秉军，河北省"能工巧匠"苏国庆等为代表的一大批优秀员工。

（三）建立完善员工培训工作体系

建厂初期，第五采油厂紧紧围绕企业发展需要，结合生产实际，坚持"按需施教、注重实效"的原则，不断加强培训工作，建立培训档案和考核制度，实行培训与职称评定挂钩、与技能等级鉴定挂钩等措施，使培训工作逐步实现制度化、规范化。1987年，在人员紧张的情况下，抽调13人组成传帮带教导队，分专业下基层轮流现场教学，先后培训410人次，受训人员在华北石油管理局组织的技术统考中，合格率达到80%。1989年，按照华北石油管理局企业升级达标要求，第五采油厂全面开展企业升级达标工作，制定完善163个岗位的856项1881条管理制度标准，从机关抽出51名专业技术人员，组成机械采油、油田注水、井下作业、地质研究、机电管理、油田化学等6个专业管理组，制定27项具体目标和96条实施措施，有力地推动了基层建设和职工培训工作。1990年至1991年，针对队伍比较年轻的实际，全力开展技能培训，累计培训1060人次，技术工种人员持证上岗率达到100%；广泛开展群众性的岗位练兵活动，举办技术表演赛，评出45名技术能手；在华北石油管理局组织的工人技术比赛中，1个作业班组获第三名，2 人名列前五名，8 人理论、操作双及格，取得建厂以来最好成绩。1992 年，针对技术水平低、文化水平低、管理水平低和科技人员少"三低一少"的实际，制定《职工培训管理条例》，建立三级办学培训体系，使培训工作更加全面、更加深入。1994 年，为提高员工处理问题和解决问题的能力，对全厂 214 名驾驶员和 196 名采油工、136 名作业工进行技术考试，对 87 名党支部书记、队长、技术员和 139 名作业工进行岗位培训，有效调动员工队伍学技术的积极性。1995 年至 1998 年，第五采油厂继续以提高专业技术知识、实际操作水平、企业管理水平为培训重点，先后组织多个专业技术培训班，组织全厂 1300 余人参加华北石油管理局组织的岗位技能考试，进一步提高职工队伍技术素质和处理实际问题的能力。2000 年起，第五采油厂组织实施"素质能力提升工程"，大力开展管理提升培训，增强抓班子、强队伍、谋发展的综合能力。2003 年，在全厂政工干部中开展素质拉练活动。通过对地质、工程、安全、财务、计划、法律等方面知识的系统培训和闭卷考核，提高了政工干部的综合素质。针对专业技术人员，组织实施"创新能力提升工程"，提高专业技术人员的攻关和创新能力；对专业技术带头人，每年提供 1 次参加学术交流或技术考察的机会，使其不断提高学术和技术水平。针对操作员工，组织实施"岗位技能提升工程"，深入开展"送培训到基层"、岗位应知应会自学、"师带徒"活动和以"大工种"为主的"点评式"培训活动，以员工技能竞赛、优秀技师成长历程巡回报告会、"一井一法"竞赛和"百问不倒"优秀员工确认活动为载体，强化理念素质培训、岗位技能培训和考核确认培训，形成涵盖广泛、层次清晰、方法多样、方式新颖的员工培训体系。全厂先后有 23 人被评为华北油田分公司级及以上技能专家、技术能手，有 10 名选手在华北油田分公司职业技能竞赛上取得名次，有 4 名专业技术人员在华北油田分公司青年科技成果报告会上取得优异成绩，有 6 名选手在集团公司职业技能竞赛上获得奖牌。

五、党的建设与思想政治工作

第五采油厂党委自成立以来，始终按照不同时期党的建设和思想政治工作要求，坚持党的领导，全面加强基层党组织建设、企业双文明建设和企业文化建设，为圆满完成企业各项生产任务提供了可靠的精神动力和思想保证。

（一）加强基层党组织建设

建厂初期，第五采油厂 1027 名职工来自华北石油管理局各单位，共有 16 个党支部、173 名党员，党员队伍力量比较薄弱。针对这种情况，第五采油厂党委认真贯彻"坚持标准，保证质量、改善结构、慎重发展"的十六字方针，提出在生产一线单位要达到"队队有支部，班班有党员或发展对象"的目标，培养和吸收了一大批优秀人才入党。至 2015 年 12 月，第五采油厂全厂 1688 名员工，共有党员 698 人。

建厂后，第五采油厂党委始终以积极的态度，认真贯彻党中央和华北石油管理局党委的政策方针和工作部署，紧紧围绕全厂生产经营和经济体制改革，健全党组织制度，加强对干部、职工的思想政治教育。严格党员发展工作，按照党章规定，始终坚持"四个优先""五不审批"[①] 的管理规定，执行民主集中制，认真培养和考察入党积极分子，推荐政治素质过硬、业务能力强的员工进入党支部，并加强对预备党员的教育和考察。严格党员管理工作，加强生产一线党员队伍管理，鼓励生产二线党员到一线工作，保证每个一线生产班组有党员；不断创新党员管理形式和内容，在全厂范围内实行"星级管理制度"和争创"党员示范岗"活动，激励广大党员立足本职，发挥先锋模范作用；广泛开展"党员责任区"活动，制定党员责任区考核办法，从成本控制、工作质量等方面进行量化考核，将考核结果同评比优秀党员挂钩，使党员先锋模范作用充分发挥；紧密围绕生产经营、降本增效中心任务，开展党员教育工作，突出"三讲"主线，采取大党课与小党课相结合、分散与集中相结合的学习方法，有针对性地开展党员素质和业务能力培训，使广大党员的素质和业务能力不断提高。加强党风廉政建设，全厂各级领导班子和党员干部认真贯彻中央工作会议精神，落实党风廉政建设责任制，加强廉洁自律教育，自觉抵制各种腐败现象，坚决纠正和杜绝不正之风，定期

---

① "四个优先"：对关键岗位、要害岗位、艰苦岗位优先考虑，对无党员的生产中队或班组优先考虑，对生产业务骨干优先考虑，对共青团推荐的优秀团员或 35 岁以下的优秀青年优先考虑；"五不审批"：手续不健全的不批，考核材料和政审材料不符合要求的不批，党内外群众意见较大或问题没搞清楚的不批，培养考察在一年以下的不批。

开展各级领导干部民主评议和量化考核，增强各级领导班子的自我约束力、凝聚力和战斗力。

2000年以来，第五采油厂党委积极实践"三个代表"重要思想、科学发展观，紧紧围绕"发展、转变、和谐"三大任务，扎实推进思想政治保障工作建设，全面落实从严治党新常态，严格履行管党治党职责，深入开展教育实践活动，充分发挥党委的领导作用。建设坚强有力的基层党组织。修订《基层党支部建设考核标准》，引导基层党组织按时换届选举，优化完善基层党组织设置，选优配强党组织书记，实现基层党组织全覆盖；规范基层党支部工作内容，开展党建成果评比，促进党支部建设的制度化；认真落实华北油田分公司发展党员计划，不断优化党员队伍结构；持续深化以"党员目标管理示范点"、"优秀党员先锋工程"、党建"三联"示范点为载体的创先争优活动，增强基层党建工作活力；认真核查全厂党员的入党资料，及时完成"七清理""双找"等环节工作，保持党员队伍的先进性和纯洁性。认真落实中央《关于实行党风廉政建设责任制的规定》，开展围绕科学发展、深化改革、管理提升、作风建设、和谐稳定的专题研讨和集中学习。严肃党风党纪建设。按照"教育倡廉、以案警廉、管理促廉、监督保廉"的工作思路，坚持标本兼治、惩防并举、注重预防的方针，落实"一岗双责"和党风廉政建设责任制，构建"不敢腐、不能腐、不想腐"的反腐倡廉工作机制；修订完善《第五采油厂"三重一大"决策制度管理办法》，规范重要领域和关键环节的运行管理，在源头上堵塞管理漏洞。

第五采油厂始终坚持以"抓班子、强基层、求发展、促和谐"为工作主线，不断深化以"四好"领导班子、"四强"党组织、"四优"共产党员等创先争优活动为载体的党建工作，使全厂干部队伍素质全面提升、党员先锋模范作用充分发挥。截至2015年，全厂涌现出局级先进党支部35个、优秀党员51名。

（二）加强企业"双文明"建设

建厂初期至1988年，第五采油厂根据"一年初具规模，两年基本建成"的规划目标，先后建成职工宿舍楼、家属住宅楼9栋，分批解决职工家属住房问题；建成中小学教学楼、托儿所楼4栋，解决近百名幼儿的入托问题及 372 名子女的入学问题，随矿职工子女学龄儿童入学率达到 100%；建成厂区供电照明、供气取暖、供水排水、通信电视等配套管网 18175 米，围墙 2033 米，道路 36953 平方米，完善了职工生活服务设施。1989 年，全厂完成建筑面积 18611 平方米、道路地面 13169 平方米，新建卫生所楼交付使用，新建田径、足球、篮球等运动场所，开办图书馆、阅览室、娱乐活动室，并举办厂史展览、群众性歌咏比赛和职工田径运动会。1991 年，矿区共种植各类树木 51 个品种 65000 余株，建成绿化带 8100 米，种植草坪 7226 平方米，建成 5 个绿化小区和 1 座厂区微型公园。截至 1996 年 12 月非核心业务划出前，第五采油厂累计建设职工住宅楼 7.78 万平方米，已婚职工分房率达到 95% 以上。第五采油厂矿区多次被评为绿化造林先进单位、环境保护先进单位和"花园式"工厂。

同时，第五采油厂党委坚持用新观念指导工作，先后组织开展四个方面的大调查。通过对职工思想和队伍现状进行调查，摸清职工思想动态，开展形势任务教育，培养队伍良好作风；通过对各级班子和党员队伍现状进行调查，加强干部队伍和党员队伍建设，充实各级领导班子，建立各项管理制度；通过对生产管理现状进行调查，明确生产目标，确定主攻方向，狠抓夺油上产，大上挖潜措施；通过对油区治安现状进行调查，提出工警共建行动方案，成立工警共建领导小组，与宁晋县公安局签订工警共建协议书，形成了联防、联动、联治的油区治安管理机制。1989 年，按照华北石油管理局开展企业升级达标的要求，扎实开展"双文明单位"升级达标竞赛和学大庆群众运动，着力从"三基"工作入手，强化队伍建设和季度检查工作，调动干部职工的工作积极性，推动全厂各项工作深入开展。全厂共创建一级"双文明"单位 6 个、二级"双文明"单位 7 个、三级"双文明"单位 12 个，受到华北石油管理局充分肯定。1993 年至 1995 年，各级党组织始终把党的建设和思想政治工作当作大事来抓，扎实开展国情厂情教育、"三学、三为、一立功"、"学习孔繁森，争当人民好公仆"、"争当生产先锋、争做增效模范"、支部"达标创先"和"三创一争"等活动，全面加强党风廉政建设和社会治安综合治理工作，使各级干部的综合素质明显提高，各级党组织的战斗堡垒作用充分发挥，广大职工的创业精神和奉献意识进一步增强。至 1995 年，全厂"双文明"单位达标率上升至 87%。1996 年，第五采油厂党委进一步加强对精神文明建设的组织领导，扎实开展"讲学习、讲政治、讲正气"和"庆祝建厂十周年"系列活动。通过开展爱国主义教育、厂情教育和社会公德教育，开展党风廉政教育，开展"双文明"创建活动，增强了干部职工的责任感、紧迫感和使命感。各级工会和共青团组织，积极抓好民主管理，广泛组织开展社会主义劳动竞赛和文娱活动，丰富职工文化生活。狠抓社会治安综合治理，保证了全厂生产、生活秩序稳定。1997年至1999年，第五采油厂党委高度重视职工思想政治工作，以建设"育人工程""形象工程""企业文化工程""保证工程"和"平安工程"为重点，深入开展各种形式的爱国主义教育、形势任务教育和政治理论教育活动，进一步提高了干部职工的政治觉悟。持续开展"三创一争"活动，进一步加强社会公德、职业道德、家庭美德和遵纪守法教育，营造争创文明单位、文明家庭、文明职工的良好氛围。加强社会治安综合治理，认真贯彻"打防结合、预防为主，专群结合、依靠群众"的工作方针，不断完善综合治理工作长效机制，加大打击力度，确保油区治安秩序的稳定。

2000年以来，第五采油厂坚持落实华北油田分公司"以人为本"理念和惠民政策，做好"一人一事"的思想工作，确保员工队伍的稳定和矿区和谐发展。2001年，通过"三讲""四清""两个教育"，开展全厂形势任务教育，引导员工转变观念，增强危机意识、责任意识、效益意识、发展意识和创新意识；制定《宣传报道奖励标准》，明确有关部门的宣传报道任务指标及奖惩标准，全年共向报社投稿1346篇，被省部级报刊采用60篇。2002年，深化华北油田分公司"转、强、增"活动，开展"树形象、强素质、重安全"活动，对全厂员工进行军训，增强员工组织纪律性，培养团结协作精神；规范基层员工工装和单位、站点、岗位的各类标志牌。2003年，制定《第五采油厂精细思想政治工作指导意见》，以"人情化"管理为核心，确保员工队伍的团结和长期稳定；向全厂员工发放困难征集卡，建立特殊员工（独生子女员工、两地分居员工、长期患病员工）档案，发挥工会的帮扶作用。2005年，充分发挥职代会作用，深化民主管理和厂务公开，维护员工合法权益；建立三级走访帮扶制度，重点做好困难户帮扶、油城助学等系列"送温暖"工作，为员工解决生产生活中的实际困难；开展劳动竞赛和形式多样的文体活动，不断稳定员工队伍。2006年至2010年，层层落实稳定责任制，为生产一线班站配发文化书籍、健身器材，满足员工群众的精神需求；深入落实"三个决不让"承诺，积极开展扶危济困、送温暖活动，共走访慰问242户、看望生病员工617人次，发放慰问金30余万元。2011年至2015年，结合精细管理和全厂特点，开展"四新"形势任务教育，全厂上下统一意志，谋求科学发展。第五采油厂加大油区综合治理工作力度，坚持"人防、技防、物防、联防"四落实，并率先实施和推广油区治安防范"ABC"管理法，构建"警—企—地"联动机制，有效促进平安油区建设，开创油区综合治理的新局面。

（三）加强企业文化建设

2000年以来，第五采油厂党委高度重视企业文化建设，采取了一系列行之有效的方法和措施。多年来，第五采油厂大力加强以班子建设、队伍建设、制度建设和基础建设为主要内容的基层全面建设，持续开展"红旗单位""铁人式队站""五型班组""五星级员工"和基层队站标准化建设等主题活动，不断强化企业"三基"工作管理，加强企业文化建设，夯实企业生存与发展基础，推动企业全面发展，初步形成具有第五采油厂特色的企业文化。把井站文化建设作为企业文化建设和基层建设的着力点，开展"文化理念在岗位"活动，各班站结合工作实际和队伍特点，以承诺签字、温馨提示、知识竞赛、文艺小品、演讲比赛、读书活动等形式为载体，形成了荆一采油站"快乐驿站"、荆二联合站"亮丽首站"、晋95站"家园文化"、赵一联合站"温馨一角"等一批颇具特色的班站文化。不断传承和丰富精细管理的内涵，结合企业经营管理实践和打造华北油田分公司级"节能示范厂""自动化示范区"的具体要求，以征集"精细管理小故事"等方式，把"精细"思想、措施和方法，融入生产经营过程中的每一个环节，贯穿于各项工作和业务的全过程，推动精细管理的持续深化。建立厂长网上信箱、领导信访接待日等制度，努力解决员工的思想问题、生产和生活中的实际问题。完善以基层党支部为核心的思想政治工作网络，创办《采五视窗》、网上论坛，拓宽思想政治工作阵地。广泛深入地宣传华北油田分公司"惠民政策"的成效和措施，大力实施"一线环境工程"，打造"花园式"班站；持之以恒做好帮扶济困、送温暖活动，成立矿区寄宿学校、"石油花"青年志愿服务站、"五彩鹿"员工艺术团及羽毛球、篮球、乒乓球等文体协会，开展采油文化艺术节等系列文体活动，满足了员工群众的精神文化需求；加强企业与当地政府的沟通、联系，积极承担政治、经济、社会三大责任，开展的驻村帮扶工作受到河北省委、省政府的表彰。截至 2015 年，第五采油厂先后获得河北省文明单位、集团公司创先争优先进基层党委等多项荣誉称号。

第一章　领导机构

1986 年 7 月，随着生产规模进一步扩大，为强化和便于冀中南部油区开发和管理，经石油工业部批准，华北石油管理局决定，将第三采油厂第三采油大队职工 443 人整体划出，同时，从第一采油厂、第三采油厂、第四采油厂、井下作业公司、第二勘探钻井公司等单位抽调职工 312 人，组建第五采油厂，为华北石油管理局所属正处级单位。陈元龙任厂长，张少华任党委书记，王钢、郭宗仁、李松涛分别任副厂长，翟有成任党委副书记，刘长兴任主任工程师，马明林任主任地质师。

1986 年 8 月 1 日，第五采油厂正式成立，机关办公地点暂设在河北省晋县，1988 年 11 月迁至河北省辛集市。勘探开发主战场集中在冀中南部地区的深县、束鹿、晋县等 3 个凹陷，生产管理区域分布在石家庄、邢台、衡水等 3 个地区。主要承担油气开采、原油外输、修井作业和油田建设等生产任务。

8 月，华北石油管理局决定，董禄春任第五采油厂副厂长。

10 月，中共华北石油管理局第五采油厂委员会成立，由张少华、翟有成、陈元龙、王钢等 4 人组成。第五采油厂实行党委领导下的厂长责任制，采用"采油厂—基层单位（队、车间、站）"两级管理模式。

1987 年 3 月，华北石油管理局党委决定，张兰廷任第五采油厂党委委员、工会主席。5 月，第五采油厂工会第一次会员代表大会召开，选举产生第一届工会委员会，张兰廷当选工会主席。

1988 年 5 月，华北石油管理局党委决定，增补孟达让为第五采油厂党委委员，免去陈元龙的第五采油厂党委委员职务。华北石油管理局决定，孟达让任第五采油厂厂长，免去陈元龙的第五采油厂厂长职务。同时，按照华北石油管理局统一要求，第五采油厂实行厂长任期目标责任制和经济责任制。

同月，增补提曰象为党委委员。中共华北石油管理局第五采油厂纪律检查委员会成立，由提曰象等 5 人组成，提曰象任纪委书记。

1990年4月，华北石油管理局决定，将局属各单位"主任师"改为"总师"，刘长兴改任第五采油厂总工程师，马明林改任第五采油厂总地质师。

7月，华北石油管理局决定，刘荣贵任第五采油厂总工程师；王钢任华北石油管理局开发部副主任，免去其第五采油厂副厂长职务；李松涛任商业公司副经理，免去其第五采油厂副厂长职务；刘长兴任第一采油厂副处级调研员，免去其第五采油厂总工程师职务。

11月，华北石油管理局决定，王在贵、王善珍任第五采油厂副厂长。

1991年1月，中共华北石油管理局第五采油厂第一次代表大会召开，选举产生中共第五采油厂第一届委员会和纪律检查委员会。第五采油厂党委由李志军、张少华、张兰廷、张德民、孟达让、郭宗仁、提曰象、翟云辉、翟有成等9人组成；张少华当选党委书记，翟有成当选党委副书记。第五采油厂纪委由提曰象等7人组成；提曰象当选纪委书记，杨丙辰当选纪委副书记。第五采油厂党委下属党总支5个、党支部30个，共有党员394人。

10月，华北石油管理局党委决定，赫云书任第五采油厂党委委员、纪委委员、纪委书记；提曰象任华北石油管理局纪委副处级纪检员，免去其第五采油厂纪委书记职务。

1992年3月，第五采油厂工会第二次会员代表大会召开，选举产生第二届工会委员会，张兰廷当选工会主席。

8月，华北石油管理局党委决定，赫云书任第五采油厂党委副书记；提曰象任第五采油厂党委委员、纪委委员、纪委书记；翟有成任华北油田科工贸总公司副总经理（正处级），免去其第五采油厂党委副书记职务。华北石油管理局决定，王善珍任第一采油厂厂长，免去其第五采油厂副厂长职务。

1993年7月，华北石油管理局党委决定，张兰廷任测井公司党委委员、工会主席，免去其第五采油厂工会主席职务。

8月，华北石油管理局党委决定，张少华任第五采油厂工会主席。华北石油管理局决定，张凤雨任第五采油厂副厂长，马庆坤任第五采油厂总工程师，董范任第五采油厂总地质师；免去董禄春的第五采油厂副厂长职务。

10月，中共华北石油管理局第五采油厂第二次代表大会召开，选举产生中共第五采油厂第二届委员会和纪律检查委员会。第五采油厂党委由王在贵、张少华、张凤雨、孟达让、郭永兵、郭宗仁、提曰象、赫云书、翟云辉等 9 人组成，赫云书当选党委书记，翟云辉当选党委副书记。第五采油厂纪委由提曰象等 7 人组成，提曰象当选纪委书记。第五采油厂党委下属党总支 6 个、党支部 47 个，共有党员 514 人。

1995 年 2 月，华北石油管理局决定，马庆坤任采油研究所所长，免去其第五采油厂总工程师职务。

11 月，华北石油管理局决定，李金增任第五采油厂总工程师。

1996 年 12 月，华北石油管理局解体"大而全、小而全"的管理模式，第五采油厂将生活后勤、卫生、教育等业务整体划归第十五综合服务处。

同月，华北石油管理局党委决定，增补马庆坤为第五采油厂党委委员。华北石油管理局决定，马庆坤任第五采油厂厂长，郭宗仁任第十五综合服务处处长。

1997 年 5 月，华北石油管理局决定，李金增任第一采油厂总工程师，免去其第五采油厂总工程师职务。

8 月，华北石油管理局党委决定，翟云辉任第五采油厂纪委委员、纪委书记；提曰象任第五采油厂工会主席，免去其第五采油厂纪委委员、纪委书记职务。华北石油管理局决定，李惠杰任第五采油厂副厂长，周赤烽任第五采油厂总工程师。

1998 年 3 月，第五采油厂工会第三次会员代表大会召开，选举产生第三届工会委员会，提曰象当选工会主席。

10 月，华北石油管理局决定，李战海任第五采油厂总会计师；马庆坤任开发事业部主任，免去其第五采油厂厂长职务。

11 月，华北石油管理局党委决定，增补董范为第五采油厂党委委员。华北石油管理局决定，董范任第五采油厂厂长。

1999 年 4 月，中共华北石油管理局第五采油厂第三次代表大会召开，选举产生中共第五采油厂第三届委员会和纪律检查委员会。第五采油厂党委由王在贵、李战海、李惠杰、张凤雨、董范、提曰象、赫云书、翟云辉、潘忠琪等 9 人组成；赫云书当选党委书记，董范、翟云辉当选党委副书记。第五采油厂纪委由翟云辉等 7 人组成；翟云辉当选纪委书记，王师华当选纪委副书记。第五采油厂党委下属党总支 4 个、党支部 37 个，共有党员 475 人。

1999 年 9 月，华北石油管理局实施重组，第五采油厂整建制划归华北油田分公司，为华北油田分公司所属正处级单位。原生产区域和管理职能保持不变。党组织关系隶属中共华北油田分公司党委。

2000年1月，华北油田分公司决定，周赤烽任采油工艺研究院院长，免去其第五采油厂总工程师职务。

3月，华北油田分公司决定，张海澎任第五采油厂总地质师。

2001年4月，华北油田分公司决定，张凤雨兼任第五采油厂安全总监。

2002年5月，华北油田分公司决定，胡书宝任第五采油厂总工程师。

2003年4月，华北油田分公司党委决定，翟云辉任第五采油厂党委书记，免去其第五采油厂纪委书记、纪委委员职务；潘忠琪任第五采油厂党委副书记；赵章印任第五采油厂纪委书记、工会主席，增补为党委委员；免去赫云书的第五采油厂党委书记、党委委员职务；免去王在贵的第五采油厂党委委员职务。华北油田分公司决定，免去王在贵的第五采油厂副厂长职务。

2004年6月，华北油田分公司党委决定，免去董范的第五采油厂党委副书记、党委委员职务。华北油田分公司决定，董范任开发部经理，免去其第五采油厂厂长职务。

9月，华北油田分公司党委决定，周晓俊任第五采油厂党委委员、党委副书记。华北油田分公司决定，周晓俊任第五采油厂厂长。

11月，华北油田分公司党委决定，张海澎、胡书宝任第五采油厂党委委员。华北油田分公司决定，张海澎、胡书宝任第五采油厂副厂长。

2005年6月，华北油田分公司党委决定，田玉亭任第五采油厂党委委员、党委书记；翟云辉任第二采油厂党委委员、党委书记，免去其第五采油厂党委书记、党委委员职务。

11月，华北油田分公司党委决定，增补吴振海为第五采油厂党委委员；增补李战海为第二采油厂党委委员，免去其第五采油厂党委委员职务。华北油田分公司决定，吴振海任第五采油厂副厂长、总会计师；李战海任第二采油厂副厂长、总会计师，免去其第五采油厂总会计师职务。

2006年6月，华北油田分公司党委决定，免去张凤雨的第五采油厂党委委员职务。华北油田分公司决定，张凤雨任生产运行处处长，免去其第五采油厂副厂长职务。

7月，华北油田分公司党委决定，增补王树义为第五采油厂党委委员。华北油田分公司决定，王树义任第五采油厂副厂长。

11月，华北油田分公司决定，王树义任第五采油厂安全总监。

2007年4月，华北油田分公司决定，李惠杰任华北油田分公司机关事务部经理，免去其第五采油厂副厂长职务。

9月，第五采油厂工会第四次会员代表大会召开，选举产生第四届工会委员会，赵章印当选工会主席。

同月，华北油田分公司党委决定，免去田玉亭的第五采油厂党委书记、党委委员职务。

10月，华北油田分公司党委决定，田沛军任第五采油厂党委委员、党委书记。

2008年1月，华北油田分公司党委决定，免去胡书宝的第五采油厂党委委员职务。华北油田分公司决定，胡书宝任钻采工程部副经理，免去其第五采油厂副厂长、总工程师职务。

10月，中共华北油田分公司第五采油厂第四次代表大会召开，选举产生中共第五采油厂第四届委员会和纪律检查委员会。第五采油厂党委由王树义、田沛军、吴振海、张海澎、周晓俊、赵章印、郝玉军、潘忠琪等8人组成；田沛军当选党委书记，周晓俊、潘忠琪当选党委副书记。第五采油厂纪委由赵章印等5人组成；赵章印当选纪委书记。第五采油厂党委下属党总支5个、党支部30个，共有党员394人。

11月，华北油田分公司党委决定，张凤雨任第五采油厂党委委员、党委副书记；周晓俊任第一采油厂党委委员、党委副书记，免去其第五采油厂党委副书记、党委委员职务；吴振海任第一采油厂党委委员，免去其第五采油厂党委委员职务。华北油田分公司决定，张凤雨任第五采油厂厂长；周晓俊任第一采油厂厂长，免去其第五采油厂厂长职务；吴振海任第一采油厂副厂长、总会计师，免去其第五采油厂副厂长、总会计师职务。

2009年12月，华北油田分公司党委决定，周景昆任第五采油厂党委委员。华北油田分公司决定，周景昆任第五采油厂总会计师。

2010年1月，华北油田分公司党委决定，李海涛、刘春平任第五采油厂党委委员；王树义任第四采油厂党委委员，免去其第五采油厂党委委员职务。华北油田分公司决定，李海涛任第五采油厂副厂长、安全总监；刘春平任第五采油厂总工程师；王树义任第四采油厂副厂长、安全总监，免去其第五采油厂副厂长、安全总监职务。

9月，华北油田分公司党委决定，张凤雨任第五采油厂党委书记；王辉光任第五采油厂党委委员、党委副书记；田沛军任第四采油厂党委委员、党委书记，免去其第五采油厂党委书记、党委委员职务；免去张海澎的第五采油厂党委委员职务。华北油田分公司决定，王辉光任第五采油厂厂长；免去张凤雨的第五采油厂厂长职务；免去张海澎的第五采油厂副厂长、总地质师职务。

2011年5月，华北油田分公司党委决定，陈繁华任第五采油厂党委委员、纪委书记、工会主席；赵章印任华丽综合服务处党委委员、党委书记、纪委书记、工会主席，免去其第五采油厂党委委员、纪委书记、工会主席职务。

8月，华北油田分公司党委决定，增补李海涛为第三采油厂党委委员，免去其第五采油厂党委委员职务。华北油田分公司决定，李海涛任第三采油厂副厂长、安全总监，免去其第五采油厂副厂长、安全总监职务。

10月，华北油田分公司党委决定，增补李振清、郭志强为第五采油厂党委委员。华北油田分公司决定，刘春平任第五采油厂副厂长；李振清任第五采油厂副厂长、安全总监；郭志强任第五采油厂总地质师。

2012年4月，华北油田分公司党委决定，陈繁华任第五采油厂党委书记，免去其第五采油厂纪委书记、工会主席职务；潘忠琪任第五采油厂纪委书记、工会主席；免去张凤雨的第五采油厂党委书记、党委委员职务。华北油田分公司决定，陈繁华任第五采油厂副厂长。

8月，华北油田分公司党委决定，张满库①任第五采油厂党委委员、党委副书记；免去王辉光的第五采油厂党委副书记、党委委员职务。华北油田分公司决定，张满库任第五采油厂厂长；王辉光任生产运行处处长，免去其第五采油厂厂长职务。

9月，华北油田分公司党委决定，郝玉军任华盛综合服务处党委委员、

_____

① 2014年7月，张满库因涉嫌违纪违法，被免去第五采油厂厂长、党委副书记职务；2015年7月，张满库被判处有期徒刑三年；2015年8月，张满库受到留用察看两年处分。

党委副书记、纪委书记、工会主席，免去其第五采油厂党委委员职务。

10月，第五采油厂工会第五次会员代表大会召开，选举产生第五届工会委员会，潘忠琪当选工会主席。

12月，华北油田分公司党委决定，郝玉军任第五采油厂党委委员、党委副书记、纪委书记、工会主席；潘忠琪任苏里格项目部党委委员、党委书记、纪委书记、工会主席，免去其第五采油厂党委副书记、党委委员、纪委书记、工会主席职务。

随后，第五采油厂明确领导分工。

厂长、党委副书记张满库全面负责厂行政工作，负责审定全厂长远发展规划和年度工作计划、部署，负责厂、大队（工区）两级领导班子建设和干部管理工作，负责全厂生产建设、经营管理、科技进步、安全生产、人力资源、财务预决算、厂务公开以及对外合同的审批工作，主管责任部门为厂长办公室、人事科（组织部）；生产管理联系单位为深州采油作业区、客运大队。

副厂长、总工程师、党委委员刘春平协助厂长负责老油田调改、规划计划和油气田钻井、井下作业、采油采气、注水、工程技术、质量监督、井控工作；分管责任部门为计划科、工程技术研究所、工程设计室、质量监督中心；生产管理联系单位为作业大队、油管检修站。

总会计师周景昆协助厂长负责全厂财务计划、成本管理、资产管理、资金管理、业绩考核、企业管理、物资管理和计划生育等方面工作；分管责任部门为财务科、人事科、企管法规科；生产管理联系单位为高邑采油作业区、物资供应站。

副厂长、安全总监、党委委员李振清协助厂长负责全厂油气田开发日常生产管理、安全环保、工农事务、设备管理、电力管理、交通消防、节能降耗、油气销售、产能建设、计量标准化等方面工作；分管责任部门为生产运行科、质量安全环保科、资产装备中心；生产管理联系单位为赵州桥采油作业区、工程大队。

总地质师、党委委员郭志强协助厂长负责全厂油气田勘探开发地质工作，负责油田地质研究、油藏评价、滚动开发、动态监测、科技进步、钻井试油项目管理、地质科研先导项目管理，负责计算机及网络信息和档案管理工作；分管地质研究所、科技信息中心、测试大队的工作。

党委书记、副厂长陈繁华全面负责党群工作，负责审定厂党委、厂纪委工作部署和安排，负责厂、大队（工区）两级领导班子建设和党员、干部管理工作；分管责任部门为党群工作科和人事科（组织部）；生产管理联系单位为辛集采油作业区、荆丘采油作业区。

党委副书记、纪委书记、工会主席郝玉军协助党委书记抓好全厂党风廉政建设和党委日常工作，负责纪委、工会、思想政治、宣传、共青团、保密、内部保卫、油区社会治安综合治理、人民武装等方面工作，协助厂长抓好监察工作；分管责任部门为纪委监察科、工会办公室、保卫科；生产管理联系单位为电力管理大队、输油作业区。

另外，厂长助理吕德福协助厂长做好责任部门和联系单位的生产管理、安全管理、廉政建设等工作，协助分管生产运行的副厂长做好全厂节能降耗和地面建设工作。副总工程师马永忠协助总工程师做好井下作业、采油采气、注水、工程技术、井控和老油田调改方案审查等工作。安全副总监戎顺利协助安全总监做好安全、环保、质量管理以及 HSE 体系运行管理等方面的工作。

2013 年 7 月，华北油田分公司党委决定，翟胜强任第五采油厂党委委员。华北油田分公司决定，翟胜强任第五采油厂副厂长、安全总监；李振清任合作开发项目部副经理、安全总监，免去其第五采油厂副厂长、安全总监职务。

2014 年 4 月，华北油田分公司党委决定，增补郝玉军为天成实业集团有限公司党委委员，免去其第五采油厂党委副书记、党委委员、纪委书记、工会主席职务。

7 月，华北油田分公司党委决定，严建奇任第五采油厂党委委员、党委副书记。华北油田分公司决定，严建奇任第五采油厂厂长。

9 月，华北油田分公司党委决定，增补王涛为第五采油厂党委委员。华北油田分公司决定，王涛任第五采油厂总会计师。

2015 年 2 月，郝玉军任第五采油厂党委委员、党委副书记、纪委书记、工会主席。

8 月，第五采油厂调整领导分工。

厂长、党委副书记严建奇全面负责厂行政工作，负责审定全厂长远发展规划和年度工作计划、部署，负责厂、大队（工区）两级领导班子建设和干部管理工作，负责全厂生产建设、经营管理、科技进步、安全生产、人力资源、财务预决算、厂务公开以及对外合同的审批工作；分管责任部门为厂长办公室、人事科（组织部）；生产管理联系单位为客运大队、荆丘采油作业区。

副厂长、总工程师、党委委员刘春平协助厂长负责老油田调改、规划计划和油气田钻井、井下作业、采油采气、注水、工程技术、质量监督、井控、油气销售、产能建设、人力资源等工作；分管责任部门为计划科、人事科、工程技术研究所、工程设计室、质量监督中心、油田建设管理中心；生产管理联系单位为作业大队、油管检修站。

总地质师、党委委员郭志强协助厂长负责全厂油气田勘探开发地质工作，负责油田地质研究、油藏评价、滚动开发、动态监测、科技进步、钻井试油项目管理、地质科研先导项目管理，负责计算机及网络信息和档案管理工作；分管部门及生产管理联系单位为地质研究所、科技信息中心、测试大队。

副厂长、安全总监、党委委员翟胜强协助厂长负责全厂油气田开发日常生产管理、安全环保、工农事务、设备管理、电力管理、交通消防、节能降耗、计量标准化等方面工作；分管责任部门为生产运行科、质量安全环保科、资产装备中心；生产管理联系单位为赵州桥采油作业区、工程大队。

总会计师王涛协助厂长负责全厂财务计划、成本管理、资产管理、资金管理、业绩考核、企业管理、物资管理、计划生育和生活后勤等工作；分管责任部门为财务科、企管法规科；生产管理联系单位为高邑采油作业区、物资供应站。

党委书记、副厂长陈繁华全面负责党群工作，负责审定厂党委、厂纪委工作部署和安排，负责厂、大队（工区）两级领导班子建设和党员、干部管理工作；分管责任部门为党群工作科、人事科（组织部）；生产管理联系单位为辛集采油作业区、深州采油作业区。

党委副书记、纪委书记、工会主席郝玉军协助党委书记抓好全厂党风廉政建设和党委日常工作，负责纪委、工会、思想政治、宣传、共青团、保密、内部保卫、油区社会治安综合治理、人民武装等方面工作，协助厂长抓好监察工作；分管责任部门为纪委监察科、工会办公室、保卫科；生产管理联系单位为电力管理大队、输油作业区。

另外，厂长助理吕德福协助厂长做好责任部门和联系单位的生产管理、安全管理、廉政建设等工作，协助分管生产运行的副厂长做好全厂节能降耗和地面建设工作。副总工程师马永忠协助厂长及总工程师做好井下作业、采油采气、注水、工程技术、井控和老油田调改方案审查等工作。安全副总监戎顺利协助厂长及安全总监做好安全、环保、质量管理以及 HSE 体系运行管理等方面的工作。

9月，华北油田分公司党委决定，李仰民任第五采油厂党委委员、党委副书记。华北油田分公司决定，李仰民任第五采油厂厂长。

随后，调整领导分工。

厂长、党委副书记李仰民全面负责厂行政工作，分管责任部门为厂长办公室、纪委监察科，生产管理联系单位为客运大队、荆丘采油作业区。

副厂长、总工程师、党委委员刘春平协助厂长负责老油田调改、规划计划、井下作业、采油采气、注水、工程技术、质量监督、井控、油气销售、产能建设、人力资源等工作，分管责任部门为计划科、工程技术研究所、工程设计室、质量监督中心、油田建设管理中心、人事科（组织部），生产管理联系单位为作业大队、油管检修站。

副厂长、安全总监、党委委员翟胜强协助厂长负责全厂油气田开发日常生产管理、节能降耗、计量标准化等方面工作，分管责任部门为生产运行科、质量安全环保科、资产装备中心，生产管理联系单位为赵州桥采油作业区。

总地质师、党委委员郭志强协助厂长负责全厂油气田勘探开发地质工作，负责油田地质研究、油藏评价、滚动开发、动态监测、科技进步、油气田钻井、试油项目管理、地质科研先导项目管理工作，负责计算机及网络信息和档案管理工作，分管部门及管理联系单位为地质研究所、科技信息中心、测试大队。

总会计师、党委委员王涛协助厂长负责全厂财务计划、成本管理、资产管理、资金管理、业绩考核、企业管理、物资管理、计划生育和生活后勤等工作，分管责任部门为财务科、企管法规科，生产管理联系单位为高邑采油作业区、物资供应站。

党委书记、副厂长陈繁华全面负责党群工作，分管责任部门为党群工作科、人事科（组织部），生产管理联系单位为辛集采油作业区、深州采油作业区。

党委副书记、纪委书记、工会主席郝玉军协助党委书记抓好全厂党风廉政建设和党委日常工作，负责纪委、工会、思想政治、宣传、共青团、保密、内部保卫、油区社会治安综合治理、人民武装等方面工作，协助厂长抓好监察工作，分管责任部门为纪委监察科、工会办公室、保卫科，生产管理联系单位为电力管理大队、输油作业区。

截至 2015 年 12 月，第五采油厂行政领导班子由 6 人组成：李仰民任厂长，陈繁华任副厂长，刘春平任副厂长、总工程师，翟胜强任副厂长、安全总监，郭志强任总地质师，王涛任总会计师。第五采油厂党委由 7 人组成：陈繁华任党委书记，郝玉军、李仰民任党委副书记，刘春平、郭志强、翟胜强、王涛任党委委员。郝玉军任纪委书记、工会主席。第五采油厂副总师等4 人：张永任副总地质师，马永忠任副总工程师，吕德福任厂长助理，戎顺利任安全副总监。

一、第五采油厂行政领导名录（1986.7—2015.12）

厂　　　长　陈元龙（1986.7—1988.5）

孟达让（1988.5—1996.12）

马庆坤（1996.12—1998.10）

董　范（1998.11—2004.6）

周晓俊（2004.9—2008.11）

张凤雨（2008.11—2010.9）

王辉光（2010.9—2012.8）

张满库（2012.8—2014.7）[1]

---

[1] 2014 年 7 月，张满库因涉嫌违纪违法，被免去第五采油厂厂长、党委副书记职务；2015 年 7 月，张满库被判处有期徒刑三年；2015 年 8 月，张满库受到留用察看两年处分。

严建奇（2014.7—2015.9）

李仰民（2015.9—12）

副　厂　长　王　钢（1986.7—1990.7）

李松涛（1986.7—1990.7）

郭宗仁（1986.7—1996.12）

董禄春（1986.8—1993.8）

王善珍（1990.11—1992.8）

王在贵（1990.11—2003.4）

张凤雨（1993.8—2006.6）

李惠杰（1997.8—2007.4）

胡书宝（2004.11—2008.1）

张海澎（2004.11—2010.9）

吴振海（2005.11—2008.11）

王树义（2006.7—2010.1）

李海涛（2010.1—2011.8）

李振清（2011.10—2013.7）

刘春平（2011.10—2015.12）

陈繁华（2012.4—2015.12）

翟胜强（2013.7—2015.12）

主任工程师　刘长兴（1986.7—1990.4）

总　工　程　师　刘长兴（1990.4—7）

刘荣贵（1990.7—1992.8）①

马庆坤（1993.8—1995.2）

李金增（1995.11—1997.5）

周赤烽（1997.8—2000.1）

胡书宝（2002.5—2008.1）

刘春平（2010.1—2015.12）

主任地质师　马明林（1986.7—1990.4）

---

①　1992年8月至1993年8月、1995年2月至11月、2000年1月至2002年5月、2008年1月至2010年1月期间，第五采油厂总工程师空缺。

总 地 质 师　马明林（1990.4—1992.7）①

　　　　　　　董　范（1993.8—1998.11）

　　　　　　　张海澎（2000.3—2010.9）

　　　　　　　郭志强（2011.10—2015.12）

总 会 计 师　李战海（1998.10—2005.11）

　　　　　　　吴振海（2005.11—2008.11）②

　　　　　　　周景昆（2009.12—2014.9）

　　　　　　　王　涛（2014.9—2015.12）

安 全 总 监　张凤雨（兼任，2001.4—2006.6）③

　　　　　　　王树义（兼任，2006.11—2010.1）

　　　　　　　李海涛（兼任，2010.1—2011.8）

　　　　　　　李振清（兼任，2011.10—2013.7）

　　　　　　　翟胜强（兼任，2013.7—2015.12）

二、第五采油厂党委领导名录（1986.7—2015.12）

1986 年 7 月至 1991 年 1 月：

书　　　记　张少华（1986.7—1991.1）

副 书 记　翟有成（1986.7—1991.1）

委　　　员　张少华（1986.7—1991.1）

　　　　　　　翟有成（1986.10—1991.1）

　　　　　　　陈元龙（1986.10—1988.5）

　　　　　　　王　钢（1986.10—1990.7）

　　　　　　　张兰廷（1987.3—1991.1）

　　　　　　　孟达让（1988.5—1991.1）

　　　　　　　提曰象（1988.5—1991.1）

---

① 1992 年 7 月至 1993 年 8 月、1998 年 11 月至 2000 年 3 月、2010 年 9 月至 2011 年 10 月期间，第五采油厂总地质师空缺。

② 2008 年 11 月至 2009 年 12 月期间，第五采油厂总会计师空缺。

③ 2006 年 6 月至 11 月期间，第五采油厂安全总监空缺。

中共第五采油厂第一届委员会（1991.1—1993.10）

书　　　记　张少华（1991.1—1993.10）

副 书 记　翟有成（1991.1—1992.8）

　　　　　赫云书（1992.8—1993.10）

委　　　员　张少华（1991.1—1993.10）

　　　　　翟有成（1991.1—1992.8）

　　　　　张兰廷（1991.1—1993.7）

　　　　　孟达让（1991.1—1993.10）

　　　　　提曰象（1991.1—10；1992.8—1993.10）

　　　　　郭宗仁（1991.1—1993.10）

　　　　　翟云辉（1991.1—1993.10）

　　　　　张德民（组织部部长，1991.1—1993.10）

　　　　　李志军（团委副书记，1991.1—1993.10）

　　　　　赫云书（1991.10—1993.10）

中共第五采油厂第二届委员会（1993.10—1999.4）

书　　　记　赫云书（1993.10—1999.4）

副 书 记　翟云辉（1993.10—1999.4）

委　　　员　王在贵（1993.10—1999.4）

　　　　　张少华（1993.10—1999.4）

　　　　　张凤雨（1993.10—1999.4）

　　　　　孟达让（1993.10—1996.12）

　　　　　郭永兵（女，组织部部长，1993.10—1999.4）

　　　　　郭宗仁（1993.10—1996.12）

　　　　　提曰象（1993.10—1999.4）

　　　　　翟云辉（1993.10—1999.4）

　　　　　赫云书（1993.10—1999.4）

　　　　　马庆坤（1996.12—1998.10）

　　　　　董　范（1998.11—1999.4）

中共第五采油厂第三届委员会（1999.4—2008.10）

书　　记　赫云书（1999.4—2003.4）

翟云辉（2003.4—2005.6）

田玉亭（2005.6—2007.9）

田沛军（2007.10—2008.10）

副 书 记　翟云辉（1999.4—2003.4）

董　范（1999.4—2004.6）

潘忠琪（2003.4—2008.10）

周晓俊（2004.9—2008.10）

委　　员　王在贵（1999.4—2003.4）

张凤雨（1999.4—2006.6）

提曰象（1999.4—2001.11）

翟云辉（1999.4—2005.6）

赫云书（1999.4—2003.4）

李惠杰（1999.4—2007.4）

董　范（1999.4—2004.6）

李战海（1999.4—2005.11）

潘忠琪（组织部部长，1999.4—2003.4；2003.4—

2008.10）

赵章印（2003.4—2008.10）

周晓俊（2004.9—2008.10）

胡书宝（2004.11—2008.1）

张海澎（2004.11—2008.10）

田玉亭（2005.6—2007.9）

吴振海（2005.11—2008.10）

王树义（2006.7—2008.10）

田沛军（2007.10—2008.10）

中共第五采油厂第四届委员会（2008.10—2015.12）

书　　记　田沛军（2008.10—2010.9）

张凤雨（2010.9—2012.4）

陈繁华（2012.4—2015.12）

副 书 记　周晓俊（2008.10—11）

潘忠琪（2008.10—2012.12）

张凤雨（2008.11—2010.9）

王辉光（2010.9—2012.8）

张满库（2012.8—2014.7）

郝玉军（2012.12—2014.4；2015.2—12）

严建奇（2014.7—2015.9）

李仰民（2015.9—12）

委 员　王树义（2008.10—2010.1）

田沛军（2008.10—2010.9）

吴振海（2008.10—11）

张海澎（2008.10—2010.9）

周晓俊（2008.10—11）

赵章印（2008.10—2011.5）

郝玉军（组织部部长，2008.10—2012.9；2012.12—
2014.4；2015.2—12）

潘忠琪（2008.10—2012.12）

张凤雨（2008.11—2012.4）

周景昆（2009.12—2014.9）

刘春平（2010.1—2015.12）

李海涛（2010.1—2011.8）

王辉光（2010.9—2012.8）

陈繁华（2011.5—2015.12）

李振清（2011.10—2013.7）

郭志强（2011.10—2015.12）

张满库（2012.8—2014.7）

翟胜强（2013.7—2015.12）

严建奇（2014.7—2015.9）

　　　　　王　涛（2014.9—2015.12）

　　　　　李仰民（2015.9—12）

三、第五采油厂纪委领导名录（1988.5—2015.12）

书　　　记　提曰象（1988.5—1991.10；1992.8—1997.8）

　　　　　赫云书（1991.10—1992.8）

　　　　　翟云辉（1997.8—2003.4）

　　　　　赵章印（2003.4—2011.5）

　　　　　陈繁华（2011.5—2012.4）

　　　　　潘忠琪（2012.4—12；2014.4—2015.2）

　　　　　郝玉军（2012.12—2014.4；2015.2—12)

副　书　记　杨丙辰（1991.1—1992.7）

　　　　　王师华（1992.7—2000.9）

委　　　员　提曰象（1988.5—1991.10；1992.8—1997.8）

　　　　　徐青龙（机关党支部书记，1988.5—1993.10）

　　　　　朱文高（1988.5—12）

　　　　　崔　耕（赵州桥采油工区工会主席，1988.5—
　　　　　　　　　1998.12）

　　　　　李同春（1988.5—1990.3）

　　　　　杨丙辰（地质队政治教导员，1991.1—1999.4）

　　　　　魏廷海（社会保险管理所所长，1991.1—1996.12）

　　　　　郭永兵（党委组织部部长，1991.1—1993.10）

　　　　　张庆真（纪委办公室副主任，1991.1—1993.10）

　　　　　赫云书（1991.10—1992.8）

　　　　　王师华（1992.7—2000.9）

　　　　　付建英（厂办公室副主任，1993.10—1999.4）

　　　　　贾　超（劳动工资科科长，1993.10—1999.4）

　　　　　翟云辉（1997.8—2003.4）

　　　　　亢亚力（赵州桥采油作业区党总支书记，1999.4—
　　　　　　　　　2008.10）

　　　　　张根元（纪委监察科科长，1999.4—2008.6）

赵章印（1999.4—2011.5）

赵满军（工程维修大队政治教导员，1999.4—
　　　　2000.1）

商崇贵（公安分处处长，1999.4—2000.10）

刘文菊（物资供应站副站长，2008.10—2012.8）

贾文克（纪委监察科科长，2008.10—2015.12）

刘怀建（2008.10—2015.12）

张进双（厂办公室副主任，2008.10—2011.10）

陈繁华（2011.5—2012.4）

潘忠琪（2012.4—12；2014.4—2015.2）

郝玉军（2012.12—2014.4；2015.2—12）

四、第五采油厂工会领导名录（1987.3—2015.12）

主　　　席　张兰廷（1987.3—1993.7）

　　　　　　张少华（1993.8—1996.12）

　　　　　　提曰象（1997.8—2001.11）[①]

　　　　　　赵章印（2003.4—2011.5）

　　　　　　陈繁华（2011.5—2012.4）

　　　　　　潘忠琪（2012.4—12）

　　　　　　郝玉军（2012.12—2014.4；2015.2—12）

五、第五采油厂副总师、厂长助理名录（1986.12—2015.12）

副主任地质师　陈荫林（1987.4—1990.6）

副 总 地 质 师　陈荫林（1990.6—1992.8）

　　　　　　　马永真（1994.10—2000.9）

　　　　　　　陈　刚（1998.6—2002.11）

　　　　　　　王树义（2005.3—2006.7）

　　　　　　　侯守探（2007.3—2011.6）

　　　　　　　张　永（2015.7—12）

副主任工程师　刘荣贵（1986.12—1990.6）

---

① 1996年12月至1997年8月、2001年11月至2003年4月、2014年4月至2015年2月，工会主席空缺。

副 总 工 程 师　刘荣贵（1990.6—7）

马庆坤（1990.11—1993.8）

刘春平（1998.6—2006.9）

田　炜（2007.3—2009.2）

马永忠（2011.5—2015.12）

副 总 会 计 师　周漱玉（1990.11—1991.12）

陈登平（1997.5—1998.10）

周景昆（2009.7—12）

副 总 机 械 师　刘自荣（1990.11—1998.7）

厂 长 助 理　吕德福（1998.6—2015.12）

安 全 副 总 监　刘前进（2005.3—2006.10）

李振清（2006.11—2011.10）

戎顺利（2011.10—2015.12）

第二章 机关部门及党组织

1986 年 8 月, 第五采油厂成立。12 月, 第五采油厂明确机关部门设置及岗位定员, 设机关部门 18 个: 厂办公室、综合计划科、财务科、人事教育科、生活科、生产调度室、工农科、生产技术科、机械动力科、油田建设科、技安环保科、党委办公室、党委组织部、党委宣传部、纪委办公室、工会、团委、保卫科, 定员 142 人。机关办公地点设在河北省晋县, 1988 年 11 月迁至河北省辛集市。

12 月, 第五采油厂党委成立机关党总支, 下设党支部 3 个: 机关第一党支部、机关第二党支部、机关第三党支部, 共有党员 38 人。

1987 年 5 月, 保卫科更名为公安分处, 调整为直属科级单位。

1988 年 7 月, 第五采油厂成立经营办公室。

1990 年 3 月, 第五采油厂撤销生活科, 成立生活服务站, 为厂属科级单位。6 月, 成立监察科。11 月, 第五采油厂机关党总支列为机关部门。

1991 年 7 月, 第五采油厂成立生活科。9 月, 成立审计科、国有资产管理科。

1992 年 5 月, 成立注水科。7 月, 撤销生活科, 成立生活服务公司, 为厂属科级单位, 原生活科所属中队级单位卫生所、托儿所, 调整为第五采油厂机关附属单位。

1993 年 3 月, 综合计划科更名为经营计划科; 工会更名为工会办公室; 人事教育科更名为劳动工资科; 纪委办公室、监察科合并成立纪监办公室; 撤销国有资产管理科、经营办公室、工农科; 生产技术科、注水科划转工程技术队。4 月, 劳动工资科教育培训职能划出, 成立教育培训中心。8 月, 厂机关党总支不再列为机关部门。

1993 年, 机关党总支对所属党支部设置重新调整, 设党支部 3 个: 行政党支部、生产党支部、党群党支部。

1992 年至 1993 年, 按照华北石油管理局深化企业改革总体要求, 第五采油厂对职能相近或交叉部门进行整合。截至 1993 年 12 月, 第五采油厂机关设部门15个：厂办公室、经营计划科、劳动工资科、财务科、审计科、机械动力科、生产调度室、技安环保科、油田建设科、党委办公室、党委组织部、党委宣传部、纪监办公室、工会办公室、团委。

1994年4月，第五采油厂成立技术监督科。5月，成立工农科。

1995年6月，第五采油厂撤销纪监办公室，成立纪委办公室（监察科）。

1996年12月，华北石油管理局解体"大而全、小而全"的管理模式，将生活后勤、卫生、教育等业务与生产主业相分离。第五采油厂撤销审计科，相关业务划转华北石油管理局审计处。调整后，厂机关设科室16个：厂办公室、经营计划科、劳动工资科、财务科、机械动力科、生产调度室、工农科、技安环保科、油田建设科、技术监督科、党委办公室、党委组织部、党委宣传部、纪委办公室（监察科）、工会办公室、团委，定员81人。

1997年5月，第五采油厂成立物资计划科。

1999年5月，机械动力科更名为资产设备科；物资计划科更名为物资管理科；撤销油田建设科；技安环保科、技术监督科合并，成立安全环保技术监督科。

1999年9月，华北油田分公司成立，第五采油厂划转华北油田分公司。划转后，厂机关设部门15个：厂办公室、财务科、劳动工资科、经营计划科、生产调度室、工农科、安全环保技术监督科、资产设备科、物资管理科、党委办公室、党委组织部、党委宣传部、纪委办公室（监察科）、工会办公室、团委，定员69人。

2000年10月，根据华北油田分公司机构编制管理实施细则要求，第五采油厂对机关部门进行调整。党委办公室、党委宣传部、团委合并，成立党群工作部；生产调度室、工农科合并，成立生产运行科；党委组织部、劳动工资科合并，成立人事科（组织部）；经营计划科更名为综合计划科；资产设备科更名为设备管理中心，物资管理科更名为物资管理中心，更名后均为直属科级单位。调整后，机关设部门9个：厂办公室、综合计划科、财务科、人事科（组织部）、生产运行科、技安环保技术监督科、党群工作部、纪委办公室（监察科）、工会办公室，定员69人。机关附属单位4个：员工培训中心、综合档案室、通讯组、机关服务组。

2002年1月，机关党总支对所属党支部进行调整。调整后下设党支部4个：生产党支部、行政党支部、党群党支部、直属单位党支部。

2005年3月，成立企管法规科。

2008年3月，为理顺组织机构及相应职能，第五采油厂对部分机构进行更名。厂办公室更名为厂长办公室；安全环保技术监督科更名为质量安全环保科；综合计划科更名为计划科；党群工作部更名为党群工作科；纪委办公室（监察科）更名为纪委监察科。

截至2015年12月，第五采油厂机关设部门10个：厂长办公室、计划科、财务科、人事科（组织部）、企管法规科、生产运行科、质量安全环保科、党群工作科、纪委监察科、工会办公室，定员64人。机关附属单位2个：机关服务班、财务核算室。

第一节　厂办公室—厂长办公室（1986.12—2015.12）

1986年8月，第五采油厂成立。1986年12月，厂办公室成立，为正科级职能科室，定员3人，其中副主任1人。机关附属班组打字室、收发室、档案室等日常工作由厂办公室负责，定员6人。

厂办公室的主要职责：

（一）负责厂领导日常办公和公务活动安排；

（二）负责行政文件、汇报材料收发等文秘管理工作；

（三）负责厂重要决定、重大事项等督办查办工作；

（四）负责厂计划生育管理工作；

（五）负责厂档案管理工作；

（六）负责厂信访接待工作。

1987年5月，为保证企业民主管理，重大问题科学决策，第五采油厂成立管理委员会。办事机构设在厂办公室。

1988年6月，第五采油厂成立综合档案室，为厂办公室附属单位，定员3人。综合档案室主要负责全厂生产、基建、财会等档案资料的收集、鉴定和保管等项工作。

1990年2月，第五采油厂成立计算机中心，主要负责全厂计算机的统一使用和管理，为厂办公室的附属单位。

1993年8月，计划生育管理职能由厂办公室划转生活服务公司，厂办公室定员减少1人。

1995年12月，计算机中心划转地质队。

1997年8月，厂办公室增加计划生育管理职能，定员增加1人。

2000年10月，第五采油厂重新明确厂办公室的主要职责：

（一）负责掌握全厂主要工作动态，协助领导处理日常事务；

（二）负责全厂重要信息收集、整理及反馈工作；

（三）负责重要文件起草、重大会议组织及文书处理工作；

（四）负责信访和民政工作；

（五）负责计划生育管理工作。

厂办公室定员4人，其中主任1人、副主任1人。附属班组机关服务组、综合档案室总定员9人。

2008年3月，厂办公室更名为厂长办公室，管理职能保持不变，定员5人，其中主任1人、副主任2人。附属班组机关服务组与综合档案室合并为机关服务班，定员11人。

2015年12月，第五采油厂重新明确厂长办公室的主要职责：

（一）负责厂（分公司）领导日常办公、公务活动安排和重要决定及重大事项的催办查办工作；

（二）负责综合会议的会务组织、重要活动的筹办和接待工作；

（三）负责文件和重要报告的起草和文件收发等文秘管理工作；

（四）负责印信及涉密文件、资料的密级规定及保密管理；

（五）负责协助机关各部门工作运行及行政事务的管理；

（六）负责机关用车计划和调度；

（七）负责行政内外部关系的协调及信访工作；

（八）负责计划生育管理及机关服务的管理。

截至2015年12月，厂长办公室定员4人，其中主任1人、副主任1人。附属班组1个：机关服务班，定员6人。

一、厂办公室领导名录（1986.12—2008.3）

  主 任 陈继民（1990.6—1993.3）

       郭晓华（1993.3—1996.12）

       高忠生（1998.6—2005.3）

       郝玉军（2005.3—2008.2）

       陈占英（2008.2—3）

  副 主 任 陈继民（1986.12—1990.6）

       高忠生（1997.5—1998.6）

       付建英（1998.6—2005.3）

       商崇贵（正科级，2005.3—9）

       郭小玉（2006.2—2008.3）

二、厂长办公室领导名录（2008.3—2015.12）

  主 任 陈占英（2008.3—2015.12）

  副 主 任 郭小玉（2008.3—9）

       包文涛（2008.4—2010.7）

       徐天昕（2009.2—2013.4）

       张进双（2009.6—2011.10）

       王 达（2015.5—12）

第二节　综合计划科—经营计划科—计划科
（1986.12—2015.12）

  1986年8月，第五采油厂成立。1986年12月，综合计划科成立，为正科级职能科室，定员5人，其中副科长1人。

  综合计划科的主要职责：

  （一）负责编制和实施油田生产建设、矿区建设规划和计划；

  （二）负责项目管理归口工作；

  （三）负责工程、项目概算；

（四）负责完成华北石油管理局下达的工作计划；

（五）负责综合统计工作。

1987年5月，为保证企业决策的科学性、正确性和权威性，第五采油厂成立经营管理委员会，办事机构设在综合计划科。

1988年7月，经营管理委员会由综合计划科划出，成立经营办公室。

1993年3月，经营办公室撤销，相关管理职能划归综合计划科，综合计划科更名为经营计划科。经营计划科定员6人，其中科长1人。

2000年10月，经营计划科更名为综合计划科，定员7人，其中科长1人。第五采油厂重新明确综合计划科的主要职责：

（一）负责组织编制和实施油田生产建设、矿区建设规划和计划；

（二）负责工程项目归口管理；

（三）负责生产投资等综合统计工作；

（四）负责油气运销及原油盘库工作；

（五）负责法律事务及企业现代化管理工作；

（六）负责组织协调开发油气田效益产量评价工作。

2005年3月，法律事务及企业现代化管理职能由综合计划科划入企管法规科。综合计划科定员减少至6人。

2008年3月，综合计划科更名为计划科。

2015年10月，油田建设管理中心的项目概算、预算职能及人员划归计划科，计划科增加定员2人。

2015年12月，第五采油厂重新明确计划科的主要职责：

（一）负责制定修订规划、计划、统计及项目评价规章制度；

（二）负责组织项目方案投资规划、项目方案审查及立项审批；

（三）负责工程项目概预结算管理及供料审核；

（四）负责投资计划完成情况考核及项目后评价；

（五）负责油气运销管理、原油盘库、建筑物维修和绿化管理。

截至2015年12月，计划科定员6人，其中科长1人。

一、综合计划科领导名录（1986.12—1993.3）

　　副　科　长　都泽民（1986.12—1987.5）

　　　　　　　　　饶伟民（1987.12—1988.11）

李惠杰（1991.9—1993.3）

二、经营计划科领导名录（1993.3—2000.10）

科　　　长　李惠杰（1993.3—1997.8）

郝玉军（1999.5—2000.10）

副　科　长　郝玉军（1997.11—1999.5）

三、综合计划科领导名录（2000.10—2008.3）

科　　　长　郝玉军（2000.10—2005.3）

马永忠（2005.3—2008.3）

四、计划科领导名录（2008.3—2015.12）

科　　　长　马永忠（2008.3—2009.6）

曾艺忠（2009.6—2015.12）

副　科　长　付西宁（2013.9—2014.9）

徐志勇（正科级，2015.3—12）

第三节　财务科（1986.12—2015.12）

1986年8月，第五采油厂成立。1986年12月，财务科成立，为正科级职能科室，定员8人，其中副科长1人。

财务科的主要职责：

（一）负责全厂财务管理工作；

（二）负责编制油田建设、工业生产的财务计划和预算；

（三）负责油田建设资金、流动资金、专用资金的筹措、平衡和管理。

1990年，财务科推行成本管理和经济核算制度，并逐步建立以采油队为中心的成本管理运行机制。

1993年3月，财务科增加成本核算管理和国有资产评估、调拨、报废、减让及保值增值等职能，定员增加至9人。

1995年，为加强成本核算，严格预算管理，第五采油厂成立预算委员会，办事机构设在财务科。

1999年9月，华北石油管理局重组改制，国有资产核算及管理等职能由财务科划归资产设备科。财务科定员8人。

2000年10月，国有资产核算管理职能由资产设备科划归财务科。财务科机构设置不变，定员8人，其中科长1人。第五采油厂重新明确财务科的主要职责：

（一）负责财务计划、财务预决算及财务报告编制；

（二）负责资金管理并监督资金运行；

（三）负责资产核算、清查、报废、处置等管理工作；

（四）负责成本、投资、债权、债务核算及清查工作；

（五）负责税费核算、申报及缴纳工作；

（六）负责住房公积金核算与管理；

（七）参与合同招议标及项目竣工验收工作。

2008年3月，财务核算室成立，隶属财务科，定员4人。

2015年12月，第五采油厂重新明确财务科的主要职责：

（一）负责各项财务管理规章制度的制定修订；

（二）负责年度财务预算编制、控制、分析和考核；

（三）负责成本费用核算、监督和管理；

（四）负责油气生产成本的核算和管理；

（五）负责资产的核算、报废资产处置和债权债务管理；

（六）负责员工住房公积金管理和相关税费的核算、申报及缴纳；

（七）负责会计档案的管理。

截至2015年12月，财务科定员13人，其中科长1人、副科长1人。财务核算室定员3人。

科　　　长　周漱玉（1990.6—11；兼任，1990.11—1992.1）

　　　　　　陈登平（1993.3—1997.5；兼任，1997.5—1998.10）

　　　　　　刘文菊（1999.5—2009.6）

　　　　　　田进朝（2012.8—2015.12）

副　科　长　周漱玉（1986.12—1990.6）

　　　　　　陈登平（1991.9—1993.3）

刘文菊（1998.6—1999.5）

田进朝（2009.2—2010.7；2011.8—2012.8）

高瑞荔（2009.6—2012.7）

戴颖慧（2010.7—2011.8）

靳　萍（2014.3—2015.12）

第四节　人事教育科—劳动工资科
（1986.12—2000.10）

1986年8月，第五采油厂成立。1986年12月，人事教育科成立，为正科级职能科室，定员7人，其中副科长2人。

人事教育科的主要职责：

（一）负责劳动组织、定员定额及机构编制管理；

（二）负责劳动工资管理、职工薪酬发放；

（三）负责职工总量及劳务用工管理；

（四）负责制定职工年度培训计划并组织实施；

（五）负责人事资料统计、工人档案管理。

1990年2月，为提升职工队伍综合素质，第五采油厂成立职工培训学校，隶属人事教育科，人事教育科定员增加1人。

1992年3月，劳动争议调解职能由工会办公室划归人事教育科，人事教育科定员增加1人。

1993年3月，人事教育科更名为劳动工资科，定员5人。

4月，劳动工资科教育培训职能及相关人员划出，成立教育培训中心，为直属单位。

1995年2月，第五采油厂成立社会保险管理委员会，办事机构设在劳动工资科。8月，社保管理职能及相关人员划出，组建第五采油厂社会保险管理所。

1996年，华北石油管理局重组改制，教育培训中心划归第十五综合服务处，员工教育培训职能重新划归劳动工资科。

1997 年 5 月，劳动争议调解职能重新划归工会办公室。

2000 年 10 月，劳动工资科、党委组织部合并，成立人事科（组织部）。

一、人事教育科领导名录（1986.12—1993.3）

科　　　长　　魏廷海（1990.6—1993.3）

副 科 长　　魏廷海（1986.12—1990.6）

　　　　　　　张廷华（1986.12—1993.3）

二、劳动工资科领导名录（1993.3—2000.10）

科　　　长　　魏廷海（1993.3—1995.11）

　　　　　　　贾　超（1995.11—2000.10）

副 科 长　　张廷华（1993.3—5）

第五节　生活科（1986.12—1990.3；
1991.7—1992.7）

1986 年 8 月，第五采油厂成立。1986 年 12 月，生活科成立，为正科级职能科室，定员 7 人，其中副科长 2 人。卫生所、托儿所、食堂、粮店、茶炉房隶属生活科，定员 43 人。

生活科的主要职责：

（一）负责水电暖保障、液化气供应和低值易耗品发放；

（二）负责职工及随矿家属粮油供应；

（三）安置部分随矿家属临时工作。

1990 年 3 月，第五采油厂撤销生活科，成立生活服务站，为直属单位。

1991 年 7 月，第五采油厂撤销生活服务站，重新成立生活科，定员 1 人，其中科长 1 人。卫生所、托儿所、单身楼、机关食堂隶属生活科。

1992 年 7 月，第五采油厂撤销生活科，成立生活服务公司，为直属单位。原生活科所属单位卫生所、托儿所调整为第五采油厂机关附属单位。

一、生活科领导名录（1986.12—1990.3）

副 科 长　　陈文发（1986.12—1990.3）

于相平（1986.12—1990.3）

二、生活科领导名录（1991.7—1992.7）

科　　　长　陈文发（1991.9—1992.7）

第六节　生产调度室—生产运行科（1986.12—2015.12）

1986年8月，第五采油厂成立。1986年12月，生产调度室成立，为正科级职能科室，定员5人，其中调度长1人。外线班隶属生产调度室，定员8人。

生产调度室的主要职责：

（一）负责日常生产调度、指挥、协调、信息传递工作；

（二）负责收集油田生产数据，掌握生产动态，进行综合分析；

（三）负责电力系统日常运行维护管理，新建项目审核及改造项目设计委托和现场协调工作；

（四）负责突发事件的协调处理工作；

（五）负责生产车辆运行安排、协调工作。

1993年3月，工农科撤销，其管理职能及人员划归生产调度室。

1994年5月，土地征用、规划、监察及产权管理等管理职能由生产调度室划出，生产调度室定员压缩至8人。

2000年10月，生产调度室、工农科合并，成立生产运行科，定员11人，其中科长1人、副科长2人。生产运行科的主要职责：

（一）负责日常生产调度、指挥、协调，收集油田生产数据，掌握生产动态，进行综合分析；

（二）负责防汛排涝、冬防保温工作；

（三）负责电力系统日常运行、维护管理，新建项目审核，改造项目设计委托和现场协调工作；

（四）负责生产用电、运输、通讯、节能、节水及油料管理工作；

（五）负责油地关系协调及突发事件处理工作；

（六）负责土地产权管理，处理权属争议。

2015 年 12 月，第五采油厂重新明确生产运行科的主要职责：

（一）负责制定修订生产运行、应急管理、土地管理和青赔费用的规章制度和操作规程；

（二）负责日常生产组织、协调、运行和考核；

（三）负责收集油田生产数据，掌握生产动态，进行综合分析；

（四）负责生产用车、油田道路、通信系统、防洪防汛、冬防保温和节能降耗管理；

（五）负责油水井站土地管理、产能建设、老油田调改临时占地协调；

（六）负责新井站、道路选址，土地征用办理和报批，建筑物和房屋管理。

截至 2015 年 12 月，生产运行科定员 15 人，其中科长 1 人、副科长 2 人。

一、生产调度室领导名录（1986.12—2000.10）

调　度　长　张凤雨（1986.12—1993.8）

吴日新（1994.3—1995.4）

姜福生（1995.4—1997.5）

王中军（1997.5—2000.10）

副 调 度 长　吴日新（1987.4—7）

张国法（1987.12—1990.11）

孙海峰（1988.9—1990.2）

王中军（1992.5—1997.5）

吕德福（正科级，1993.3—1994.3）

李英强（1994.3—2000.10）

郑西平（1998.6—1999.6）

戴学锡（1999.6—2000.9）

二、生产运行科领导名录（2000.10—2015.12）

科　　　长　王中军（2000.10—2005.3；2009.2—2012.4）

陈宝新（2005.3—9）

　　　　　　　　吕德福（兼任，2005.9—2009.2）

　　　　　　　　张国法（2012.4—2014.3）

　　　　　　　　李造吉（2014.3—2015.12）

副　科　长　李凡月（正科级，2000.10—2009.6）

　　　　　　　　李英强（2000.10—2005.3）

　　　　　　　　孙英祥（正科级，2003.2—2005.3）

　　　　　　　　魏志远（2005.3—2009.9）

　　　　　　　　庄学军（2006.2—2009.6）

　　　　　　　　代国庆（2009.6—2011.9；正科级，2011.9—2015.12）

　　　　　　　　杨瑞起（正科级，2009.6—2013.4）

　　　　　　　　申玉健（2012.8—2015.3）

　　　　　　　　张志友（2014.9—2015.12）

　　　　　　　　何永志（2015.5—12）

第七节　工农科（1986.12—1993.3；1994.5—2000.10）

　　1986年8月，第五采油厂成立。1986年12月，第五采油厂成立工农科，为正科级职能科室，定员2人，其中副科长1人。

　　工农科的主要职责：

　　（一）负责征用土地工作；

　　（二）负责协调工农关系，保证生产顺利运行；

　　（三）负责土地污染赔偿工作；

　　（四）负责土地使用管理工作；

　　（五）负责土地产权管理，处理权属争议。

　　1993年3月，第五采油厂撤销工农科，相关管理职能及人员划归生产调度室。

　　1994年5月，土地征用、规划、监察及产权管理等管理职能由生产调度室划出，重新成立工农科，定员2人，其中副科长1人。

　　2000年10月，生产调度室、工农科合并，成立生产运行科。

一、工农科领导名录（1986.12—1993.3）

科　　　　长　刘永强（1990.6—1993.3）

副　科　长　刘永强（1986.12—1990.6）

二、工农科领导名录（1994.5—2000.10）

科　　　　长　李凡月（1997.5—2000.10）

副　科　长　李凡月（1994.6—1997.5）

第八节　生产技术科（1986.12—1993.3）

1986年8月，第五采油厂成立。1986年12月，第五采油厂成立生产技术科，为正科级职能科室，定员8人，其中副科长1人。

生产技术科的主要职责：

（一）负责油田试油作业、酸化压裂等生产技术管理工作；

（二）负责躺井恢复、措施增油等施工设计及组织实施工作；

（三）负责科技研究，科技资料收集、整理、立卷归档等工作。

1987年5月，为保障科技成果的推广应用，第五采油厂成立科学技术委员会，主要负责审定科技成果，研究技术改造、技术引进、技术推广等方案并组织监管实施，日常工作由生产技术科管理。

1993年3月，第五采油厂撤销生产技术科，相关业务及人员划归工程技术队，划转职工7人。

科　　　　长　刘荣贵（兼任，1986.12—1990.6）

马庆坤（1990.6—11；兼任，1990.11—1993.3）

副　科　长　马庆坤（1987.4—1990.6）

翟云辉（正科级，1990.2—11）

胡书宝（1991.9—1993.3）

第九节 机械动力科—资产设备科
（1986.12—2000.10）

1986年8月，第五采油厂成立。1986年12月，第五采油厂成立机械动力科，为正科级职能科室，定员5人，其中副科长1人。

机械动力科的主要职责：

（一）负责机械动力设备管理；

（二）负责非安装设备归口管理；

（三）负责设备购置、调拨、修保、鉴定等工作；

（四）负责制定各种设备管理制度并定期组织检查与考评。

1993年3月，新技术推广与技术改进职能由生产技术科划归机械动力科。

1999年5月，机械动力科更名为资产设备科，定员4人。

9月，国有资产核算与管理等职能由财务科划归资产设备科。

2000年10月，国有资产核算与管理等职能重新划归财务科。资产设备科更名为设备管理中心，由机关部门调整为直属单位。

一、机械动力科领导名录（1986.12—1999.5）

科　　　长　刘自荣（1990.6—11；兼任，1990.11—1996.8）

　　　　　　陈繁华（1996.8—1999.5）

副　科　长　刘自荣（1986.12—1990.6）

　　　　　　李伍魁（1987.5—1991.8）

　　　　　　陈繁华（1993.3—1996.8）

二、资产设备科领导名录（1999.5—2000.10）

科　　　长　陈繁华（1999.5—2000.10）

第十节 油田建设科（1986.12—1999.5）

1986年8月，第五采油厂成立。1986年12月，第五采油厂成立油田建设科，为正科级职能科室，定员6人，其中副科长1人。

油田建设科的主要职责：

（一）负责油田工程项目勘察与设计；

（二）负责油田建设外委工程招投标管理；

（三）负责油田建设施工协调与管理；

（四）负责推广新工艺、新技术，新装备应用与管理；

（五）负责监督检查技术标准与管理标准；

（六）负责施工工艺和工程质量监督。

1990年3月，为加强油田工程设计系统管理，第五采油厂成立油田地面工程设计室，定员5人，隶属油田建设科。

1999年5月，油田建设科撤销，其油田工程项目勘察设计职能划出，成立勘察设计研究室，为直属单位。

　科　　　　长　吴日新（1990.6—1994.3）

　　　　　　　　戴学锡（1994.3—1999.5）

　副　科　长　苏清宇（1986.12—1992.8）

　　　　　　　　吴日新（1987.7—1990.6）

　　　　　　　　张伟逊（1993.3—1996.12）

第十一节 技安环保科—安全环保技术监督科—质量安全环保科（1986.12—2015.12）

1986年8月，第五采油厂成立。1986年12月，第五采油厂成立技安环保科，为正科级职能科室，定员3人，其中副科长1人。

技安环保科的主要职责：

（一）负责工业动火、冬防保温、环保、劳动保护等工作；

（二）建立完善各项安全生产管理制度；

（三）组织开展安全生产大检查。

同月，为加强安全生产管理，增强职工安全意识，第五采油厂成立安全生产委员会，办事机构设在技安环保科。

1989 年，技安环保科定员增加至 5 人。

1999 年 5 月，技安环保科、技术监督科合并，成立安全环保技术监督科，定员 6 人，其中科长 1 人、副科长 1 人。

安全环保技术监督科的主要职责：

（一）负责安全生产、技术监督、安全监察及特种设备、特种作业人员管理等工作；

（二）负责环境保护、工业卫生、劳保用品管理，有毒有害工业事故管理及工伤认定；

（三）负责安全环保审查和竣工安全保护措施验收；

（四）负责消防、交通安全管理及事故调查处理；

（五）负责安委会办公室日常管理工作。

2000 年 1 月，为加强质量、健康、环保管理工作，第五采油厂成立质量、健康、安全、环境（简称 QHSE）委员会，办事机构设在安全环保技术监督科。

2008 年 3 月，安全环保技术监督科更名为质量安全环保科，管理职能保持不变，定员减少至 4 人。

2009 年 3 月，质量管理职能由质量监督站划归质量安全环保科。

2015 年 12 月，第五采油厂重新明确质量安全环保科的主要职责：

（一）负责制定安全生产规章制度，并组织实施；

（二）负责 HSE 体系、计量体系、质量管理体系建立和实施；

（三）负责生产区域的消防器材、防雷防静电设施、阻火器及气体检测仪器的检查及检测；

（四）负责组织开展危害因素、环境因素识别及评价，对重大危险源管理情况实施监督；

（五）参与工程项目方案审查、竣工验收并协助消防报审、报验；

（六）负责承包商准入资质审核和开工登记；

（七）负责员工劳动保护、健康检查，工商、职业病认定申请及事故事件管理。

截至 2015 年 12 月，质量安全环保科定员 5 人，其中科长 1 人、副科长 1 人。

一、技安环保科领导名录（1986.12—1999.5）

科　　　长　姜福生（1991.9—1993.3）

王宝贵（1993.3—1999.5）

副　科　长　张治国（1986.12—1988.7）

戴学锡（1988.11—1990.6）

姜福生（1990.2—1991.9）

崔彦林（1993.3—1999.5）

二、安全环保技术监督科领导名录（1999.5—2008.3）

科　　　长　刘前进（1999.5—2005.3；兼任，2005.3—2006.10）

李振清（2006.10—11；兼任，2006.11—2008.3）

副　科　长　田　生（1999.5—2006.5）

三、质量安全环保科领导名录（2008.3—2015.12）

科　　　长　李振清（兼任，2008.3—2011.10）

戎顺利（兼任，2011.10—2015.12）

副　科　长　刘建威（2008.9—2014.3）

李士恩（2014.3—2015.12）

第十二节　党委办公室（1986.12—2000.10）

1986 年 8 月，第五采油厂成立。1986 年 12 月，第五采油厂成立党委办公室，为正科级职能科室，定员 2 人，其中副主任 1 人。

党委办公室的主要职责：

（一）围绕党委中心工作，搞好调查研究，掌握全厂党务工作动态；

（二）负责党委主要文件起草、重大会议组织和文书处理工作；

（三）负责党委重要工作的催办和落实工作；

（四）做好党内文件的处理、保密及群众来访、来信工作。

同月，为加强保密工作，健全保密机构，第五采油厂成立保密委员会，办事机构设在党委办公室。

1996 年 12 月，华北石油管理局重组改制，党委办公室重新明确职责范围，增加机关党务工作，定员 3 人。

2000 年 10 月，党委办公室、党委宣传部、团委合并，成立党群工作部。

主　　任　李子杰（1990.6—1993.9）

　　　　　赵章印（1996.8—2000.10）

副　主　任　李子杰（1986.12—1990.6）

　　　　　赵章印（1993.9—1996.8）

第十三节　党委组织部（1986.12—2000.10）

1986 年 8 月，第五采油厂成立。1986 年 12 月，第五采油厂成立党委组织部，为正科级职能科室，定员 3 人，其中副部长 1 人。

党委组织部的主要职责：

（一）根据厂党委决议，制订年度工作计划并贯彻实施；

（二）负责一般管理干部的选拔、培养、考察、管理和后备干部队伍建设工作；

（三）负责党委、党总支和直属党支部的建立和定期改选换届工作，检查、督促各基层党总支的工作；

（四）负责全厂党员教育和管理工作，开展民主评议党员活动和"创先争优"活动；

（五）负责发展党员工作和入党积极分子、预备党员教育、培养、考察工作；

（六）负责党费收缴、管理和使用工作。

1988 年 5 月，为确保职称改革工作有序进行，第五采油厂成立职称改革工作领导小组，下设办公室，隶属党委组织部。党委组织部定员增加至5人。

2000年10月，党委组织部、劳动工资科合并，成立人事科（组织部）。

部 长	张德民（1988.7—1993.3）
	郭永兵（1993.3—1997.5）
	潘忠琪（1997.5—2000.10）
副 部 长	朱文高（1986.12—1988.7）
	郭永兵（1990.11—1993.3）
	贾 超（1993.3—1995.11）
组 织 员	付建英（副科级，1991.9—1992.7）
	潘忠琪（副科级，1993.9—1997.5）

第十四节 党委宣传部（1986.12—2000.10）

1986年8月，第五采油厂成立。1986年12月，第五采油厂成立党委宣传部，为正科级职能科室，定员3人，其中部长1人。

党委宣传部的主要职责：

（一）组织宣传党的路线、方针、政策；

（二）加强对党员、职工及家属的思想教育工作；

（三）负责新闻报道、文化活动及精神文明创建和工农警共建等工作。

1990年9月，录像站成立，定员4人，隶属党委宣传部。党委宣传部定员增加至5人。录像站的主要职责：

（一）拍摄制作第五采油厂新闻；

（二）针对工作需要制作专题片；

（三）定期播放影视录像片、广播新闻。

1996年12月，录像站划归第十五综合服务处，划转4人。

2000年10月，党委宣传部、党委办公室、团委合并，成立党群工作部。

部 长 焦学民（1986.12—1988.5）

王保田（副处级，1988.6—1990.11）

翟云辉（1990.11—1993.8）

李子杰（1993.9—2000.10）

第十五节　纪委办公室—纪委办公室（监察科）—纪委监察科（1986.12—2015.12）

1986 年 8 月，第五采油厂成立。1986 年 12 月，第五采油厂成立纪委办公室，为正科级职能科室，定员 2 人，其中副主任 1 人。

纪委办公室的主要职责：

（一）负责党风、党纪建设；

（二）负责开展党纪法规和廉洁从业教育；

（三）制定内部监督管理规章制度；

（四）调查处理党员干部违纪案件。

1993 年 3 月，纪委办公室、监察科合并，成立纪监办公室，定员 3 人，其中主任 1 人、副主任 1 人、纪检员（副科级）1 人。

1995 年 6 月，第五采油厂撤销纪监办公室，成立纪委办公室（监察科），定员 3 人，其中主任 1 人、副主任 1 人、纪检员（副科级）1 人。

2000 年 10 月，纪委办公室（监察科）机构设置不变，定员 2 人，其中主任 1 人。第五采油厂重新明确其主要职责：

（一）负责党风廉政建设工作；

（二）负责组织党纪法规和廉洁从业教育工作；

（三）负责违纪案件检查及审理，受理信访举报和申诉工作；

（四）负责执法效能监察工作。

2008 年 3 月，纪委办公室（监察科）更名为纪委监察科，管理职能及定员保持不变。

2015 年 12 月，第五采油厂重新明确纪委监察科的主要职责：

（一）负责制定修订纪检监察工作规章制度；

（二）负责协助厂党委开展纪律检查和党风廉政建设工作；

（三）负责监察、廉洁自律和反腐倡廉警示教育工作；

（四）负责受理对违反党纪政纪行为的检举控告，问题线索调查处理工作。

截至 2015 年 12 月，纪委监察科定员 3 人，其中科长 1 人、副科长 1 人。

一、纪委办公室领导名录（1986.12—1993.3）

主　　　　任　杨丙辰（兼任，1991.9—1992.7）

　　　　　　　王师华（兼任，1992.7—1993.3）

副　主　任　徐青龙（1986.12—1988.7）

　　　　　　　杨丙辰（1990.2—1991.1；兼任，1991.1—9）

纪　检　员　郑清秀（副科级，1992.5—1993.3）

二、纪监办公室领导名录（1993.3—1995.6）

主　　　　任　王师华（兼任，1993.3—10；1993.10—1995.6）

副　主　任　张庆真（1993.3—1995.6）

纪　检　员　郑清秀（1993.3—1995.6）

三、纪委办公室（监察科）领导名录（1995.6—2008.3）

主任（科长）　王师华（兼任，1995.6—2000.9）

　　　　　　　郑清秀（2000.10—2001.3；兼任，2001.3—

　　　　　　　　　　2005.3）

　　　　　　　张根元（2005.3—2008.2）

副主任（副科长）　张庆真（1995.6—1996.12）

纪　检　员　郑清秀（1995.6—1997.11；正科级，

　　　　　　　　　　1997.11—2000.10）

四、纪委监察科领导名录（2008.3—2015.12）

科　　　　长　张根元（2008.2—6）

　　　　　　　贾文克（2008.6—2015.12）

副　科　长　王海生（2013.4—2015.12）

第十六节　工会—工会办公室（1986.12—2015.12）

1986 年 8 月，第五采油厂成立。1986 年 12 月，第五采油厂成立工会，为正科级职能科室，行使工会办公室职能，定员 5 人，其中主任（工会副主席担任）1 人。俱乐部隶属工会，主要负责文体活动及设施的管理工作，定员 3 人。

工会的主要职责：

（一）加强工会组织建设，维护职工合法权益；

（二）围绕企业生产建设，组织开展劳动竞赛、合理化建议活动；

（三）加强"四有"职工教育，开展形式多样的文体活动；

（四）定期召开职工代表大会，充分发挥参政议政作用。

10 月，为确保合理化建议推广实施，第五采油厂成立合理化建议评审委员会，办事机构设在工会。

1987 年 3 月，为妥善处理企业内部劳动争议，第五采油厂成立劳动争议调解委员会，办事机构设在工会。

1989 年，第五采油厂成立物价站，主要负责内部市场秩序维护、物价监管等工作，隶属工会。

1992 年 3 月，劳动争议调解职能由工会划归人事教育科。4 月，为加强离退休职工管理工作，第五采油厂成立离退休职工管理委员会，办事机构设在工会。7 月，离退休职工管理职能由工会划出，成立离退休职工管理办公室，为直属单位。

1993 年 3 月，工会更名为工会办公室，俱乐部更名为职工文化活动中心，负责游泳池、图书馆等日常管理工作。

1994 年，为发展工会第三产业，成立工友公司，开办工友饭店、商店、家电维修中心、菜店、小规模工程维修施工队等 5 个综合服务项目，安置富余职工 13 人。截至 1996 年 12 月，工友公司拥有机动车辆 2 台，固定资产54 万元，累计营业收入 240 万元。

1996 年 12 月，华北石油管理局实施重组改制，职工文化活动中心、物价站划归第十五综合服务处。

1997 年 5 月，劳动争议调解职能由劳动工资科划归工会办公室。

2000 年 10 月，工会办公室机构设置不变，定员 2 人，其中主任 1 人。第五采油厂重新明确其主要职责：

（一）负责工会建设、民主管理，落实员工维权工作；

（二）负责职工代表大会筹备组织及厂务公开工作；

（三）负责组织开展劳动竞赛、先进评比、合理化建议等活动；

（四）负责员工疗养安排工作；

（五）负责困难员工家庭帮扶工作；

（六）负责女工管理工作；

（七）负责组织开展员工文体活动；

（八）负责工会经费收缴和财务管理工作。

截至 2015 年 12 月，工会办公室定员 3 人，其中主任 1 人、副主任 1 人。

一、工会领导名录（1986.12—1993.3）

主　　任　张德民（1986.12—1988.7）

　　　　　张根元（副科级，1991.9—1993.3）

副 主 任　张计顺（1988.7—1991.9）

二、工会办公室领导名录（1993.3—2015.12）

主　　任　张根元（1993.3—1997.5；兼任，1997.5—2000.10）

　　　　　陈秀兰（兼任，2000.10—2005.3）

　　　　　贾　超（兼任，2005.3—2008.10）

　　　　　付建英（兼任，2008.10—2015.5）

　　　　　王毅敏（兼任，2015.5—12）

副 主 任　何宪卿（1995.6—1997.5）

　　　　　胡　敏（2013.4—2015.12）

第十七节　团委（1986.12—2000.10）

1986年8月，第五采油厂成立。1986年12月，第五采油厂成立团委，为机关部门，定员2人，其中副书记1人。

团委的主要职责：

（一）制定和实施厂共青团工作规划；

（二）筹备召开厂团代会；

（三）做好团员发展、组织建设、办理离团手续和接转组织关系等工作；

（四）深入了解青工思想动态，向党组织输送优秀团员入党。

2000年10月，团委、党委宣传部、党委办公室合并，成立党群工作部。

　　书　　　记　闫　彪（1997.5—2000.10）

　　副 书 记　李志军（1986.12—1993.3）

　　　　　　　徐　军（1993.3—1995.4）

　　　　　　　闫　彪（1995.4—1997.5）

第十八节　保卫科（1986.12—1987.5）

1986年8月，第五采油厂成立。1986年12月，第五采油厂成立保卫科，为正科级职能科室，定员3人，其中副科长2人。

保卫科的主要职责：

（一）负责油田矿区综合治理协调和督导工作；

（二）负责民兵训练、国防教育、征兵及拥军优属等工作；

（三）负责油田生产物资、生产设施安全保卫工作。

1987年5月，保卫科更名为公安分处，调整为直属单位。

　　副 科 长　崔　耕（1986.12—1987.5）

　　　　　　　邱兰涛（1986.12—1987.5）

第十九节　经营办公室（1988.7—1993.3）

1987 年，第五采油厂执行《厂长任期目标责任制》，成立经营管理委员会，未设立办公室，其业务由综合计划科负责。

1988 年 7 月，经营管理委员会的业务由综合计划科划出，成立经营办公室，为正科级职能科室，定员 3 人，其中副科长 1 人。

经营办公室的主要职责：

（一）协助贯彻执行国家法律法规，为单位经营决策提供法律咨询，为生产经营活动提供法律服务；

（二）管理和办理全民及集体企业登记及年检换照有关事宜，对经营范围合法性进行检查监督；

（三）负责外部和内部经济合同法律审查，参与签约前资信调查和论证，参加重要经济合同谈判签约，参与招投标及内部承包活动；

（四）负责经济纠纷诉讼事宜及行政争议归口管理工作；

（五）制定修订转委授权管理办法，办理转委授权具体事宜；

（六）协同有关部门清理债权债务，维护单位合法权益；

（七）负责对规范性文件和规章制度进行法律审查，按照企业升级各项要求，做好规章制度考核等各项工作；

（八）协同有关部门宣传法律法规，培养法律人才，向上级管理部门反馈法律信息；

（九）接受委托，办理单位专利、商标、保险、税务、工农关系等方面法律事务；

（十）办理单位交办的其他法律事务。

1990 年，经营办公室增加技术监督、全面质量管理及标准化职能，定员增加至 7 人。

1991 年 9 月，为提高企业维权能力，保障依法经营，第五采油厂成立法律事务室，定员 2 人，隶属经营办公室。

1993 年 3 月，经营办公室撤销，技术监督、全面质量管理及标准化相关业务划归工程技术队，其他管理职能划归综合计划科。

主　　　任　王建利（1992.3—7）
副　主　任　杨景富（1988.7—11）
　　　　　　饶伟民（1988.11—1992.7）
　　　　　　王永明（1988.11—1992.7）
　　　　　　郭晓华（1992.3—1993.3）

第二十节　监察科（1990.6—1993.3）

1990 年 6 月，第五采油厂成立监察科，为正科级职能科室，主要负责执法效能监察，定员 1 人。

1993 年 3 月，监察科、纪委办公室合并，成立纪监办公室。

副　科　长　张庆真（1990.6—1993.3）

第二十一节　审计科（1991.9—1996.12）

1991 年 9 月，由于生产规模不断扩大，为适应生产需要，第五采油厂成立审计科，为正科级职能科室，定员 1 人。

审计科的主要职责：

（一）贯彻落实上级审计工作方针、政策，制定年度审计工作计划；

（二）负责企业财务收支、领导离任等审计工作；

（三）负责指导多种经营项目审计工作。

1996 年 12 月，华北石油管理局机构重组，第五采油厂撤销审计科，相关业务及人员划归华北石油管理局审计处。

副　科　长　吕玉新（1991.9—1996.12）

第二十二节　国有资产管理科（1991.9—1993.3）

1991年9月，由于生产规模不断扩大，为适应生产需要，第五采油厂成立国有资产管理科，为正科级职能科室，定员4人，其中副科长1人。

国有资产管理科的主要职责：

（一）负责国有资产管理及核算，制定有关规章制度，并组织检查执行情况；

（二）负责确定国有资产标准和分类，掌握固定资产数量及动态；

（三）负责房屋修缮基金管理并制定修缮计划；

（四）负责对"撤""并""转"单位占用的国有资产进行清理、评估、划转、收缴工作；

（五）参加企业发包工作，确保国有资产完整和增值；

（六）配合有关部门对投资效益进行监督，参与立项审查和竣工验收；

（七）负责对固定资产进行清查盘点、审查鉴定并汇总上报；

（八）负责闲置设备、报废资产残本回收；

（九）负责国有土地管理工作，建立健全土地档案。

1993年3月，第五采油厂撤销国有资产管理科，相关职能分别划入生产调度室、机械动力科。

副 科 长　李伍魁（1991.8—1993.3）

第二十三节　注水科（1992.5—1993.3）

1992年5月，由于生产规模不断扩大，为适应生产需要，第五采油厂成立注水科，为正科级职能科室，定员3人，其中副科长1人。

注水科的主要职责：

（一）负责制定油田注水管理实施细则，检查督促执行情况；

（二）掌握注水动态，分析吸水指数变化，参与制定注水生产计划及相应工艺技术措施；

（三）负责编制新区注水试运行投产措施和老油田注水工艺流程改造方案；

（四）负责大罐清砂、流量计校对和泵效测定工作；

（五）负责污水处理，确保水质达标。

1993 年 3 月，第五采油厂撤销注水科，相关业务及人员划归工程技术队。

副　科　长　曾艺忠（1992.5—1993.3）

第二十四节　技术监督科（1994.4—1999.5）

1994 年 4 月，第五采油厂将工程技术队技术监督、全面质量管理及标准化管理等职能划出，成立技术监督科，为正科级职能科室，定员 3 人，其中副科长 1 人。

技术监督科的主要职责：

（一）负责编制技术监督工作规划与计划；

（二）负责生产施工的质量监督；

（三）负责参与审查新产品设计、老产品整顿及技术标准化工作；

（四）负责计量管理工作；

（五）负责建立健全相应规章制度及检查考核工作。

同月，第五采油厂成立技术监督站，隶属技术监督科。

1997 年，技术监督科定员增加至 10 人。

1999 年 5 月，技术监督科、技安环保科合并，成立安全环保技术监督科。技术监督科技术监督站职能划归质量检验监督站。

科　　长　刘前进（1997.5—1999.5）

副　科　长　牛宝山（1994.4—1997.5）

第二十五节　物资计划科—物资管理科
（1997.5—2000.10）

1997年5月，由于生产规模不断扩大，为适应生产需要，第五采油厂成立物资计划科，为正科级职能科室，定员4人，其中科长1人。物资计划科主要负责全厂生产建设物资采购及结算等管理工作。资产库定员6人，油品库定员6人，均隶属物资计划科。

1999年5月，物资计划科更名为物资管理科，定员3人，其中科长1人。

2000年10月，物资管理科更名为物资管理中心，由机关部门调整为直属单位。

一、物资计划科领导名录（1997.5—1999.5）

科　　　　长　姜福生（1997.5—1999.5）

二、物资管理科领导名录（1999.5—2000.10）

科　　　　长　姜福生（1999.5—6）

陈占英（1999.5—2000.10）

第二十六节　人事科（组织部）
（2000.10—2015.12）

2000年10月，党委组织部、劳动工资科合并，成立人事科（组织部），为正科级职能科室，定员6人，其中科长1人、副科长1人。教育培训中心隶属人事科（组织部），定员1人。

人事科（组织部）的主要职责：

（一）负责员工队伍、劳动组织、定员定额及机构编制管理；

（二）负责员工薪酬、保险、福利管理；

（三）负责劳动合同签订、人事资料统计及档案管理；

（四）负责员工技能等级鉴定及专业技术职务评聘考核；

（五）负责制定员工年度培训计划并组织实施，特殊工种取证及复审管理；

（六）负责一般管理干部选拔、培养、考察和后备干部队伍建设工作；

（七）负责党组织建设、党员管理和党费管理。

2015年12月，第五采油厂重新明确人事科（组织部）的主要职责：

（一）负责党组织建设、党员管理；

（二）负责劳动组织、机构编制、单位职责和定员定额管理；

（三）负责厂属单位领导班子、干部队伍、人才队伍建设；

（四）负责员工教育培训、HSE培训和能力评估；

（五）负责管理和专业技术序列建设管理；

（六）负责岗位责任制监督和考核；

（七）负责员工薪酬、保险、福利和人事档案管理。

截至2015年12月，人事科（组织部）定员6人，其中科长1人、副科长1人。教育培训中心定员3人。

科　长（部　长）	潘忠琪（2000.10—2003.4）
	贾　超（2003.6—2005.3）
	陈繁华（2005.3—2007.10）
	郝玉军（2008.2—2012.9）
	郭小玉（2012.9—2015.12）
副科长（副部长）	贾　超（正科级，2000.10—2003.6）
	亢亚力（2006.2—2008.6）
	王毅敏（2008.9—2013.4）
	王国斌（2015.5—12）

第二十七节　党群工作部—党群工作科
（2000.10—2015.12）

2000年10月，党委办公室、党委宣传部、团委合并，成立党群工作部，为正科级职能科室，定员5人，其中主任1人、副主任1人。

党群工作部的主要职责：

（一）搞好调查研究、掌握全厂党务工作动态；

（二）负责党委主要文件起草、重大会议组织及文书处理工作；

（三）负责重要工作催办、查办及机要保密工作；

（四）组织开展形势任务教育和精神文明建设教育；

（五）负责组织中心组理论学习及"双文明"创建工作；

（六）负责新闻报道和文化活动管理工作；

（七）负责团组织建设及团员管理工作。

2008年3月，党群工作部更名为党群工作科，管理职能保持不变，定员4人，其中主任1人、副主任1人。

2015年12月，第五采油厂重新明确党群工作科的主要职责：

（一）负责党委日常工作的组织运行和保密管理；

（二）负责党委全面从严治党主体责任的推进和落实；

（三）负责日常思想政治和精神文明建设；

（四）负责新闻宣传、舆论管理和企业文化建设；

（五）负责共青团工作和"三基"工作推进情况上报和典型宣传工作。

截至2015年12月，党群工作科定员4人，其中副科长1人。

一、党群工作部领导名录（2000.10—2008.3）

主　　　任　赵章印（2000.10—2003.4）

闫　彪（2003.6—2005.3）

付建英（2005.3—2008.3）

副　主　任　闫　彪（正科级，2000.10—2003.6）

毛俊霞（2006.2—2008.2）

团委书记　闫　彪（2000.10—2005.3）

付建英（2005.3—2008.3）

二、党群工作科领导名录（2008.3—2015.12）

科　　　长　付建英（2008.3—10）

郭小玉（2009.2—2012.9）

亢亚力（2012.9—2015.5）

副　科　长　毛俊霞（2008.2—9）

郭小玉（2008.9—2009.2）

胡　敏（2009.2—2013.4）

刘晓燕（2014.3—2015.12）

团委书记　付建英（2008.3—10）

郭小玉（2009.2—2012.9）

亢亚力（2012.9—2015.5）

团委副书记　胡　敏（2009.2—2013.4）

刘晓燕（2014.3—2015.12）

第二十八节　企管法规科（2005.3—2015.12）

2005 年 3 月，由于生产规模不断扩大，为适应生产需要，第五采油厂成立企管法规科，为正科级职能科室，定员 3 人，其中科长 1 人。

企管法规科的主要职责：

（一）负责企业改革方案制定、修订及组织实施工作；

（二）负责全面风险管理体系归口管理；

（三）负责各单位岗位职责及业绩考核工作；

（四）负责法律事务及经济合同管理工作；

（五）负责企业现代化管理工作。

2015 年 12 月，第五采油厂重新确定企管法规科的主要职责：

（一）负责全厂战略规划和经营政策研究；

（二）负责全面风险管理体系、内部控制体系、法律风险防控体系管理；

（三）负责全厂生产经营业绩考核管理和现代化管理创新；

（四）负责市场、招议标和合同管理；

（五）负责全厂法律事务管理。

截至 2015 年 12 月，企管法规科定员 4 人，其中科长 1 人。

科　　　长　高忠生（2005.3—2008.6）

戎顺利（代理，2008.6—9；2008.9—2011.10）

刘建平（2014.3—2015.12）

副　科　长　王连茂（代理，2007.8—2011.11）

刘建平（2011.11—2014.3）

第二十九节　机关党组织

1986 年 8 月，第五采油厂成立。1986 年 12 月，厂机关设党支部 3 个：第一党支部、第二党支部、第三党支部。

1987 年 8 月，机关党总支成立。

1990 年 11 月，机关党总支列为机关部门，设专职党总支书记，定员 1 人，为书记。

机关党总支的主要职责：

（一）贯彻执行党的路线、方针和政策，做好党员教育和管理工作；

（二）发挥党员先锋模范作用，促进党员全面完成本职工作；

（三）处理好党员管理相关事项。

1993 年 8 月，机关党总支不再列为机关部门。

同月，第五采油厂党委对机关党总支所属党支部进行调整。调整后，设党支部 3 个：生产党支部、行政党支部、党群党支部。

2002 年 1 月，机关党总支对所属党支部进行调整。调整后，设党支部 4 个：生产党支部、行政党支部、党群党支部、直属单位党支部。

2006 年 3 月，机关党总支成立保卫科党支部。

2015 年 10 月，保卫科更名为护厂大队（保卫科），保卫科党支部由机关党总支划出。

截至 2015 年 12 月，机关党总支所属党支部 4 个：生产党支部、行政党支部、党群党支部、直属单位党支部。

一、第一党支部领导名录（1986.12—1987.9）

　　书　　记　魏廷海（1986.12—1987.9）

　　副　书　记　刘永强（1986.12—1987.9）

二、第二党支部领导名录（1986.12—1987.9）

　　书　　记　徐青龙（1986.12—1987.9）

　　副　书　记　崔　耕（1986.12—1987.9）

三、第三党支部领导名录（1986.12—1987.9）

　　书　　记　陈文发（1986.12—1987.9）

四、机关党总支（1987.8—2015.12）

（一）机关党总支领导名录（1987.8—2015.12）

　　书　　记　张德民（1987.8—1990.11）

　　　　　　　徐青龙（1990.11—2000.9）

　　　　　　　付建英（2002.1—2003.10）

　　　　　　　张进双（2003.10—2005.3；2009.6—2011.10）

　　　　　　　尚崇贵（2005.3—2006.2）

　　　　　　　郝玉军（2006.2—2009.6）

　　　　　　　李凡月（2011.10—2013.9）

　　　　　　　王中军（2013.9—2015.4）

　　　　　　　王海生（2015.5—12）

（二）机关党总支下属党支部①

　　1. 第一党支部领导名录（1987.9—1993.8）

　　　　书　　记　魏廷海（1987.9—1993.8）

　　　　副　书　记　刘永强（1987.9—1993.8）

---

①　生产党支部、行政党支部、党群党支部、直属单位党支部、保卫科党支部领导名录不详。

2. 第二党支部领导名录（1987.9—1993.8）

　　书　　　记　徐青龙（1987.9—1993.8）

　　副　书　记　崔　耕（1987.9—1993.8）

3. 第三党支部领导名录（1987.9—1993.8）

　　书　　　记　陈文发（1987.9—1993.8）

第三章　直附属单位

1986 年 8 月，第五采油厂成立。为保障油气生产，完善管理服务职能，成立小车队，为中队级单位；成立托儿所，为中队级单位；成立供应站，为中队级单位。10 月，成立劳动服务公司，为中队级单位。

1987 年 5 月，保卫科更名为公安分处，调整为科级单位。9 月，劳动服务公司调整为科级单位。

1989 年 1 月，第五采油厂成立子弟学校，为中队级单位。

1990 年 3 月，第五采油厂撤销生活科，成立生活服务站，为科级单位。7 月，撤销劳动服务公司，成立多种经营综合开发部，为科级单位。

1991 年 7 月，第五采油厂撤销生活服务站。9 月，供应站调整为科级单位。12 月，卫生所调整为中队级单位，隶属生活科。

1992 年 3 月，第五采油厂撤销多种经营综合开发部，成立鸿达公司，为厂属具有法人资格的集体经济实体。7 月，成立离退休职工管理办公室，为科级单位；撤销生活科，成立生活服务公司，为科级单位；卫生所、托儿所，调整为第五采油厂机关附属单位。

1993 年 4 月，劳动工资科教育培训职能划出，成立教育培训中心，为科级单位。托儿所、子弟学校调整为教育培训中心所属中队级单位。5 月，离退休职工管理办公室更名为离退休职工管理站。8 月，计划生育管理职能由厂办公室划归生活服务公司。截至 12 月，第五采油厂直属单位 6 个：教育培训中心、公安分处（武装部）、鸿达公司、生活服务公司、供应站、离退休职工管理站；厂机关附属单位 2 个：小车队、卫生所。

1995 年 12 月，第五采油厂成立社会保险管理所，为科级单位。

1996 年 12 月，华北石油管理局解体"大而全、小而全"的管理模式，将生活后勤、卫生、教育等业务与生产主业相分离。鸿达公司、生活服务公司、离退休职工管理站、教育培训中心、卫生所、社会保险管理所等多个单位，整体划归第十五综合服务处，划转职工 550 人。供应站整建制划归华北石油管理局器材供应处，划转职工 55 人。

1998 年 6 月，第五采油厂根据华北石油管理局要求，规范组织机构归类，取消"机关附属""机关拖斗"等不规范用语，统一变更为"直属单位"。小车队由机关附属单位调整为直属单位。

1999 年 5 月，第五采油厂成立勘察设计研究室，为科级单位；成立质量检验监督站，为科级单位。6 月，第五采油厂成立联办储蓄所、辛集油品经销处，均为中队级单位。

同年 9 月，华北石油管理局实施重组改制，第五采油厂整建制划转华北油田分公司。划转后，第五采油厂直属单位 6 个：勘察设计研究室、质量检验监督站、小车队、辛集油品经销处、联办储蓄所、公安分处（武装部）。

2000 年 10 月，根据华北油田分公司机构编制实施细则，第五采油厂对组织机构进行调整。物资管理科更名为物资管理中心，资产设备科更名为设备管理中心，更名后均为科级单位。调整后，第五采油厂直属单位 8 个：质量检验监督站、勘探设计研究室、物资管理中心、设备管理中心、小车队、公安分处（武装部）、联办储蓄所、辛集油品经销处。

2001 年 5 月，第五采油厂撤销联办储蓄所。12 月，公安系统体制改革，第五采油厂公安分处（武装部）移交冀中公安局。

2002 年 6 月，第五采油厂成立保卫科，为科级单位。

2005 年 3 月，小车队、车队合并，成立小车队，调整为科级辅助生产单位。

2006 年 4 月，第五采油厂撤销辛集油品经销处。

2008 年 3 月，为理顺组织机构及相应职能，第五采油厂对部分机构进行调整。质量检验监督站更名为质量监督中心，设备管理中心更名为资产装备中心，勘察设计研究室更名为工程设计室；成立科技信息中心。10 月，华北石油管理局供应处辛集供应站整体划归第五采油厂。

2009 年 2 月，第五采油厂优化整合部分组织机构。原辛集供应站、物资管理中心合并，成立物资供应站，为科级单位。

2013 年 5 月，第五采油厂成立油田建设管理中心。

2015 年 10 月，保卫科更名为护厂大队（保卫科），保卫科与护厂大队实行合署办公，为具有机关职能的厂属大队级单位。

截至 2015 年 12 月，第五采油厂直属单位 7 个：质量监督中心、资产装备中心、科技信息中心、油田建设管理中心、工程设计室、物资供应站、护厂大队（保卫科）。

第一节 小车队（1986.8—2005.3）

1986年8月，为保障油气生产，完善管理服务职能，第五采油厂成立小车队，为中队级单位。小车队主要负责第五采油厂机关公务用车等客运工作及所属客货车、吉普车的日常管理，下设班组2个：小车一班、小车二班，在册职工23人。队部设在晋县临时基地。同月，第五采油厂党委成立小车队党支部，共有党员5人。

1988年，小车队迁至辛集市采五矿区，在册职工34人。

1993年12月，小车队调整为厂机关附属单位。

1998年6月，小车队由厂机关附属单位调整为直属单位。

2005年3月，小车队、车队合并，成立小车队，为辅助生产单位。

一、小车队领导名录（1986.8—2005.3）

> 队　　　长　戴玉春（1987.3—1988.11）
>
> 王晓虎（1988.12—1990.11）
>
> 陈繁华（1990.11—1993.3）
>
> 刘前进（1993.3—1994.3）
>
> 范盼义（1995.5—1998.6）
>
> 高　　峰（1998.6—2005.3）
>
> 负　责　人　戴玉春（1986.8—1987.3）
>
> 副　队　长　范盼义（1993.3—1995.5）

二、小车队党支部领导名录（1986.12—2005.3）

> 书　　　记　戴玉春（1986.12—1988.11）
>
> 刘前进（1993.3—1994.3）
>
> 范盼义（1995.5—1998.6）
>
> 高　　峰（1998.6—2005.3）

第二节　托儿所（1986.8—1993.4）

1986年8月，为解决职工子女入托问题，第五采油厂成立托儿所，为中队级单位。托儿所在册职工33人，入托幼儿70名，所址在晋县临时基地。

1988年8月，托儿所搬迁至辛集市采五矿区，隶属生活科。在册职工21人，入托幼儿增至100名。

1992年7月，托儿所调整为厂机关附属单位，在册职工39人。

1993年4月，托儿所划归教育培训中心。

　　所　　　　长　刘素娥（女，1986.8—1992.7）
　　　　　　　　　王凤英（女，1992.7—1993.4）

第三节　供应站（1986.8—1996.12）

1986年8月，为保障油气生产，完善管理服务职能，第五采油厂成立供应站，为中队级单位。供应站主要负责油田生产物资的采购、储存、发放等工作，下设计划组、调度室、库房、加油班等4个班组，在册职工74人，设在晋县临时基地。12月，第五采油厂党委成立供应站党支部，共有党员18人。

1988年，供应站搬迁至辛集市采五矿区。

1991年9月，供应站调整为科级单位。

1993年3月，供应站调整内部机构设置，增设财务组、油品化验组、油库、资产库等4个班组，在册职工68人。

1996年12月，华北石油管理局重组分离，供应站整体划归华北石油管理局器材供应处，划转职工55人。

一、供应站领导名录（中队级，1986.8—1991.9）

　　负　　责　　人　牛天佑（1986.8—12）

王建利（1986.8—12）

邓淑芳（1986.8—12）

副　站　长　牛天佑（1986.12—1991.9）

王建利（1986.12—1991.9）

二、供应站领导名录（科级，1991.9—1996.12）

站　　　长　王建利（1991.9—1992.7）

王智江（1994.3—1996.12）

政 治 教 导 员　付建英（1994.3—1996.12）

副　站　长　王智江（1992.6—1994.3）

安万亭（1993.3—1996.12）

副政治教导员　王智江（1991.9—1992.7）

付建英（1992.7—1994.3）

三、供应站党支部领导名录（1986.8—1996.12）

书　　　记　邓淑芳（副科级，1986.12—1991.9）

王建利（1991.9—1992.7）

付建英（1992.7—1996.12）

第四节　劳动服务公司—多种经营综合开发部—鸿达公司
（1986.10—1996.12）

1986 年 10 月，为保障油气生产，完善管理服务职能，第五采油厂成立劳动服务公司，为中队级单位。劳动服务公司主要负责安置随矿家属，提供劳务服务等工作，下设养鸡场、养鱼场等经营场点，在册职工 6 人。12 月，第五采油厂党委成立劳动服务公司党支部，共有党员 3 人。

1987 年 9 月，劳动服务公司调整为科级单位，下设中队级单位 3 个：副业队、服务队、经营办公室，在册职工 20 人。

1988 年，为扩大服务项目，安置随矿家属，劳动服务公司陆续增加化工厂、运输队、电机修理厂、建筑队、鸿达饭店、商店、印刷厂、理发店等营业场点 12 家，安置随矿家属 320 人，定员增加至 63 人。

1989 年 2 月，为保障油田工程建设，第五采油厂成立地面工程安装队，隶属劳动服务公司，为中队级单位。地面工程安装队主要承担油田地面工程改造，机泵安装等任务。

9 月，第五采油厂党委成立劳动服务公司党总支，共有党员 28 人。

截至 1989 年 12 月，劳动服务公司设中队级单位 4 个：副业队、服务队、经营办公室、地面工程安装队，在册职工 113 人。

1990 年 7 月，第五采油厂撤销劳动服务公司，成立多种经营综合开发部，为科级单位。多种经营综合开发部设中队级单位 1 个：工程安装队，在册职工 59 人。同月，第五采油厂党委成立多种经营综合开发部党总支，共有党员 17 人。

1992 年 3 月，第五采油厂撤销多种经营综合开发部，成立鸿达公司，为具有法人资格的集体所有制企业，注册地点和办公地点均在河北省辛集市。鸿达公司主要经营工业与民用建筑施工、小型石油工程与单项工程施工、油田化工产品与生产技术服务等业务，在册职工 79 人。

7 月，第五采油厂将修保车间、机加工车间、配液站、液化气队划归鸿达公司。鸿达公司增设仪表厂、石油机械修理厂、防腐清洗队、塑料管厂、靠垫厂、办公用品服务部等生产经营厂点。鸿达公司下设中队级单位 5 个：工程安装队、机械制造厂、鸿达饭店、建筑公司、小车队，在册职工 162 人。

8 月，第五采油厂党委成立鸿达公司党总支，共有党员 21 人。

1993 年 5 月，为促进企业多种经营发展，工程安装队扩编，成立工程安装公司。

1995 年 5 月，鸿达公司下设中队级单位 5 个：机械制造厂、工程安装公司、鸿达饭店、建筑公司、小车队，在册职工 213 人。

1996 年 12 月，华北石油管理局业务重组，鸿达公司整体划归第十五综合服务处，划转 196 人。

一、劳动服务公司（1986.10—1990.7）

（一）劳动服务领导名录（1986.12—1990.7）

副 经 理 王师华（1986.12—1990.7）

许万洲（正科级，1988.9—1989.9）

敬洪荣（副科级，1988.9—1990.2）

王炳仁（1990.6—7）

（二）劳动服务公司党支部领导名录（1986.12—1989.9）

书　　　记　敬洪荣（副科级，1986.12—1988.9）

（三）劳动服务公司党总支领导名录（1989.9—1990.7）

书　　　记　许万洲（1989.9—1990.7）

（四）劳动服务公司所属单位

1. 服务队领导名录（1987.9—1990.7）

队　　　长　王志忠（1987.9—1990.7）

2. 副业队领导名录（1987.9—1990.7）

副　队　长　王炳仁（1987.9—1989.2）

3. 经营办公室领导名录（1987.9—1990.7）

主　　　任　秦致金（1987.9—1990.7）

4. 地面工程安装队领导名录（1989.2—1990.7）

队　　　长　王炳仁（1989.2—1990.6）

政治指导员　高玉林（1989.12—1990.6）

副　队　长　高玉林（1989.2—1990.6）

书　　　记　高玉林（1989.2—1990.6）

二、多种经营综合开发部（1990.7—1992.3）

（一）多种经营综合开发部领导名录（1990.7—1992.3）

经　　　理　王师华（1991.9—1992.3）

副　经　理　王师华（1990.7—1991.9）

王炳仁（1990.7—1992.3）

（二）多种经营综合开发部党总支领导名录（1990.7—1992.3）

书　　　记　王保田（副处级，1990.11—1992.3）

（三）多种经营综合开发部所属工程安装队领导名录（1990.7—1992.3）

队　　　长　王师华（兼任，1990.12—1991.9）

副　队　长　王炳仁（兼任，1990.12—1992.3）

书　　　记　李源坤（1991.3—1992.3）

三、鸿达公司（1992.3—1996.12）

（一）鸿达公司领导名录（1992.3—1996.12）

　　　　总　经　理　王在贵（兼任，1992.3—12）

　　　　　　　　　　王建利（1992.12—1994.3）

　　　　　　　　　　陈文发（1994.3—1996.12）

　　　　政治教导员　杨丙辰（1993.5—1995.4）

　　　　　　　　　　李志军（1995.4—1996.12）

　　　　副总经理　　王建利（1992.3—12）

　　　　　　　　　　王永明（1992.3—7）

　　　　　　　　　　王师华（1992.3—7）

　　　　　　　　　　高喜栓（1994.3—1996.12）

　　　　　　　　　　陈志宏（1994.3—1996.12）

　　　　　　　　　　杨丙辰（1993.5—1995.4）

　　　　　　　　　　李志军（1995.4—1996.12）

（二）鸿达公司党总支领导名录（1992.3—1996.12）

　　　　书　　　记　王在贵（1992.7—12）

　　　　　　　　　　杨丙辰（1993.5—1995.4）

　　　　　　　　　　李志军（1995.4—1996.12）

　　　　副　书　记　杨丙辰（1992.7—1993.5）

（三）鸿达公司所属单位

　　1. 工程安装公司领导名录（1993.5—1996.12）

　　　　经　　　理　王建利（兼任，1993.5—1994.3）

　　　　副　经　理　王柏林（1995.5—1996.12）

　　2. 机械制造厂领导名录（1995.5—1996.12）

　　　　厂　　　长　李军亮（1995.5—1996.12）

　　3. 鸿达饭店领导名录（1995.5—1996.12）

　　　　经　　　理　翟龙华（1995.5—1996.12）

　　4. 建筑公司领导名录（1995.5—1996.12）

　　　　副　经　理　苏克平（1995.5—1996.12）

5. 小车队领导名录（1995.5—1996.12）

队　　　长　宋清华（1995.5—1996.12）

第五节　公安分处（武装部）（1987.5—2001.12）

1987 年 5 月，保卫科更名为公安分处，调整为直属科级单位，定员 8 人。公安分处对外挂武装部牌子，与武装部合署办公。

1988 年 9 月，为加强要害部位管理，第五采油厂在荆一联合站、荆二联合站、庄一联合站设立经济民警门卫。

1990 年 2 月，为维护厂区良好秩序，第五采油厂成立居民委员会，归公安分处（武装部）管理。居民委员会主要负责厂区治安、职工家属财产保险、民事纠纷调解、待业青年安置等工作，定员 4 人。

7 月，经济民警护矿队成立，主要负责油区巡逻执勤，电力设施、采油设备等看护工作，隶属公安分处（武装部），定员 25 人。

1991 年 4 月，为加强治安综合治理工作，第五采油厂成立综合治理委员会，下设综合治理办公室，与公安分处（武装部）合署办公。

7 月，第五采油厂成立护线队，隶属公安分处（武装部）。

1993 年 4 月，公安分处（武装部）对外挂"华北油田公安处采油五分处""第五采油厂治安大队" 2 块牌子，主要负责辖区社会治安、油田保护、公路交通、人民武装等归口管理。公安分处（武装部）下设机关组室 2 个：治安组、刑侦组，中队级单位 1 个：居民委员会，定员 77 人。

1995 年 12 月，护厂队成立，隶属公安分处（武装部）。护厂队主要负责矿区门卫、治安巡逻、车辆登记及自行车棚管理等工作，定员 51 人。

1996 年 12 月，居民委员会整建制划归第十五综合服务处。

1997 年 12 月，为适应油田管理体制新要求，第五采油厂成立经济民警中队，隶属公安分处（武装部）。经济民警中队主要负责荆一联、荆二联、庄一联等要害部位巡逻看护工作。

2001 年 12 月，华北油田公安系统体制改革，第五采油厂公安分处（武装部）移交冀中公安局，后续录警 22 人。

一、公安分处领导名录（1987.5—2001.12）

处　　　长　崔　耕（1990.6—1998.6）

　　　　　　商崇贵（1998.6—2000.10）

政治教导员　崔　耕（1993.5—1994.4）

　　　　　　张治国（1994.4—1998.6）

　　　　　　戴玉春（1998.6—2001.12）

副　处　长　崔　耕（1987.5—1990.6）

　　　　　　邱兰涛（1987.5—1993.12）

　　　　　　商崇贵（1994.4—1998.6）

　　　　　　张治国（1988.7—1990.11）

　　　　　　戴玉春（1990.11—1998.6）

二、武装部领导名录（1987.9—2001.12）

部　　　长　种占云（1995.5—1996.12）

　　　　　　张进双（1997.5—2001.12）

副　部　长　周敬才（1987.9—1988.11）

　　　　　　张进双（1992.5—1995.5）

三、治安大队领导名录（1993.5—2001.12）

大　队　长　崔　耕（1993.5—1998.6）

　　　　　　商崇贵（1998.6—2000.10）

政治教导员　崔　耕（1993.5—1994.4）

　　　　　　张治国（1994.4—1998.6）

　　　　　　戴玉春（1998.6—2001.12）

副　大队长　邱兰涛（1993.5—12）

　　　　　　戴玉春（1993.5—1998.6）

　　　　　　张进双（1993.5—1997.5）

　　　　　　商崇贵（1994.4—1998.6）

四、综合治理办公室领导名录（1993.9—2001.12）

主　　　任　邱兰涛（1993.9—12）

　　　　　　崔　耕（1994.4—1997.5）

　　　　　　　　　　张德民（1997.5—2000.10）

　　副　主　任　徐青龙（1993.9—11）

　　　　　　　　　　张进双（1994.4—2001.12）

五、公安分处所属单位

（一）居委会领导名录（1990.2—1996.12）

　　主　　　任　敬洪荣（1990.2—1993.4）

　　　　　　　　　　徐青龙（1993.11—1995.4）

　　　　　　　　　　刘寿培（1995.5—1996.12）

　　副　主　任　刘寿培（1993.5—1995.4）

（二）经济民警护矿队领导名录（1991.10—1996.12）

　　队　　　长　李志伟（1991.10—1996.12）

　　政 治 指 导 员　邱兰涛（1991.10—1993.4）

　　　　　　　　　　孟宪勇（1993.5—1996.12）

　　副政治指导员　张进双（1992.7—1993.4）

　　副　队　长　张进双（1991.10—1995.4）

（三）护厂队领导名录（1996.8—12）

　　队　　　长　王志平（1996.8—12）

　　政 治 指 导 员　王志平（1996.8—12）

　　副　队　长　胡庆珠（1996.8—12）

第六节　子弟学校（1986.9—1993.4）

　　1986 年 9 月，为解决职工子女上学问题，第五采油厂在晋县临时基地成立子弟学校。成立初期，由于校舍和师资条件限制，只设小学。

　　1987 年 6 月，子弟学校自办中学。

　　1988 年 6 月，子弟学校整体搬迁至辛集市采五矿区，主要承担子弟小学、中学教学任务，共有教职工 42 人。

　　1989 年 1 月，子弟学校调整为中队级单位。同月，子弟学校党支部成立，共有党员 11 人。

1993 年 4 月，子弟学校划转教育培训中心，划转教职工 68 人。

一、子弟学校领导名录（1986.9—1993.4）

校　　　长　梁传璞（副科级，1989.1—1990.7）

　　　　　　王金婵（女，1990.7—1993.4）

副　校　长　张志民（1989.1—1990.7）

　　　　　　杜志峰（1990.7—1993.4）

　　　　　　邓志平（1992.7—1993.4）

二、子弟学校党支部领导名录（1989.1—1993.4）

书　　　记　梁传璞（1989.1—1990.7）

　　　　　　王金婵（1990.7—1993.4）

第七节　生活服务站—生活服务公司
（1990.3—1991.9；1992.7—1996.12）

1990 年 3 月，第五采油厂撤销生活科，成立生活服务站，为科级直属单位。生活服务站主要负责矿区职工粮油供应、低值易耗物品发放等工作，下设生活服务队、生活维修队、绿化队、粮店、养鱼场、养鸡场等生活服务场点，定员 78 人。

1991 年 9 月，第五采油厂撤销生活服务站，生活服务场点划归生活科。

1992 年 7 月，为转换经营机制，第五采油厂撤销生活科，成立生活服务公司，为科级直属单位。生活服务公司下设中队级单位 1 个：生活维修队，在册职工 89 人。

1993 年 5 月，生活服务公司党总支成立，共有党员 21 人。8 月，计划生育管理职能由厂办公室划归生活服务公司。

1995 年 12 月，生活服务公司定员增加至 110 人。

1996 年 12 月，华北石油管理局重组分离，生活服务公司整体划转第十五综合服务处，划转职工 106 人。

一、生活服务站领导名录（1990.3—1991.9）

站　　　长　陈文发（1990.3—1991.9）

于相平（1990.3—1991.9）

二、生活服务公司（1992.7—1996.12）

（一）生活服务公司领导名录（1992.7—1996.12）

经　　　理　陈文发（1992.7—1994.3）

陈明耀（1994.3—1996.12）

副　经　理　刘德明（1993.5—1996.12）

（二）生活服务公司党总支领导名录（1992.7—1996.12）

书　　　记　陈文发（1992.7—9）

董禄春（1993.9—1996.12）

（三）生活服务公司所属生活维修队领导名录（1992.7—1996.12）

队　　　长　刘喜来（1992.7—12）

刘德明（1992.12—1993.5）

白建军（1993.5—1996.12）

政治指导员　白建军（兼任，1993.5—1996.12）

副　队　长　张克学（1992.6—12）

第八节　卫生所（1992.7—1996.12）

1986 年 8 月，为完善管理服务职能，第五采油厂成立卫生所，定员 9 人，所址在晋州临时基地。

1987 年，卫生所搬迁至辛集市采五矿区。卫生所下设医疗科室 4 个：内科、外科、儿科、妇产科；辅助科室 2 个：中西药房、防疫组。

1989 年，卫生所门诊楼竣工，建筑面积 1180 平方米，共有病床 27 张。卫生所定员增加至 36 人。

1991 年 12 月，卫生所调整为中队级单位，隶属生活科。

1992 年 7 月，卫生所调整为厂机关附属单位，定员增加至 39 人。

1988 年至 1993 年，卫生所先后购置多台医疗设备，增设检验科、放射科、心脑电图室、理疗科、口腔科、B 超室、胃镜室、手术室等医疗科室。

1993 年 5 月，卫生所党支部成立，共有党员 11 人。

1995 年，卫生所调整为一级甲等医院。

1996 年 12 月，华北石油管理局业务重组，卫生所整体划转第十五综合服务处，划转职工 44 人。

一、卫生所领导名录（1992.7—1996.12）

所　　长　路振起（1992.7—1996.12）

二、卫生所党支部领导名录（1993.5—1996.12）

书　　记　路振起（1993.5—1996.12）

第九节　离退休职工管理办公室—离退休职工管理站
（1992.7—1996.12）

1992 年 4 月，为加强离退休职工管理工作，第五采油厂成立离退休职工管理委员会，办事机构设在工会。7 月，离退休职工管理职能从工会划出，成立离退休职工管理办公室，为科级直属单位。离退休职工管理办公室主要负责离退休职工工资发放及医药费报销等工作，定员 2 人，办公地点设在辛集市采五矿区。

1993 年 5 月，离退休职工管理办公室更名为离退休职工管理站，定员增加至 3 人。

6 月，离退休职工管理站党支部成立，共有党员 1 人。

1996 年 12 月，华北石油管理局重组分离，离退休职工管理站整体划转第十五综合服务处，划转职工 3 人。

一、离退休职工管理办公室领导名录（1992.7—1993.5）

主　　任　靳保安（1992.7—1993.5）

二、离退休职工管理站（1993.5—1996.12）

（一）离退休职工管理站领导名录（1993.5—1996.12）

站　　长　靳保安（1993.5—1996.12）

（二）离退休职工管理站党支部领导名录（1993.6—1996.12）

　　书　　记　靳保安（1993.6—1996.12）

第十节　教育培训中心（1993.4—1996.12）

　　1993年4月，为加强教育培训工作，第五采油厂成立教育培训中心，为科级直属单位，定员91人。教育培训中心主要负责职工培训、幼儿教育、普通教育等工作，下设中队级单位3个：子弟学校、托儿所、职工培训学校，办公地点设在辛集市采五矿区。同月，教育培训中心党支部成立，共有党员28人。

　　1996年12月，华北石油管理局业务重组，教育培训中心整体划转第十五综合服务处，划转职工102人。

　　一、教育培训中心领导名录（1993.5—1996.12）

　　　　主　　任　张廷华（1993.5—1996.12）

　　二、教育培训中心党支部领导名录（1993.5—1996.12）

　　　　书　　记　王金婵（女，副科级，1993.5—1996.12）

　　三、教育培训中心所属单位

　　（一）子弟学校领导名录（1993.5—1996.12）

　　　　校　　长　张廷华（兼任，1993.5—1996.12）

　　　　副 校 长　邓志平（1993.5—1996.12）

　　　　　　　　　杜志峰（1993.5—1996.12）

　　（二）托儿所领导名录（1993.5—1996.12）

　　　　所　　长　王凤英（1993.5—1996.12）

　　（三）职工培训学校领导名录（1993.5—1996.12）

　　　　校　　长　高进才（1993.5—1996.12）

第十一节　社会保险管理所（1995.12—1996.12）

1995年2月，为加强矿区社会保险管理工作，第五采油厂成立社会保险管理委员会，办事机构暂设在劳动工资科。8月，社保管理职能从劳动工资科划出，组建第五采油厂社会保险管理所。12月，经华北石油管理局社保中心验收，第五采油厂成立社会保险管理所，为科级直属单位。社会保险管理所主要负责矿区职工养老、医疗、失业、工伤、生育等保险业务，定员5人，办公地点设在辛集市采五矿区。

1996年12月，华北石油管理局重组分离，社会保险管理所整体划转第十五综合服务处。划转职工5人。

所　　长　魏廷海（1995.11—1996.12）

第十二节　质量检验监督站—质量监督中心
（1999.5—2015.12）

1999年5月，为保障油气生产，完善管理服务职能，第五采油厂成立质量检验监督站，为科级直属单位。质量检验监督站主要负责油田建设工程质量监督、井下作业监督、钻井试油监督、设备质量监督等管理工作，定员11人，其中站长1人、副站长1人。

2008年3月，质量检验监督站更名为质量监督中心，增加质量控制管理职能。

2009年3月，质量管理职能由质量监督中心划归质量安全环保科。

截至2015年12月，质量监督中心的主要职责：

（一）负责钻井、试油、井下作业质量监督和地面建设工程质量监督；

（二）负责对钻井、试油井各工序进行单井质量评定，参与钻井、试油工程、井下作业竣工验收；

（三）负责单位工程质量等级检查。

截至 2015 年 12 月，质量监督中心在册员工 11 人，其中主任 1 人、副主任 1 人、一般管理人员 9 人；共有党员 8 人，党组织关系隶属机关直属党支部。

一、质量检验监督站领导名录（1999.5—2008.3）

　站　　　长　杨瑞起（1999.5—2005.3）

　　　　　　　陈占英（2005.3—2008.2）

　副　站　长　任　虹（1999.5—2008.3）

二、质量监督中心领导名录（2008.3—2015.12）

　主　　　任　任　虹（2009.2—2015.12）

　副　主　任　任　虹（2008.3—2009.2）

　　　　　　　朱荣贵（2015.11—12）

第十三节　勘察设计研究室—工程设计室
（1999.5—2015.12）

1999 年 5 月，为满足生产需要，保障油气生产，第五采油厂成立勘察设计研究室，为科级直属单位，定员 8 人，其中主任 1 人。

勘察设计研究室的主要职责：

（一）负责油田地面工程勘察设计；

（二）负责现场技术服务、设计变更，参加试运投产竣工验收等工作；

（三）负责地面工程项目技术交底、回访等工作。

2008 年 3 月，勘察设计研究室更名为工程设计室，职能保持不变。

2015 年 12 月，第五采油厂重新明确工程设计室的主要职责：

（一）负责项目的初步设计方案的编制和汇报；

（二）负责组织项目施工图设计、会审，参加施工图技术交底；

（三）负责工程项目现场指导和技术服务，参与工程竣工验收。

截至 2015 年 12 月，工程设计室在册员工 11 人，其中主任 1 人。

一、勘探设计研究室领导名录（1999.5—2008.3）

主　　任　于志铭（1999.5—2005.3）

李造吉（2005.5—2008.3）

副　主　任　李造吉（2005.3—5）

二、工程设计室领导名录（2008.3—2015.12）

主　　任　李造吉（2008.3—2009.2）

于志铭（2009.2—2013.4）

杨中峰（2015.5—12）

副　主　任　杨中峰（2013.9—2015.5）

第十四节　辛集油品经销处（1999.6—2006.4）

1999年6月，由于生产经营规模不断扩大，为完善管理服务职能，第五采油厂成立辛集油品经销处，为中队级直属单位。辛集油品经销处主要负责成品油采购、运输、销售等工作，定员12人，其中主任1人。

2004年3月，辛集油品经销处党支部成立，共有党员3人。

2006年4月，第五采油厂撤销辛集油品经销处。

一、辛集油品经销处领导名录（1999.4—2006.4）

主　　任　常　宏（1999.4—2006.4）

二、辛集油品经销处党支部领导名录（2004.3—2006.4）

书　　记　常　宏（2004.3—2006.4）

第十五节　联办储蓄所（1999.6—2001.5）

1999年6月，由于生产经营规模不断扩大，为完善管理服务职能，第五采油厂成立联办储蓄所，为中队级直属单位。联办储蓄所主要负责存款、取款业务及储蓄日常管理工作，定员12人，办公地点设在辛集市采五矿区。

2001 年 5 月，第五采油厂撤销联办储蓄所。

　　所　　　长　　高瑞荔（1999.6—2001.5）

第十六节　设备管理中心—资产装备中心
（2000.10—2015.12）

2000 年 10 月，资产设备科更名为设备管理中心，由机关部门调整为直属科级单位，定员 3 人，其中主任 1 人。

设备管理中心的主要职责：

（一）负责设备管理实施细则、操作规程制定、修订并组织实施；

（二）负责设备购置规划编制，组织设备的调研选型、技术协议签订、调试及验收；

（三）负责设备"三新"技术试用推广；

（四）负责设备使用、维修、调剂、事故调查、报废技术鉴定等工作；

（五）负责设备管理统计工作；

（六）负责特种设备日常监督管理工作；

（七）负责车辆商业保险业务管理工作。

2007 年 4 月，设备管理中心党支部成立，共有党员 2 人。

2008 年 3 月，设备管理中心更名为资产装备中心；设备管理中心党支部更名为资产装备中心党支部，共有党员 2 人。

2015 年 12 月，第五采油厂重新明确资产装备中心的主要职责：

（一）负责制定设备管理规章制度和操作规程；

（二）负责设备选型、技术配置、调剂调拨和报废技术鉴定；

（三）负责全厂设备统计、维修、商业保险业务；

（四）负责特种设备登记注册和定期检验。

截至 2015 年 12 月，资产装备中心在册员工 5 人，其中主任 1 人。

一、设备管理中心（2000.10—2008.3）

（一）设备管理中心领导名录（2000.10—2008.3）

　　　　主　　　任　陈繁华（2000.10—2005.3）

　　　　　　　　　　于志铭（2005.3—2008.3）

　　　　副　主　任　曾艺忠（2007.4—2008.3）

（二）设备管理中心党支部领导名录（2007.4—2008.2）

　　　　书　　　记　龙跃明（正科级，2007.4—2008.2）

二、资产装备中心（2008.3—2015.12）

（一）资产装备中心领导名录（2008.3—2015.12）

　　　　主　　　任　于志铭（2008.3—2009.2；2013.4—2015.12）

　　　　　　　　　　刘德明（2009.2—2013.4）

　　　　副　主　任　曾艺忠（2008.3—2009.2）

（二）资产装备中心党支部领导名录（2008.2—2009.2）

　　　　书　　　记　龙跃明（2008.2—2009.2）

第十七节　物资管理中心—物资供应站
（2000.10—2015.12）

　　2000年10月，物资管理科更名为物资管理中心，由机关部门调整为直属科级单位，下设油品库、资产库。物资管理中心在册员工17人，其中主任1人。

　　物资管理中心的主要职责：

　　（一）负责各单位材料费指标分配，监督材料费使用情况；

　　（二）负责项目工程、生产维修及生活办公用品物资采购工作；

　　（三）负责物资计划汇总、编制及上报工作；

　　（四）负责物资管理、验收、发放及监管工作；

　　（五）负责生产物资招议标及买卖合同签订工作。

　　2001年，油品库、资产库撤销。

　　2008年10月，华北石油管理局供应处辛集供应站整体划归第五采油厂，人员分别划入各采油作业区。

2009年2月，原辛集供应站与物资管理中心合并，成立物资供应站，为科级直属单位。物资供应站在册员工15人，其中站长1人、副站长1人。同月，物资供应站党支部成立，共有党员5人。

物资供应站的主要职责：

（一）负责物资供应保障工作；

（二）负责物资采购计划编制、上报工作；

（三）负责物资采购、委托采购、签订合同等工作；

（四）负责物资到货验收、仓储与发放工作；

（五）负责库存积压物资调剂工作；

（六）负责物资消耗定额管理工作；

（七）负责检查指导基层物资管理工作。

2010年4月，物资供应站党支部撤销，党员划入厂机关直属单位党支部，共有党员5人。

2014年3月，物资供应站党支部成立，共有党员7人。

截至2015年12月，物资供应站在册员工15人，其中站长1人。

一、物资管理中心领导名录（2000.10—2009.2）

　　主　　　任　陈占英（2000.10—2005.3）

　　　　　　　　梁喜堂（2005.3—2009.2）

二、物资供应站（2009.2—2015.12）

（一）物资供应站领导名录（2009.2—2015.12）

　　站　　　长　孙英祥（2009.2—2014.3）

　　　　　　　　张国法（2014.3—2015.12）

　　副　站　长　张智利（2009.2—2014.12）

　　　　　　　　刘文菊（正科级，2009.6—2012.8）

（二）物资供应站党支部领导名录（2009.2—2010.4；2014.3—2015.9）

　　书　　　记　杨　杰（2009.2—2010.1）

　　　　　　　　毛俊霞（2014.3—2015.9）

第十八节 保卫科—护厂大队（保卫科）
（2002.6—2015.12）

2001 年 12 月，华北油田公安系统体制改革，第五采油厂公安分处（武装部）移交冀中公安局。

2002 年 6 月，第五采油厂成立保卫科，为科级直属单位，定员 40 人，其中科长 1 人。保卫科下设中队级单位 2 个：电力线巡护中队、输油线巡护中队，办公地点设在辛集市采五矿区。同月，保卫科党支部成立，共有党员 8 人。

保卫科的主要职责：

（一）负责油田矿区综合治理协调和督导工作；

（二）负责民兵武装、民兵训练、国防教育、征兵及拥军优属等工作；

（三）负责油田生产物资、生产设施安全保卫工作。

2006 年 4 月，保卫科党支部划入机关党总支。

2008 年 3 月，保卫科电力线巡护中队划归电力管理大队。

2009 年 2 月，保卫科输油线巡护中队划归输油作业区。

2013 年 12 月，保卫科在册员工 5 人，其中科长 1 人。

2015 年 10 月，保卫科更名为护厂大队（保卫科），承接保卫科全部职能，兼具厂内保队伍建设和管理职能。保卫科与护厂大队实行合署办公，为具有机关职能的厂属大队级单位。

11 月，护厂大队（保卫科）党支部成立，共有党员 10 人。

2015 年 12 月，第五采油厂重新明确护厂大队（保卫科）的主要职责：

（一）负责社会综合治理和治安保卫工作；

（二）负责防范和处理邪教，维护油区稳定；

（三）负责人民武装的民兵训练、国防教育、征兵和拥军优属工作。

截至 2015 年 12 月，护厂大队（保卫科）在册员工 7 人，其中大队长（科长）1 人、党支部书记 1 人。

一、保卫科（2002.6—2015.10）

（一）保卫科领导名录（2002.8—2015.10）

科　　　　　长　张进双（2002.8—2009.6）

李凡月（2009.6—2013.4）

刘德明（2013.4—2015.10）

（二）保卫科党支部领导名录（2002.6—2006.4）

书　　　　　记　张进双（2002.6—2006.4）

（三）保卫科所属单位

1.电力线巡护中队领导名录（2002.6—2008.3）

队　　　　　长　马凯波（2002.6—2008.3）

2.输油线巡护中队领导名录（2002.6—2009.2）

队　　　　　长　刘国志（2002.6—2009.2）

二、护厂大队（保卫科）（2015.10—12）

（一）护厂大队（保卫科）领导名录（2015.11—12）

大队长（科长）　庄学军（2015.11—12）

（二）护厂大队（保卫科）党支部领导名录（2015.11—12）

书　　　　　记　刘德明（2015.11—12）

第十九节　科技信息中心（2008.3—2015.12）

2008 年 3 月，由于生产规模不断扩大，为完善管理服务职能，第五采油厂成立科技信息中心，为科级直属单位，定员 7 人，其中主任 1 人。科技信息中心管理计算机 400 多台、服务器 10 余台。

科技信息中心的主要职责：

（一）负责编制年度科技计划，组织项目立项、实施推广工作；

（二）负责科技成果验收、鉴定、奖励及知识产权管理工作；

（三）负责科研经费、华北油田分公司项目津贴等日常管理工作；

（四）负责信息网络、应用系统管理与维护工作；

（五）负责信息技术开发与应用工作。

2015 年 12 月，第五采油厂重新明确科技信息中心的主要职责：

（一）负责全厂科技信息、计算机及网络设备管理；

（二）负责数据源、数据库标准化管理和门户网站及办公自动化管理；

（三）负责大数据应用管理和科技项目管理。

截至 2015 年 12 月，科技信息中心在册员工 7 人，其中主任 1 人；管理计算机 780 台、服务器 26 台、网络链路 65 条、网络交换机 115 台。

  主　　　任　杨　兵（2009.3—2015.12）

  副 主 任　杨　兵（2008.3—2009.3）

第二十节　油田建设管理中心（2013.5—2015.12）

2013 年 5 月，由于生产规模不断扩大，为完善管理服务职能，第五采油厂成立油田建设管理中心，为科级直属单位，定员 6 人，其中主任 1 人。

油田建设管理中心的主要职责：

（一）负责组织编制、审核、报审公司投资项目概预算、结算；

（二）负责工程项目造价、设备材料价格审核等工作；

（三）负责油田地面工程项目资料审核、设计交底、组织协调、工程验收等工作。

2015 年 10 月，油田建设管理中心项目概算、预算职能及相关人员划归计划科。

2015 年 12 月，第五采油厂重新明确油田建设管理中心的主要职责：

（一）负责制定修订工程建设施工管理规章制度；

（二）负责地面工程建设及维修改造项目的施工管理；

（三）负责施工进度控制、工程质量评定、项目竣工验收及资料归档；

（四）负责工程建设甲供料管理和施工项目的"三单"管理。

截至 2015 年 12 月，油田建设管理中心在册员工 6 人，其中主任 1 人。

  主　　　任　杨瑞起（2013.4—2015.12）

第四章　油气生产单位

1986年8月，第五采油厂成立。为满足油田管理需要，确保油气生产指标落地，第五采油厂依据油田分布区域设置机构层级，按照工作性质任务划分管理单元，本着方便管理原则建立工作生活队站。截至12月，第五采油厂设中队级生产单位5个：采油一队、采油二队、采油三队、长输队、采油四队。

1987年3月，第五采油厂成立采油五队，为中队级单位。8月，液化气队成立，为中队级单位。

1988年10月，第五采油厂成立采油六队，为中队级单位。

1989年2月，第五采油厂成立采油七队，为中队级单位。

1991年7月，第五采油厂成立采油八队，为中队级单位。9月，成立荆丘综合采油队，为科级单位；采油二队、采油四队、液化气队划归荆丘综合采油队。

1992年7月，荆丘综合采油队液化气队划归鸿达公司。

1993年3月，采油六队划归采油一队。4月，荆丘综合采油队撤销所属中队级单位采油四队。

1994年10月，为加强赵州桥油田管理，第五采油厂成立采油四队，为中队级单位。

1995年4月，为进一步优化组织机构配置，第五采油厂撤销荆丘综合采油队，保留采油二队、输油队，均为中队级单位。

1997年5月，采油七队迁至赵县，负责高邑油田的原油生产任务。6月，为加强对边零井的管理，边零井采油队更名为边零井综合采油队，为中队级单位。

1998年6月，为加强对赵州桥油田的管理，采油四队、采油七队合并为赵州桥采油工区，为科级单位。

1999年4月，为优化组织结构，强化管理职能，第五采油厂调整采油、输油队伍编制。采油二队、输油队合并，成立荆丘采油工区；采油三队、采油五队、长输队和边零井综合采油队合并，成立辛集采油工区；采油一队、采油八队合并，成立深州采油工区。以上3个单位均为科级单位。

9月，华北石油管理局机构重组，第五采油厂整建制划转华北油田分公司。划转后，第五采油厂下设油气生产单位4个：深州采油工区、辛集采油工区、荆丘采油工区、赵州桥采油工区，办公地点分别设在河北省深州市、辛集市、宁晋县、赵县等油田矿区所在地。

2000年1月，为加强对低效井的管理，第五采油厂成立抽捞油采油队，为中队级单位。

2004年11月，泽57断块低效井开发管理划归第十五综合服务处。

2005年8月，按照华北油田分公司煤层气试采工作部署，第五采油厂成立山西煤层气试采队，为科级单位。

2006年5月，为加强深—楚输油线管理，第五采油厂成立综合采输队，为科级单位；抽捞油采油队划归综合采输队。

2006年8月，第五采油厂山西煤层气试采队划归华北油田煤层气勘探开发分公司。

2008年3月，第五采油厂对部分机构进行更名，综合采输队更名为输油作业区，赵州桥采油工区更名为赵州桥采油作业区，荆丘采油工区更名为荆丘采油作业区，辛集采油工区更名为辛集采油作业区，深州采油工区更名为深州采油作业区。

10月，为优化资源配置，促进企业发展，华北油田分公司决定，华丽综合服务处泽57项目合采部整建制移交第五采油厂。

2009年2月，第五采油厂优化整合部分组织机构，撤销泽57项目合采部，将其油水井管理职能划归深州采油作业区；将高邑油田从赵州桥采油作业区划出，成立高邑采油作业区。

截至2015年12月，第五采油厂下设油气生产单位6个：输油作业区、深州采油作业区、辛集采油作业区、荆丘采油作业区、高邑采油作业区、赵州桥采油作业区。

第一节　采油一队（1986.8—1999.4）

1979 年 5 月，泽 21 井投产，日产原油 108 吨，自此深西油田投入开发。

1984 年 9 月，泽 21、泽 43 井组相继投产，原油生产由第三采油厂第三采油大队采油四队负责。1986 年 7 月，移交第五采油厂。

1986 年 8 月，第五采油厂成立采油一队，为中队级单位，在册职工 63 人。勘探区域主要集中在深西、深南油田，设接转站 1 座、计量站 3 座，管理油井 16 口。队部设在深县西杜庄村。

10 月，深西油田泽 86 潜山油藏投入开发。12 月，深西油田泽 20 断块投入开发。

1987 年 3 月，采油一队党支部成立，共有党员 18 人。4 月，深西注水站投产。6 月，榆科油田投入开发。

1988 年 10 月，深南油田生产管理由采油一队划归采油六队。

1991 年 7 月，榆科油田滚动开发见效，其生产管理由采油一队划归采油八队。

1993 年 3 月，第五采油厂撤销采油六队，人员、设备及生产管理划归采油一队。4 月，深南油田台 8 断块投入开发。

1996 年 1 月，深南油田泽 70 断块投入开发。

1997 年 5 月，原采油七队管理的泽 57 断块、泽古 17 潜山及人员整体划归采油一队。

1999 年 4 月，采油一队、采油八队合并，成立深州采油工区。合并前，采油一队管理接转站 2 座、拉油注水站 1 座、注水站 1 座、计量站 4 座、采油井 60 口、注水井 1 口，在册职工 119 人。

一、采油一队领导名录（1986.8—1999.4）

　　队　　长　　陈国富（1987.3—5）

　　　　　　　　王树义（1988.3—10）

牛宝歧（1988.10—1989.6）

吕德福（1989.6—1990.2）

刘德明（1990.2—1992.12）

徐定光（1993.3—1996.8）

陈宝新（1996.8—1999.4）

负　责　人　马国岗（1986.8—1987.3）

陈国富（1986.8—1987.3）

政治指导员　吕德福（1989.12—1990.6）

何宝杰（1990.2—1994.3）

闫　彪（1994.3—1995.4）

李宝成（1995.4—1996.12）

武乃升（1997.6—1999.4）

副　队　长　何宪法（1986.11—1987.3）

李志伟（1987.1—1988.3）

韩　强（1987.5—1988.3）

王志平（1987.5—1989.6）

刘德明（1989.6—1990.2）

何宝杰（1989.9—1990.2）

段淑云（1990.2—5）

陈宝新（1991.6—1994.3）

王琳芳（女，1991.6—1993.1）

刘怀建（1991.3—6）

武乃升（1993.3—1997.6）

梁连兴（1997.6—1998.5）

崔立江（1998.7—1999.4）

二、采油一队党支部领导名录（1987.3—1999.4）

书　　　记　马国岗（1987.3—5）

张克学（1987.5—1988.3）

张根元（1988.3—10）

牛宝歧（1988.12—1989.6）

刘德明（不详—1991.3）

吕德福（1989.6—1990.6）

何宝杰（1991.3—1994.3）

闫　彪（1994.3—1995.4）

徐定光（1995.4—1996.8）

第二节　采油二队（1986.8—1991.9；1995.4—1999.4）

1983年11月，被誉为功勋井的荆丘油田晋45井喜获高产工业油流。此后，又有晋45断块数十口油井相继投产，原油生产由第三采油厂第三采油大队采油八队负责。1986年7月，移交第五采油厂。

1986年8月，第五采油厂成立采油二队，为中队级单位，在册职工106人。采油二队主要承担荆丘油田的原油生产任务，管理联合站1座、计量站7座；管理油水井65口，其中油井48口、注水井17口；队部设在宁晋县四芝兰镇荆丘村。

1986年，华北油田第一座利用油田放空伴生气做燃料的发电站——荆一联合站天然气发电站带负荷试运行成功，年发电量可达1800万千瓦时。

1987年3月，采油二队党支部成立，共有党员32人。

1991年9月，采油二队划归荆丘综合采油队。

1995年4月，根据荆丘油田生产形势，第五采油厂撤销荆丘综合采油队机构编制，保留采油二队，为中队级单位。采油二队主要承担荆丘油田的油水井管理及设备维护等生产任务，在册职工122人。

1999年4月，采油二队、输油队合并，成立荆丘采油工区。合并前，采油二队管理联合站2座、计量站9座、采油井68口、注水井46口，在册职工137人，其中党员38人。

一、采油二队（1986.8—1991.9）

（一）采油二队领导名录（1986.8—1991.9）

队　　　长　吕德福（1987.3—1989.6）

李英强（1989.6—1990.5）

姚景发（1990.5—1991.9）

负　责　人　辛守智（1986.8—1987.6）

李源坤（1986.8—1987.5）

政治指导员　王智江（1989.12—1990.5）

翟云辉（正科级，1990.5—11）

王凤元（1990.11—1991.9）

副　队　长　李　健（1986.11—1987.3）

王树义（1987.3—1988.3）

何宪法（1987.3—9）

代国庆（1987.9—1990.5）

刘德明（1987.9—1989.6）

李英强（1988.8—1989.6）

周正奇（1989.9—1991.8）

李造吉（1989.9—1990.5）

刘基田（1990.3—1991.9）

（二）采油二队党支部领导名录（1987.3—1991.9）

书　　　记　王智江（1987.3—1990.5）

翟云辉（1990.5—11）

王凤元（1990.11—1991.9）

二、采油二队（1995.4—1999.4）

（一）采油二队领导名录（1995.4—1999.4）

队　　　长　梁喜堂（副科级，1995.4—1996.8）

孙英祥（1996.8—1997.6）

田　炜（1997.6—1999.4）

政治指导员　贾文克（副科级，1995.4—1999.4）

副　队　长　程宝坤（1995.4—1999.4）

孙学峰（1995.10—1999.4）

黄建青（1997.6—1999.4）

刘基田（1998.7—1999.4）

（二）采油二队党支部领导名录（1995.4—1999.4）

书　　　记　贾文克（1995.4—1999.4）

第三节　采油三队（1986.8—1999.4）

1984年9月，何庄、何庄西油田的原油生产由第三采油厂第三采油大队采油九队负责。1986年7月，移交第五采油厂。

1986年8月，第五采油厂成立采油三队，为中队级单位，在册职工67人。采油三队主要承担何庄、何庄西油田的原油生产和天然气回收任务，管理联合站1座、接转站2座、单井拉油点1座、输气管线1条、油井14口。队部设在辛集市天宫营乡西朗月村。

1987年3月，采油三队党支部成立，共有党员17人。

1988年，南小陈油田投入开发。

1998年1月，采油三队管理的南小陈油田划归边零井综合采油队。

1999年4月，采油三队、采油五队、长输队和边零井综合采油队合并，成立辛集采油工区。合并前，采油三队管理联合站1座、接转站1座、输气管线1条、油井18口、注水井8口，在册职工77人，其中党员24人。

一、采油三队领导名录（1986.8—1999.4）

队　　　长　姚景发（1987.3—9）

何宪法（1987.9—1990.5）

马永忠（1990.11—1994.3）

何宝杰（1994.3—1996.8）

戎顺利（1996.8—1999.4）

负　责　人　李长春（1986.8—12）

姚景发（1986.8—1987.3）

政治指导员　王全喜（1989.12—1990.12）

刘前进（1990.11—1993.3）

马永忠（1993.5—1994.3）

提恩浩（1994.3—1999.4）

副　队　长　左建华（1987.1—3）

牛宝岐（1987.3—1988.10；1989.6—1999.4）

徐新年（1988.10—1998.7）

郭君更（1996.8—1999.4）

二、采油三队党支部领导名录（1987.3—1999.4）

书　　　记　王全喜（1987.3—1990.11）

刘前进（1990.11—1993.3）

马永忠（1993.5—1994.3）

提恩浩（1994.3—1999.4）

第四节　长输队（1986.8—1999.4）

1986 年 8 月，第五采油厂成立长输队，为中队级单位，在册职工 52 人。长输队主要承担何庄至石家庄炼油厂原油输送任务，管理外输加热点 5 个、原油交接点 2 座、输油线 61 千米。队部设在晋县刘家庄村。12 月，长输队党支部成立，共有党员 15 人。

1999 年 4 月，长输队、采油三队、采油五队和边零井综合采油队合并，成立辛集采油工区。合并前，长输队管理加热点 5 个、原油交接点 2 座、输油线 61 千米；在册职工 56 人，其中党员 19 人。

一、长输队领导名录（1986.8—1999.4）

队　　　长　赵满军（1987.3—1990.5）

刘建威（1990.5—1997.6）

刘基田（1997.6—1998.6）

文　革（1998.6—1999.4）

负　责　人　白建军（1986.8—12）

赵满军（1986.8—1987.3）

政治指导员　白建军（1989.12—1990.5）

赵满军（1990.5—1993.3）

刘建威（1993.5—1995.4）

魏广营（1995.4—1997.6）

王自萍（1997.6—1999.4）

副　队　长　赵　刚（1986.11—1994.4）

姚小涛（1993.11—1999.4）

二、长输队党支部领导名录（1986.12—1999.4）

书　　记　白建军（1987.3—1990.5）

赵满军（1990.5—1993.3）

刘建威（1993.5—1995.4）

魏广营（1995.4—1997.6）

王自萍（1997.6—1999.4）

第五节　采油四队（1986.11—1991.9；
1994.10—1998.6）

1985年10月，荆丘油田功勋井—晋古2井喜获双千吨工业油流，原油生产由第三采油厂第三采油大队采油八队负责。1986年7月，移交第五采油厂。

1986年11月，第五采油厂成立采油四队，为中队级单位，在册职工69人。采油四队主要承担荆丘油田的原油处理及晋古2潜山原油生产任务，管理联合站1座、计量站1座、油井3口。队部设在宁晋县四芝兰镇北圈里村。

1987年3月，采油四队党支部成立，共有党员18人。

1989年12月，荆二联合站—石家庄炼油厂输油线建成运行。

1991年9月，采油四队划归荆丘综合采油队。划归前，采油四队管理联合站1座、计量站1座、输油线1条、油井3口。

1993年4月，荆丘综合采油队撤销采油四队。

1994年10月，赵州桥油田投入开发，成立采油四队，为中队级单位，在册职工25人。采油四队主要承担赵州桥油田原油生产、储运及生产资料录取等工作任务，管理油井 4 口。队部设在赵县西卜庄村。同月，采油四队党支部成立，共有党员 7 人。

1998 年 6 月，采油四队、采油七队合并，成立赵州桥采油工区。合并前，采油四队管理联合站 1 座、单井拉油点 2 座、计量站 6 座、油井 87 口、注水井 10 口。在册职工 57 人，其中党员 14 人。

一、采油四队（1986.11—1991.9）

（一）采油四队领导名录（1987.3—1991.9）

　　　队　　　长　　李源坤（1987.5—1988.8）

　　　　　　　　　马永忠（1988.8—1990.11）

　　政治指导员　　贾文克（1989.12—1990.5）

　　　　　　　　　白建军（1990.5—1991.9）

　　副　队　长　　王中军（1987.3—1989.9）

　　　　　　　　　李　健（1987.3—1988.8）

　　　　　　　　　贾文克（1988.8—1989.12）

　　　　　　　　　张其雁（1989.9—1991.3）

　　　　　　　　　王　维（1990.11—1991.9）

（二）采油四队党支部领导名录（1987.3—1991.9）

　　　书　　　记　　孟宪永（1987.3—1989.12）

　　　　　　　　　贾文克（1988.12—1990.5）

　　　　　　　　　白建军（1990.5—1991.9）

二、采油四队（1994.10—1998.6）

（一）采油四队领导名录（1994.10—1998.6）

　　　队　　　长　　刘基田（1994.10—1997.6）

　　　　　　　　　孙英祥（1997.6—1998.6）

　　政治指导员　　常　宏（1994.10—1998.6）

　　副　队　长　　刘宏伟（1997.6—1998.6）

（二）采油四队党支部领导名录（1994.10—1998.6）

　　　书　　　记　　常　宏（1994.10—1998.6）

第六节　采油五队（1987.3—1999.4）

1987年3月，第五采油厂成立采油五队，为中队级单位，在册职工31人。采油五队主要承担台家庄油田原油生产及数据录取等工作任务，管理拉油注水站1座、油井4口。队部设在辛集市采五矿区。

6月，采油五队党支部成立，共有党员9人。

1995年9月，车城油田投入开发。

1999年4月，采油五队、采油三队、长输队和边零井综合采油队合并，成立辛集采油工区。合并前，采油五队管理接转站1座、拉油注水站1座、计量站3座、输油管线1条、油井27口、注水井8口；在册职工75人，其中党员21人。

一、采油五队领导名录（1987.3—1999.4）

队　　　长　　王凤元（1990.5—11）

孙英祥（1992.5—1996.8）

蒲祥金（1996.8—1999.4）

政治指导员　　王凤元（1989.12—1990.11）

刘恒发（1990.11—1991.12）

王全喜（1991.12—1999.4）

副　队　长　　左建华（1987.3—8）

高志明（1987.9—1988.3）

李志伟（1988.3—1989.6）

王凤元（1988.12—1990.5）

王志平（1989.6—1990.5）

宋铁龙（1990.11—1992.5）

王全喜（1991.2—12；1993.5—1997.10）

刘建勋（1997.10—1999.4）

二、采油五队党支部领导名录（1987.6—1999.4）

书　　　记　　何宪卿（1987.9—1989.12）

王凤元（1989.12—1990.11）

刘恒发（1990.11—1991.12）

王全喜（1991.12—1999.4）

副　书　记　何宪卿（1987.6—9）

第七节　液化气队（1987.8—1991.9）

1987年8月，第五采油厂成立液化气队，为中队级单位，在册职工53人。液化气队主要承担油井伴生气采集、石油天然气灌装等生产任务，管理稳定塔1具、再沸器1具、换热器3台、冷凝器2台、三相分离器1具、回流泵2台、净化油缓冲罐1具、脱水泵2台、原油过滤器2台、加水包1台。队部设在辛集市何庄村。

1990年5月，液化气队党支部成立，共有党员16人。

1991年9月，液化气队划归荆丘综合采油队。

一、液化气队领导名录（1987.9—1991.9）

队　　　长　姚景发（1987.9—1989.2）

蒲祥金（1990.5—1991.9）

政治指导员　贾文克（1990.5—1991.9）

副　队　长　蒲祥金（1987.9—1990.5）

二、液化气队党支部领导名录（1990.5—1991.9）

书　　　记　贾文克（1990.5—1991.9）

第八节　采油六队（1988.10—1993.3）

1988年10月，第五采油厂成立采油六队，为中队级单位，在册职工20人。采油六队主要承担深南油田原油生产及数据录取等工作任务，管理油井12口。队部设在深县大堤镇英武村。12月，采油六队党支部成立，共有党员 6 人。

1989 年 12 月，深南油田台 4 断块投入开发。

1993 年 3 月，采油六队撤销，人员、设备及油水井管理划归采油一队。撤销前，采油六队管理接转站 1 座、计量站 1 座、管理油井 13 口，在册职工 45 人，其中党员 11 人。

一、采油六队领导名录（1988.10—1993.3）

队　　　　长　刘俊来（1988.10—1989.9）

陈国富（1989.9—1991.12）

徐定光（1991.12—1993.3）

副　队　　长　郭青群（1988.10—1989.9）

徐定光（1989.9—1991.12）

亢亚力（1991.12—1993.3）

副政治指导员　袁新庭（1990.7—1993.3）

二、采油六队党支部领导名录（1988.12—1993.3）

书　　　　记　刘俊来（1988.12—1989.9）

袁新庭（不详—1993.3）

副　书　　记　袁新庭（1990.7—不详）

第九节　采油七队（1989.2—1998.6）

1989 年 2 月，第五采油厂成立采油七队，为中队级单位，在册职工 21 人。采油七队主要承担石像村地区原油生产及数据录取等工作任务，管理接转站 1 座、计量站 2 座；管理油水井 6 口，其中油井 4 口、注水井 2 口。队部设在深县石像村。同月，采油七队党支部成立，共有党员 8 人。

1997 年 5 月，泽 57 断块、泽古 17 潜山相继停产，深二接转站停运，泽古 17 站划归采油一队。采油七队搬迁至赵县，主要承担高邑油田的赵 60 断块、赵 61 断块原油生产任务，管理单井拉油点 2 座、油井 14 口、注水井 6 口。

1998年6月，采油七队、采油四队合并，成立赵州桥采油工区。合并前，采油七队管理集中拉油点2座、油井14口，在册职工37人，其中党员11人。

一、采油七队领导名录（1989.2—1998.6）

队　　　　长　姚景发（1989.2—9）

段淑云（1989.9—1990.2）

寇金虎（代理，1990.2—3；1990.3—1998.6）

政治指导员　文庆玉（1994.3—1998.6）

副　队　　长　段淑云（1989.2—9）

王桂林（1993.3—1997.10）

副政治指导员　于修江（代理，1990.2—7；1990.7—1993.3）

二、采油七队党支部领导名录（1989.2—1998.6）

书　　　　记　姚景发（1989.2—9）

于修江（1991.3—1993.3）

寇金虎（1993.5—1994.3）

文庆玉（1994.3—1998.6）

副　书　　记　于修江（代理，1990.2—7；1990.7—1991.3）

第十节　采油八队（1991.7—1999.4）

1991年7月，第五采油厂成立采油八队，为中队级单位，在册职工39人。采油八队主要承担榆科油田榆108断块、榆24断块生产管理及资料录取等工作任务，管理供热拉油站1座、计量站3座、采油井12口、注水井5口。队部设在深县榆科镇南榆林村。9月，采油八队党支部成立，共有党员10人。

1999年4月，采油八队、采油一队合并，成立深州采油工区。合并前，采油八队管理拉油注水站1座、计量站4座、油井24口、注水井4口，在册职工53人，其中党员14人。

一、采油八队领导名录（1991.7—1999.4）

队　　　长　刘怀建（1991.12—1994.3）

陈宝新（1994.3—1996.8）

王鹏举（1996.8—1998.6）

马永伟（1998.6—1999.4）

政治指导员　闫　彪（1993.5—1994.3）

刘怀建（1994.3—1998.6）

王鹏举（1998.6—1999.4）

副　队　长　刘怀建（1991.6—12）

王鹏举（1994.3—1996.8）

马永伟（1997.10—1998.6）

副政治指导员　闫　彪（1991.9—1993.5）

二、采油八队党支部领导名录（1991.9—1999.4）

书　　　记　闫　彪（1993.5—1994.3）

刘怀建（1994.3—1998.6）

王鹏举（1998.6—1999.4）

副　书　记　闫　彪（1991.9—1993.5）

第十一节　荆丘综合采油队（1991.9—1995.4）

1991年9月，随着荆丘油田规模扩大，为强化生产运行集中管理，第五采油厂将采油二队、采油四队、液化气队合并，成立荆丘综合采油队，为科级单位，定员247人。荆丘综合采油队主要承担荆丘油田注、采、输、油田伴生气处理等生产任务，下设机关组室4个：生产组、地质组、经营组、政工组，下设中队级单位5个：采油二队、采油四队、液化气队、荆一联合站、生活服务队。办公地点设在宁晋县四芝兰镇荆丘村。

10月，荆丘综合采油队党总支成立，下设党支部4个：机关党支部、采油二队党支部、荆一联合站党支部、液化气队党支部，共有党员35人。

1992年7月，液化气队划归鸿达公司。

1993年4月，第五采油厂调整荆丘综合采油队机构及定员，撤销采油四队、荆一联合站、生活服务队编制，成立荆丘输油队、荆丘维修队。调整后，荆丘综合采油队下属中队级单位3个：采油二队、荆丘输油队、荆丘维修队，在册职工241人。5月，荆丘综合采油队党总支对下属党支部进行调整。调整后，设党支部4个：机关党支部、采油二队党支部，荆丘输油队党支部，荆丘维修队党支部。

1995年4月，第五采油厂撤销荆丘综合采油队，保留采油二队、荆丘输油队，荆丘输油队更名为输油队。

一、荆丘综合采油队领导名录（1991.9—1995.4）

    队　　　　长　吕德福（1991.9—1993.3）
    　　　　　　　姜福生（1993.3—1995.4）
    政 治 教 导 员　李志军（1993.3—1995.4）
    副　　队　　长　李英强（1991.9—1994.3）
    　　　　　　　梁喜堂（1993.3—1995.4）
    　　　　　　　马永忠（1994.3—1995.4）
    　　　　　　　何宪卿（1994.6—1995.4）
    副政治教导员　贾　超（1991.9—1993.3）

二、荆丘综合采油队党总支领导名录（1991.10—1995.4）

    书　　　　记　李志军（1993.3—1995.4）
    副　书　　记　贾　超（1991.10—1993.3）

三、荆丘综合采油队工会领导名录（1991.10—1995.4）

    主　　　　席　贾　超（1991.10—1993.3）
    　　　　　　　姜福生（1993.3—1994.3）
    　　　　　　　贾文克（1994.3—1995.4）

四、荆丘综合采油队所属队站

（一）采油二队领导名录（1991.9—1995.4）

    队　　　　长　高　峰（1991.9—1995.4）
    政 治 指 导 员　王凤元（1991.9—1995.4）

书　　　记　王凤元（1991.9—1995.4）

副　队　长　龙跃明（1991.9—1993.5）

田　炜（1993.5—1995.4）

（二）采油四队领导名录（1991.9—1993.4）

队　　　长　王　维（1991.12—1993.4）

副　队　长　王庆勇（1991.9—1993.4）

（三）荆一联合站领导名录（1991.9—1993.4）

站　　　长　周正奇（1991.9—1993.4）

副　站　长　刘全秀（1991.10—1993.4）

副政治指导员　张桂荣（1991.12—1993.4）

副　书　记　张桂荣（1991.12—1993.4）

（四）生活服务队领导名录（1991.10—1993.4）

队　　　长　胡庆珠（1991.10—1993.4）

副　队　长　曹晓春（1991.10—1993.4）

（五）液化气队（1991.9—1992.7）

队　　　长　蒲祥金（1991.9—1992.7）

政 治 指 导 员　贾文克（1991.9—1992.7）

书　　　记　贾文克（1991.9—1992.7）

（六）荆丘输油队（1993.4—1995.4）

队　　　长　周正奇（1993.5—1995.4）

政 治 指 导 员　周正奇（兼任，1993.5—1995.4）

书　　　记　周正奇（兼任，1993.5—1995.4）

副　队　长　王　维（1993.5—1995.4）

王庆勇（1993.5—1995.4）

（七）荆丘维修队（1993.4—1995.4）

队　　　长　龙跃明（1993.5—1995.4）

政 治 指 导 员　龙跃明（1993.5—1995.4）

书　　　记　龙跃明（1993.5—1995.4）

副　队　长　靳增入（1993.5—1995.4）

第十二节　输油队（1995.4—1999.4）

1995年4月，荆丘综合采油队撤销，荆丘输油队更名为输油队，为中队级单位，在册职工89人。输油队主要承担荆丘油田油气集输等生产任务，管理联合站2座、输油管线1条。队部设在宁晋县四芝兰镇北圈里村。同月，荆丘输油队党支部更名为输油队党支部。

截至1998年12月，随着生产设备老化，管理难度加大，输油队职工增加至111人。

1999年4月，输油队、采油二队合并，成立荆丘采油工区。合并前，输油队管理联合站2座、输油管线1条，在册职工111人，其中党员32人。

一、输油队领导名录（1995.4—1999.4）

队　　　长　周正奇（1995.4—1999.4）

政治指导员　周正奇（1995.4—1996.8）

王　维（1996.8—1999.4）

副　队　长　王　维（1995.4—1996.8）

段春林（1995.4—1997.6）

文　革（1997.6—1998.6）

程秉义（1997.6—1999.4）

王庆勇（1998.7—1999.4）

二、输油队党支部领导名录（1995.4—1999.4）

书　　　记　周正奇（1995.4—1996.8）

王　维（1996.8—1999.4）

第十三节 边零井综合采油队（1997.6—1999.4）

1997年6月，第五采油厂成立边零井综合采油队，为中队级单位，在册职工47人。边零井综合采油队主要负责边零井采油管理、注水井酸化解堵、调剖及化学堵水、化学药剂调配等工作，管理边零井6口，下设班组3个：配液站、调剖队、司机班。队部设在辛集市采五矿区。

1998年1月，南小陈油田划归边零井综合采油队。6月，边零井综合采油队党支部成立，共有党员9人。

1999年4月，第五采油厂撤销边零井综合采油队、长输队、采油三队、采油五队，成立辛集采油工区。撤销前，边零井综合采油队管理边零井11口，在册职工24人，其中党员7人。

一、边零井综合采油队领导名录（1997.6—1999.4）

队　　　长　张洪水（1997.6—1998.7）

　　　　　　梁连兴（1998.5—1999.4）

政治指导员　文庆玉（1998.6—1999.4）

二、边零井综合采油队党支部领导名录（1998.6—1999.4）

书　　　记　文庆玉（1998.6—1999.4）

第十四节 赵州桥采油工区—赵州桥采油作业区
（1998.6—2015.12）

1998年6月，第五采油厂将采油四队、采油七队合并，成立赵州桥采油工区，为科级单位，在册职工139人。赵州桥采油工区主要承担赵州桥油田、高邑油田原油生产及资料录取等工作任务，管理联合站1座、拉油站5座、单井拉油点2个、计量站6座、油水井110口。工区机关不设组室，配备相应专业技术管理人员，并根据生产需要，设置相应后勤保障班组。工区下设生产单位 5 个：赵一联合站、赵 108 采油站、赵 112 采油站、赵 60 采油站、赵 61 采油站。办公地点设在赵县西卜庄村。

1998 年，赵州桥油田赵 80、57、112、86 断块，建成单井拉油点 4 个。

1999 年 3 月，工程维修大队 12 名女工调至赵州桥采油工区。

2000 年 1 月，赵州桥天然气发电站正式投入运行。5 月，赵州桥采油工区调整机构设置，设生产单位 6 个：高邑采油队、高村采油队、北泥河采油队、赵县采油队、赵家庄采油队、赵一联合站。

2001 年 1 月，赵州桥油田 2 座 1 万立方米储油库正式投入运行。

10 月，第五采油厂开展撤队建站工作。赵州桥采油工区撤销赵县采油队、赵家庄采油队、高村采油队、高邑采油队、北泥河采油队、赵一联合站。设生产班站 10 个：赵一联合站、赵 108 采油站、赵 86 采油站、赵 112 采油站、赵 61 拉油注水站、赵 60 拉油注水站、赵 57 采油站、轻烃处理站、赵州桥发电站、边零井站。

2002 年 1 月，为加强基层党组织建设，赵州桥采油工区党总支下设党支部 3 个：赵州桥油田党支部、赵一联合站党支部、机关党支部，共有党员 37 人。

2002 年 5 月，赵州桥发电站划归电力管理大队。

2006 年 3 月，赵州桥采油工区党总支对所属党支部进行调整，成立党支部 7 个：赵 108 采油站党支部、赵 112 采油站党支部、赵 60 采油站党支部、赵 61 采油站党支部、赵 36 采油站党支部、赵一联合站党支部、机关党支部。

2008 年 3 月，赵州桥采油工区更名为赵州桥采油作业区。

2009 年 2 月，赵 60、61、76、78 断块划归高邑采油作业区，划转员工 78 人。

2012 年 7 月，第五采油厂撤销赵 108 采油站，油水井管理及人员划归赵一联合站。

2013 年 11 月，第五采油厂撤销赵 36 采油站，油水井管理划归赵 112 采油站，4 名员工划归高邑采油作业区。

2012 年至 2015 年，按照华北油田分公司"走出去"发展战略的要求，赵州桥采油作业区共组织 19 名员工赴长庆油田工作，支援"西部大庆"

建设。

截至 2015 年 12 月，赵州桥采油作业区管理联合站 1 座、轻烃处理站 1 座、转油站 3 座、计量站 5 座、采油井 92 口、注水井 58 口，下设生产单位 2 个：赵一联合站、赵 112 采油站，在册员工 151 人。赵州桥采油作业区党总支下设党支部 3 个：赵一联合站党支部、赵 112 采油站党支部、机关党支部，共有党员 38 人。

一、赵州桥采油工区（1998.6—2008.3）

（一）赵州桥采油工区领导名录（1998.6—2008.3）

主　　　任	孙英祥	（1998.6—2003.2）
	刘宏伟	（2003.2—2005.3）
	李振清	（代理，2005.3—5；2005.5—9）
	陈宝新	（2005.9—2008.3）
政治教导员	刘怀建	（1998.6—2000.10）
副　主　任	李志伟	（1998.6—1999.4）
	代国庆	（1999.4—2008.3）
	刘宏伟	（1999.4—2003.2）
	李振清	（2003.2—2005.3）
	申玉健	（2005.8—2008.3）
主任工程师	李振清	（1998.6—2000.10）
责任工程师	李振清	（2000.10—2003.2）
	陈国富	（2006.3—2008.3）
主任地质师	刘宏伟	（1998.6—2000.10）
责任地质师	刘宏伟	（2000.10—2001.8）
	申玉健	（2001.5—2008.3）

（二）赵州桥采油工区党总支领导名录（2002.1—2008.3）

书　　　记	刘怀建	（2002.1—2005.3）
	贾文克	（2005.3—2008.3）

（三）赵州桥采油工区工会领导名录（1998.6—2008.3）

主　　　席	崔　耕	（1998.6—2000.6）
	刘怀建	（2000.10—2005.3）

贾文克（2005.3—2008.3）

（四）赵州桥采油工区所属队站及党支部

1. 赵一联合站领导名录（2001.10—2008.3）

站　　　长　李彦华（2001.10—2005.9）

何永志（2005.10—2007.2）

李彦华（2007.2—2008.3）

书　　　记　李振清（2002.1—2003.2）

何永志（2003.2—2007.2）

任小军（2007.2—2008.3）

副　站　长　郭思全（2007.2—2008.3）

2. 赵112采油站领导名录（2006.1—2008.3）

书　　　记　路庆乐（2006.3—2008.3）

副　站　长　彭跃军（2006.1—2007.2）

戴　　磊（2007.2—2008.3）

3. 赵108采油站领导名录（2006.3—2008.3）

站　　　长　高庆凯（2006.3—2008.3）

书　　　记　高庆凯（2006.3—2008.3）

副　站　长　彭跃军（2007.2—2008.3）

4. 赵61拉油注水站领导名录（2006.3—2008.3）

站　　　长　董树才（2006.3—2008.3）

书　　　记　董树才（2006.3—2007.2）

魏学庚（2007.2—2008.3）

5. 赵60拉油注水站领导名录（2006.3—2008.3）

站　　　长　李文辉（2007.2—2008.3）

书　　　记　魏学庚（2006.3—2007.2）

李文辉（2007.2—2008.3）

6. 工区机关党支部领导名录（2002.1—2008.3）

书　　　记　刘宏伟（2002.1—2005.3）

马德长（2005.3—2007.9）

申玉健（2007.9—2008.3）

7. 赵州桥油田党支部领导名录（2002.1—2006.3）

    书   记   代国庆（2002.1—2006.3）

8. 赵36采油站党支部领导名录（2006.3—2008.3）

    书   记   岳力峰（2006.3—2008.3）

二、赵州桥采油作业区（2008.3—2015.12）

（一）赵州桥采油作业区领导名录（2008.3—2015.12）

    主   任   陈宝新（2008.3—2009.7）

             檀为建（2009.7—2010.7）

             徐定光（2010.8—2015.12）

    副 主 任   代国庆（2008.3—2009.2）

             申玉健（2008.3—2009.7）

             曾艺忠（2009.2—6）

             庄学军（2009.6—2010.7）

             徐定光（2010.7—8）

             武乃升（2010.7—2014.9）

             谭卫平（2012.6—2015.12）

             蒙立新（2014.9—2015.12）

    责任工程师   陈国富（2008.3—2009.2）

             马海骄（2015.5—12）

    责任地质师   蒙立新（2008.8—2013.4）

（二）赵州桥采油作业区党总支领导名录（2008.3—2015.12）

    书   记   贾文克（2008.3—6）

             亢亚力（2008.6—2010.7）

             庄学军（2010.7—2013.4）

             徐天昕（2013.4—2014.3）

             闫彪（2014.3—2015.12）

（三）赵州桥采油作业区工会领导名录（2008.3—2015.12）

    主   席   贾文克（2008.3—6）

             亢亚力（2008.6—2010.7）

             庄学军（2010.7—2013.4）

徐天昕（2013.4—2014.3）

闫　彪（2014.3—2015.12）

（四）赵州桥采油作业区所属队站及党支部

1. 赵一联合站领导名录（2008.3—2015.12）

站　　　长　李彦华（2008.3—2011.4）

高庆凯（2011.4—2013.12）

彭跃军（2013.12—2015.12）

书　　　记　任小军（2008.3—2015.12）

副　站　长　郭思全（2008.3—2009.2）

刘家荣（2012.7—2015.12）

2. 赵108采油站领导名录（2008.3—2012.7）

站　　　长　高庆凯（2008.3—2011.4）

书　　　记　高庆凯（2008.3—2011.4）

乔鹏华（2011.4—2012.7）

副　站　长　彭跃军（2008.3—2011.4）

乔鹏华（2011.4—2012.7）

刘家荣（2011.4—2012.7）

3. 赵112采油站领导名录（2008.3—2015.12）

站　　　长　路庆乐（2008.3—2011.4）

彭跃军（2011.4—2013.12）

乔鹏菲（2013.12—2015.12）

书　　　记　路庆乐（2008.3—2011.4）

彭跃军（2011.4—2012.7）

乔鹏菲（2012.7—2013.12）

高庆凯（2013.12—2015.12）

副　站　长　戴　磊（2008.3—2009.7）

汪可男（2009.8—2010.9）

韩　勇（2011.12—2015.7）

路庆乐（2015.7—12）

4.赵36采油站领导名录（2008.3—2013.11）

　　站　　　长　岳力峰（2008.3—2010.11）

　　　　　　　　洪利勇（2011.4—2013.11）

　　书　　　记　岳力峰（2008.3—2010.11）

　　　　　　　　乔鹏华（2009.4—2011.4）

　　　　　　　　洪利勇（2011.4—2013.11）

　　副　站　长　乔鹏华（2009.4—2011.4）

5.赵61拉油注水站领导名录（2008.3—2009.2）

　　站　　　长　魏学庚（2008.3—2009.2）

　　书　　　记　魏学庚（2008.3—2009.2）

6.赵60拉油注水站领导名录（2008.3—2009.2）

　　站　　　长　李文辉（2008.3—2009.2）

　　书　　　记　李文辉（2008.3—2009.2）

7.作业区机关党支部领导名录（2008.3—2015.12）

　　书　　　记　申玉健（2008.3—2009.7）

　　　　　　　　武乃升（2010.7—2014.9）

　　　　　　　　蒙立新（2014.9—2015.12）

第十五节　辛集采油工区—辛集采油作业区
（1999.4—2015.12）

　　1999年4月，第五采油厂将采油三队、采油五队、长输队和边零井综合采油队合并，成立辛集采油工区，为科级单位，在册员工253人。辛集采油工区主要承担晋40断块、晋93断块、晋95断块、晋古1潜山、何庄潜山、何庄西潜山等油区生产、集输、注水及资料录取等工作任务，管理联合站1座、输油站4座、拉油站1座、单井拉油点2个、计量站1座、长输线3条、输油和输气管线各1条、对外原油交接点3个、长输线加热站2座、油水井51口。工区机关不设组室，配备相应专业技术管理人员，并根据生产需要，设置相应后勤保障班组。工区下设生产单位4个：车城采油队、长输队、何庄采油队、边零井采油队。办公地点设在辛集市采五矿区。

2001年10月，第五采油厂开展撤队建站工作，辛集采油工区撤销车城采油队、辛集采油队、长输队、庄一联合站，设生产单位10个：泽37接转站、庄一联合站、泽54采油站、荆晋输油站、清防蜡站、晋40拉油注水站、晋93采油站、晋94采油站、晋95转油注水站、晋105采油站。

2002年1月，为加强基层党组织建设，第五采油厂党委成立辛集采油工区党总支，下设党支部3个：车城油田党支部、何庄油田党支部、机关党支部，共有党员30人。

2004年3月，泽古17站划归边零井采油队。

2006年3月，辛集采油工区党总支对所属党支部进行调整，成立党支部7个：晋93采油站党支部、晋95采油站党支部、晋105采油站党支部、晋40采油站党支部、荆晋采油站党支部、庄一联合站党支部、机关党支部。

2008年3月，辛集采油工区更名为辛集采油作业区。

2009年9月，庄一联合站更名为何庄采油站。

2012年至2015年，辛集采油作业区共组织48名员工赴长庆油田工作。

截至2015年12月，辛集采油作业区管理转接站1座、计量站5座、输油线1条、采油井171口、注水井71口，下设生产单位5个：何庄采油站、晋93采油站、晋95采油站、晋105采油站、晋40采油站，在册员工212人。辛集采油作业区党总支下设党支部6个：何庄采油站党支部、晋93采油站党支部、晋95采油站党支部、晋105采油站党支部、晋40采油站党支部、机关党支部，共有党员43人。

一、辛集采油工区（1999.4—2008.3）

（一）辛集采油工区领导名录（1999.4—2008.3）

> 主　　任　蒲祥金（1999.4—2005.3）
>
> 　　　　　刘宏伟（2005.3—2007.6）
>
> 　　　　　周正奇（代理，2007.6—8；2007.8—2008.3）
>
> **政治教导员**　贾文克（1999.4—2000.10）
>
> **副　主　任**　戎顺利（1999.4—2007.4）
>
> 　　　　　文庆玉（1999.4—2007.4）
>
> 　　　　　周正奇（2007.4—6）

武乃升（2007.4—2008.3）

赵朝阳（2007.8—2008.3）

主任工程师 杨丙建（1999.4—2000.10）

责任工程师 杨丙建（2000.10—2007.4）

主任地质师 王敬缺（女，1999.4—2000.10）

责任地质师 王敬缺（2000.10—2008.3）

（二）辛集采油工区党总支领导名录（2002.1—2008.3）

书　　记 贾文克（2002.1—2005.3）

王全喜（2005.3—2008.2）

王建华（2008.2—3）

副　书　记 李建刚（2008.2—3）

（三）辛集采油工区工会领导名录（1999.6—2008.3）

主　　席 崔彦林（1999.6—2000.10）

贾文克（2000.10—2002.1）

王全喜（2002.2—2008.2）

王建华（2008.2—3）

（四）辛集采油工区所属队站及党支部

1. 庄一联合站领导名录（2001.10—2008.3）

站　　长 郭君更（2001.10—2008.3）

书　　记 郭君更（2001.10—2006.3）

谢天宇（2006.3—2008.3）

副　站　长 李文强（2007.2—2008.3）

2. 晋40拉油注水站领导名录（2006.3—2008.3）

站　　长 陈志彬（2006.3—2007.2）

姚小桃（2007.2—2008.3）

书　　记 陈志彬（2006.3—2007.2）

姚小涛（2007.2—2008.3）

3. 晋93采油站领导名录（2006.3—2008.3）

书　　记 刘俊宝（2006.3—2008.3）

副　站　长 王　华（2007.2—2008.3）

4. 晋 95 转油注水站领导名录（2001.10—2008.3）

站　　　长　宋卫文（2001.10—2008.3）

书　　　记　宋卫文（2001.10—2004.11）

　　　　　　刘建勋（2004.11—2005.11）

　　　　　　郝　军（2006.3—2007.2）

　　　　　　刘小峰（2007.2—2008.3）

5. 晋 105 采油站领导名录（2007.2—2008.3）

站　　　长　陈志彬（2007.2—2008.3）

书　　　记　陈志彬（2007.2—2008.3）

副　站　长　蒋恒军（2007.2—2008.3）

6. 荆晋输油站领导名录（2001.10—2007.2）

站　　　长　姚小涛（2001.10—2007.2）

书　　　记　姚小涛（2001.10—2007.2）

7. 工区机关党支部领导名录（2002.1—2008.3）

书　　　记　王自萍（2002.1—2006.3）

　　　　　　文庆玉（2006.3—2008.3）

8. 车城油田党支部领导名录（2002.1—2006.3）

书　　　记　文庆玉（2002.1—2006.3）

9. 何庄油田党支部领导名录（2002.1—2006.3）

书　　　记　戎顺利（2002.1—2006.3）

二、辛集采油作业区（2008.3—2015.12）

（一）辛集采油作业区领导名录（2008.3—2015.12）

主　　　任　周正奇（2008.3—2009.6）

　　　　　　马永忠（2009.6—2011.3；兼任，2011.3—8）

　　　　　　李造吉（2011.8—2014.3）

　　　　　　陈宝新（2014.3—2015.12）

副　主　任　武乃升（2008.3—2010.7）

　　　　　　赵朝阳（2008.3—8）

　　　　　　李建刚（2008.3—2009.2）

　　　　　　常　宏（2008.9—2011.8；2012.8—2015.12）

徐定光（2009.2—2010.7）

王敬缺（2011.3—2015.12）

张炳安（2011.8—2012.8）

张庚祥（2010.8—2015.12）

责任地质师　王敬缺（2008.3—2011.3）

主 任 助 理　王鹏举（2015.5—12）

（二）辛集采油作业区党总支领导名录（2008.3—2015.12）

书　　　记　王建华（2008.2—2009.2）

李建刚（2009.2—2015.12）

副 书 记　李建刚（2008.2—2009.2）

（三）辛集采油作业区工会领导名录（2008.3—2015.12）

主　　　席　李建刚（2008.3—2015.12）

（四）辛集采油作业区所属队站及党支部

1. 庄一联合站—何庄采油站（2008.3—2015.12）

（1）庄一联合站领导名录（2008.3—2009.9）

站　　　长　谢天宇（2008.3—2009.9）

书　　　记　谢天宇（2008.3—2009.9）

副 站 长　李文强（2008.3—2009.9）

（2）何庄采油站领导名录（2009.9—2015.12）

站　　　长　李文强（2009.9—2015.12）

书　　　记　谢天宇（2009.9—2010.8）

蒋恒军（2011.3—2013.2）

陈志彬（2015.7—12）

副 书 记　刘俊宝（2010.8—11）

2. 晋40拉油注水站领导名录（2008.3—2015.12）

站　　　长　姚小涛（2008.3—6）

刘建勋（2008.6—2010.11）

谢天宇（2011.7—2015.7）

王　华（2015.7—12）

书　　　记　姚小涛（2008.3—6；2009.11—2010.8）

谢天宇（2010.8—2011.7）

陈志彬（2011.10—2015.7）

刘晓峰（2015.7—12）

副　站　长　王振峰（2008.6—2009.10）

蒋恒军（2009.10—2010.8）

谢天宇（2010.8—2011.7）

副　书　记　刘俊宝（2010.3—8）

3. 晋 93 采油站领导名录（2008.3—2015.12）

站　　　长　蒋伟彪（2008.3—2015.12）

书　　　记　蒋伟彪（2008.3—2015.7）

谢天宇（2015.7—12）

副　站　长　王　华（2008.3—6）

刘廷燕（2008.6—2010.12）

副　书　记　刘俊宝（2009.11—2010.3）

4. 晋 95 转油注水站领导名录（2008.3—2015.12）

站　　　长　郝　军（2008.3—2011.3）

宋卫义（2011.3—2015.12）

书　　　记　刘小峰（2008.3—2009.10）

王振峰（2011.3—2015.12）

副　站　长　刘振江（2008.6—2013.12）

副　书　记　王振峰（2009.10—2011.3）

5. 晋 105 采油站领导名录（2008.3—2015.12）

站　　　长　陈志彬（2008.3—2011.10）

王　华（2012.7—2015.7）

魏学庚（2015.7—12）

书　　　记　姚小涛（2008.6—2009.11）

刘晓峰（2009.11—2015.7）

孙陌球（2015.7—12）

副　站　长　蒋恒军（2008.3—2009.10）

王　华（2008.6—2012.7）

蒋恒军（2010.8—2011.3）

孙陌球（2011.7—2015.7）

6. 作业区机关党支部领导名录（2008.3—2015.12）

书　　记　武乃升（2008.3—2010.7）

张庚祥（2010.8—2015.12）

第十六节　荆丘采油工区—荆丘采油作业区

（1999.4—2015.12）

1999 年 4 月，第五采油厂将采油二队、输油队合并，成立荆丘采油工区，为科级单位，在册员工 249 人。荆丘采油工区主要承担荆丘油田开发管理、油田建设、油气集输、油田注水及地质资料录取等工作任务；管理联合站 2 座，计量站 8 座，输油、输水、输气线各 1 条，油井 66 口，注水井 49 口。工区机关不设组室，配备相应专业技术管理人员，并根据生产需要，设置相应后勤保障班组。工区下设生产单位 2 个：荆东采油队、荆西采油队。办公地点设在宁晋县四芝兰镇荆丘村。

2000 年，荆丘天然气发电站投运。

10 月，第五采油厂开展撤队建站工作。荆丘采油工区撤销荆东采油队、荆西采油队，成立生产单位 5 个：荆一采油站、荆二采油站、荆一联合站、荆二联合站、轻烃回收站。

2002 年 1 月，为加强基层党组织建设，第五采油厂党委成立荆丘采油工区党总支，下设党支部 3 个：荆丘油田党支部、荆丘联合站党支部、机关党支部，共有党员 31 人。

2002 年 5 月，荆丘天然气发电站划归电力管理大队。

2004 年 9 月，荆丘油田地面系统整体简化工程竣工投产，撤销荆一联合站。

2006 年 3 月，荆丘采油工区党总支对所属党支部进行调整，成立党支部 5 个：荆一采油站党支部、荆二采油站党支部、荆二联合站党支部、轻烃回收站党支部、机关党支部。

11月，荆—深输油线建成，巡护工作由轻烃回收站负责。

2008年3月，荆丘采油工区更名为荆丘采油作业区。

8月，轻烃回收站更名为晋古2采油站，管理层级保持不变，人员相应进行调整。

2011年1月，晋古2采油站油水井管理职能移交荆二联合站，更名为输油管线巡护站，主要负责荆—深输油线巡护工作。

2012年7月，第五采油厂撤销荆二采油站，油水井管理划归荆一采油站，16名员工划归深州采油作业区。

2012年至2015年，荆丘采油作业区共组织13名员工赴长庆油田工作。

截至2015年12月，荆丘采油作业区管理联合站1座、采油站1座、计量站6座、输油线1条、采油井72口、注水井58口，下设生产单位3个：荆一采油站、荆二联合站、输油管线巡护站，在册员工152人。荆丘采油作业区党总支下设党支部4个：荆一采油站党支部、荆二联合站党支部、输油管线巡护站党支部、机关党支部，共有党员42人。

一、荆丘采油工区（1999.4—2008.3）

（一）荆丘采油工区领导名录（1999.4—2008.3）

主　　任　田　炜（1999.4—2005.3）

　　　　　蒲祥金（2005.3—2008.3）

政治教导员　王全喜（1999.4—2000.10）

副　主　任　周正奇（1999.4—2007.4）

　　　　　王　维（1999.4—2004.3）

　　　　　杨丙建（2007.4—2008.3）

主任工程师　陈国富（1999.4—2000.10）

责任工程师　陈国富（2000.10—2006.3）

主任地质师　边　亮（1999.4—2000.10）

责任地质师　边　亮（2000.10—2007.4）

（二）荆丘采油工区党总支领导名录（2002.1—2008.2）

书　　记　王全喜（2002.1—2005.3）

　　　　　刘怀建（2005.3—2008.2）

（三）荆丘采油工区工会领导名录（1999.6—2008.3）

主　　　席　谢世平（1999.6—2008.3）

（四）荆丘采油工区所属队站及党支部

1. 荆一采油站领导名录（2001.10—2008.3）

站　　　长　刘基田（2001.10—2006.3）

　　　　　　朱立平（2006.3—2008.3）

书　　　记　朱立平（2006.3—2007.2）

　　　　　　吴建伟（2007.2—2008.3）

副　站　长　吴建伟（2006.3—2007.2）

　　　　　　李均忠（2007.2—2008.3）

2. 荆二采油站领导名录（2001.10—2008.3）

站　　　长　蒋银举（2001.10—2007.2）

　　　　　　于大勇（2007.2—2008.3）

书　　　记　蒋银举（2004.11—2007.2）

　　　　　　于大勇（2007.2—2008.3）

副　站　长　刘基田（2007.2—2008.3）

3. 荆一联合站领导名录（2001.10—2004.9）

站　　　长　朱立平（2001.10—2004.9）

4. 荆二联合站领导名录（2001.10—2008.3）

站　　　长　蒋银举（2001.2—10）

　　　　　　朱立平（2004.9—2007.2）

　　　　　　谭卫平（2007.2—2008.3）

书　　　记　谭卫平（2006.3—2007.2）

　　　　　　蒋银举（2007.2—2008.3）

副　站　长　孙建利（2001.10—2008.3）

5. 轻烃回收站领导名录（2001.10—2008.3）

站　　　长　辛昆虎（2001.10—2008.3）

书　　　记　辛昆虎（2001.10—2008.3）

6. 荆丘油田党支部领导名录（2002.1—2006.3）

书　　　记　王　维（2002.1—2006.3）

7. 荆丘联合站党支部领导名录（2002.1—2006.3）

书　　　记　周正奇（2002.1—2006.3）

8. 工区机关党支部领导名录（2002.1—2008.3）

书　　　记　谢世平（2002.1—2008.3）

二、荆丘采油作业区（2008.3—2015.12）

（一）荆丘采油作业区领导名录（2008.3—2015.12）

主　　　任　蒲祥金（2008.3—2009.6）

周正奇（2009.6—7）

蒋海州（2009.7—2010.7）

王　维（2010.7—2014.3）

牛宝岐（2014.3—2015.12）

副　主　任　杨丙建（2008.3—2015.12）

闫　彪（2008.6—10）

周宝申（2009.7—2010.7）

郝　军（2011.3—2015.12）

白振平（2013.4—2015.5）

责任工程师　张　凯（2015.5—12）

（二）荆丘采油作业区党总支领导名录（2008.2—2015.12）

书　　　记　刘怀建（2008.2—2015.5）

刘英淼（2015.5—12）

副　书　记　白振平（2013.4—2015.5）

（三）荆丘采油作业区工会领导名录（2008.3—2015.12）

主　　　席　谢世平（2008.3—9）

刘怀建（2008.9—2013.4）

白振平（2013.4—2015.5）

刘英淼（2015.5—12）

（四）荆丘采油作业区所属队站及党支部

1. 荆一采油站领导名录（2008.3—2015.12）

站　　　长　朱立平（2008.3—2009.1）

于大勇（2009.1—2012.7）

刘基田（2012.7—2015.12）

书　　记　吴建伟（2008.3—2009.1）

于大勇（2009.1—2012.7；2012.7—2015.12）

副　站　长　李均忠（2008.3—2009.1）

黄众志（2013.12—2015.7）

蔡　超（2011.4—2015.12）

2. 荆二采油站领导名录（2008.3—2012.7）

站　　长　于大勇（2008.3—2009.1）

刘基田（2009.1—2012.7）

书　　记　于大勇（2008.3—2009.1）

刘基田（2009.1—2012.7）

副　站　长　刘基田（2008.3—2009.1）

李均忠（2009.1—2012.7）

3. 荆二联合站领导名录（2008.3—2015.12）

站　　长　谭卫平（2008.3—2012.5）

吴建伟（2012.7—2015.12）

书　　记　蒋银举（2008.3—2009.1）

吴建伟（2009.1—2012.7）

孙建利（2012.7—2015.12）

副　站　长　孙建利（2008.3—2012.7）

梁　云（2012.7—2015.12）

4. 轻烃回收站—晋古2采油站—输油管线巡线站（2008.3—2015.12）

（1）轻烃回收站领导名录（2008.3—8）

站　　长　辛昆虎（2008.3—8）

书　　记　辛昆虎（2008.3—8）

（2）晋古2采油站领导名录（2008.8—2011.1）

站　　长　辛昆虎（2008.8—2011.1）

书　　记　辛昆虎（2008.8—2010.6）

王　勇（2010.6—2011.1）

副　站　长　艾文兵（2009.7—2010.10）

（3）输油管线巡线站领导名录（2011.1—2015.12）

站　　　长　辛昆虎（2011.1—2015.12）

书　　　记　王　勇（2011.1—2015.12）

副　站　长　高振胜（2013.12—2015.12）

5. 作业区机关党支部领导名录（2008.3—2015.12）

书　　　记　谢世平（2008.3—9）

　　　　　　王庆勇（2009.11—2015.12）

第十七节　深州采油工区—深州采油作业区
（1999.4—2015.12）

　　1999年4月，第五采油厂将采油一队、采油八队合并，成立深州采油工区，为科级单位，在册员工190人。深州采油工区主要承担台4断块、泽70断块、泽古17断块、深南油田、榆科油田、泽43潜山等6个油气田生产及资料录取等工作任务；管理输油站4座，拉油站3座，拉油注水站2座，单井拉油点5个，计量站11座，输油、输气线各1条，采油井98口，注水井31口。工区机关不设组室，配备相应专业技术管理人员，并根据生产需要，设置相应后勤保障班组。工区下设生产单位3个：榆科采油队、深南采油队、深西采油队。办公地点设在深州市西杜庄村。

　　2000年，深州采油工区在泽70站、长输线投建自动化远程监测系统。

　　6月，深州采油工区合并深一、深二、深三计量站，成立深西计量站。

　　2001年10月，第五采油厂开展撤队建站工作。深州采油工区撤销榆科采油队、深西采油队和深南采油队，设生产单位7个：榆科拉油注水站、深一联合站、泽10采油注水站、台一转油站、深西转油站、泽古17采油站、深西注水站，在册员工174人。

　　2002年1月，为加强基层党组织建设，第五采油厂党委成立深州采油工区党总支，下设党支部3个：榆科油田党支部、深南油田党支部、机关党支部，共有党员28人。

　　2002年1月，深西发电站建成。4月，深西注水站划归深西转油站。5

月，深西发电站划归电力管理大队。10月，泽21站至深一联合站14.3千米输油线投运。

2003年2月，深—庄输油线自动化监控系统投运。

12月，榆科油田滚动开发见效，投产油井12口。

2004年3月，台一转油站划归深西转油站，泽古17站划归边零井采油队。

12月，冀中地区原油流向调整首期工程深—楚输油线建设开工。

2005年1月，榆科油田11口油井远红外线视频监控系统建成。

2006年3月，为加强基层党组织建设，深州采油工区党总支对所属党支部进行调整，下设党支部5个：深西采油站党支部、泽10采油站党支部、榆科采油站党支部、深一联合站党支部、机关党支部。

2008年3月，深州采油工区更名为深州采油作业区。

10月，泽57项目合采部整建制划归深州采油作业区。

2009年2月，榆科采油站整建制划归输油作业区。6月，深西转油站更名为深西采油站。

2012年至2015年，深州采油作业区共组织22名员工赴长庆油田工作。

截至2015年12月，深州采油作业区管理联合站1座、计量站12座、采油井171口、注水井70口，设生产单位3个：深西采油站、泽10采油站、深一联合站，在册员工237人。深州采油作业区党总支下设党支部4个：深西采油站党支部、泽10采油站党支部、深一联合站党支部、机关党支部，共有党员32人。

一、深州采油工区（1999.4—2008.3）

（一）深州采油工区领导名录（1999.4—2008.3）

主　　　任　陈宝新（1999.4—2005.3）

　　　　　　李英强（代理，2005.3—5；2005.5—2008.3）

政治指导员　提恩浩（1999.4—2000.10）

副　主　任　武乃升（1999.4—2007.4）

　　　　　　梁连兴（1999.4—2005.8）

　　　　　　高　峰（2005.8—10）

　　　　　　文庆玉（2007.4—2008.3）

孙学峰（2007.4—2008.3）

主任工程师　袁占永（1999.4—2000.10）

责任工程师　袁占永（2000.10—2007.4）

主任地质师　黄建青（1999.4—2000.10）

责任地质师　黄建青（2000.10—2008.3）

（二）深州采油工区党总支领导名录（2002.1—2008.2）

书　　记　提恩浩（2002.1—2004.3）

王　维（2004.3—2008.2）

（三）深州采油工区工会领导名录（1999.6—2008.3）

主　　席　姜福生（1999.6—2000.9）

提恩浩（2000.10—2004.3）

王　维（2004.3—2008.3）

（四）深州采油工区所属队站及党支部

1. 榆科采油站领导名录（2001.10—2008.3）

站　　长　马永伟（2001.10—2004.2）

崔立江（2004.2—5）

于新卫（2005.7—2008.3）

副 站 长　孟　晋（2001.10—2008.3）

苏雪冰（2007.2—5）

副 书 记　王建华（2006.3—2008.3）

2. 深一联合站领导名录（2001.10—2008.3）

站　　长　刘振来（2001.10—2002.8）

程宝坤（2002.8—2006.8）

刘福云（2006.8—2008.3）

书　　记　程宝坤（2006.3—8）

王守民（2007.2—2008.3）

副 站 长　王殿超（2001.10—2002.4）

秦　进（2002.4—2003.6）

刘铁虎（2003.6—2005.9）

李丙江（2007.2—2008.3）

3. 泽 10 采油注水站领导名录（2001.10—2008.3）

　　站　　　长　杨　军（2001.10—2005.6）

　　　　　　　　崔　建（2006.3—2008.3）

　　书　　　记　崔　建（2006.3—2008.3）

　　副　站　长　刘万斗（2006.3—2008.3）

　　　　　　　　包文涛（2006.8—2008.3）

4. 深西采油站领导名录（2001.10—2008.3）

　　站　　　长　崔立江（2001.10—2004.2）

　　　　　　　　刘振来（2004.3—2008.3）

　　书　　　记　刘振来（2006.3—2007.2）

　　　　　　　　王殿超（2007.2—2008.3）

5. 榆科油田党支部领导名录（2001.10—2006.3）

　　书　　　记　马永伟（2001.10—2006.3）

6. 深南油田党支部领导名录（2001.10—2006.3）

　　书　　　记　梁连兴（2001.10—2005.8）

　　　　　　　　程宝坤（2005.8—2006.3）

7. 机关党支部领导名录（2001.10—2008.3）

　　书　　　记　武乃升（2001.10—2007.4）

　　　　　　　　文庆玉（2007.9—2008.3）

二、深州采油作业区（2008.3—2015.12）

（一）深州采油作业区领导名录（2008.3—2015.12）

　　主　　　任　李英强（2008.3—2010.7）

　　　　　　　　蒲祥金（2010.7—2015.12）

　　副　主　任　文庆玉（2008.3—2009.2）

　　　　　　　　孙学峰（2008.3—2009.7；2010.7—2014.3）

　　　　　　　　周文军（2009.7—2010.7）

　　　　　　　　袁占永（2009.7—2015.12）

　　　　　　　　黄建青（2011.11—2014.3）

　　　　　　　　蒙立新（2013.4—9）

　　　　　　　　张志明（2015.5—12）

责任地质师　黄建青（2008.3—2011.11）

　　　　　　李　艳（2015.5—12）

（二）深州采油作业区党总支领导名录（2008.2—2015.12）

书　　　记　王　维（2008.2—2010.7）

　　　　　　闫　彪（2010.7—2014.3）

　　　　　　徐天昕（2014.3—2015.3）

　　　　　　张香林（2015.3—12）

（三）深州采油作业区工会领导名录（2008.3—2015.12）

主　　　席　王　维（2008.3—2010.7）

　　　　　　闫　彪（2010.7—2014.3）

　　　　　　徐天昕（2014.3—2015.3）

　　　　　　张香林（2015.3—12）

（四）深州采油作业区所属队站及党支部

1. 泽10采油站领导名录（2008.3—2015.12）

站　　　长　崔　建（2008.9—2009.11）

　　　　　　刘福云（2009.11—2010.3）

　　　　　　闫　斌（2010.3—9）

　　　　　　于新卫（2010.9—2015.12）

书　　　记　崔　建（2008.3—9；兼任，2008.9—2009.12）

　　　　　　刘万斗（2009.12—2010.3）

　　　　　　李丙江（2011.3—2012.7）

　　　　　　王殿超（2012.7—2015.12）

副　站　长　包文涛（2008.3—4）

　　　　　　刘万斗（兼任，2008.8—2010.3）

　　　　　　张　凯（2010.3—2012.7）

　　　　　　秦　进（2012.7—2015.2）

　　　　　　赵　东（2015.2—12）

副　书　记　刘万斗（2008.3—2009.12）

2. 深西采油站领导名录（2008.3—2015.12）

站　　　长　刘振来（2008.3—2009.11）

杨　军（2009.11—2010.3；2011.3—2015.12）

刘万斗（2010.3—2011.3）

书　　记　王殿超（2008.5—2009.5）

杨　军（2009.5—11）

王守民（2009.11—2010.3）

杨　军（2010.3—2011.3）

王殿超（2011.3—2012.7）

李晓云（女，2012.7—2015.12）

副　站　长　秦　进（2008.3—2012.7）

李永忠（2012.7—2015.12）

3.深一联合站领导名录（2008.3—2015.12）

站　　长　刘福云（2008.3—2009.11）

崔　建（2009.11—2011.3）

刘万斗（2011.3—2015.5）

李丙江（2015.7—12）

书　　记　王守民（2008.3—8）

崔　建（2008.8—9）

王守民（2008.9—2009.11）

刘铁虎（2009.11—2012.7）

李丙江（2012.7—2015.7）

孙　斌（2015.7—12）

副　站　长　李丙江（2008.3—2010.3）

孙　斌（2010.3—2015.7）

魏法明（2015.7—12）

4.榆科采油站领导名录（2008.3—2009.2）

书　　记　王建华（2008.3—2009.2）

5.机关党支部领导名录（2008.3—2015.12）

书　　记　文庆玉（2008.3—2009.9）

袁占永（2009.9—2015.12）

第十八节　抽捞油采油队（2000.1—2006.5）

2000 年 1 月，第五采油厂成立抽捞油采油队，为中队级单位，定员 15 人。抽捞油采油队主要负责低效油井管理及落地油回收等工作，下设捞油班 3 个。

2006 年 5 月，第五采油厂撤销抽捞油采油队，人员及设备划归综合采输队。

　　队　　　长　　何宝杰（2000.1—2006.5）
　　副　队　长　　赵晓利（2001.1—2006.5）

第十九节　山西煤层气试采队（2005.8—2006.8）

2005 年 8 月，按照华北油田分公司煤层气试采工作部署，第五采油厂成立山西煤层气试采队，为科级单位，定员 33 人。山西煤层气试采队主要承担山西沁水盆地采气计量、外输、污水处理、低压测试及生产数据录取等工作任务，下设班组 5 个：天然气压缩干燥班、采气班、维修班、司机班、食堂。办公地点设在山西省晋城市。

2006 年 8 月，山西煤层气试采队划归华北油田煤层气勘探开发分公司，共划转员工 19 人。

一、山西煤层气试采队领导名录（2005.8—2006.8）

　　队　　　长　　梁连兴（副科级，2005.8—2006.8）
　　副　队　长　　郑西平（2006.5—8）

二、山西煤层气试采队党支部领导名录（2005.8—2006.8）

　　书　　　记　　白振平（副科级，2005.8—2006.8）

第二十节 综合采输队—输油作业区
（2006.5—2015.12）

2006年5月，为加强深—楚输油线管理，提高原油交接计量水平，第五采油厂成立综合采输队，为科级单位。综合采输队主要负责新区块试采、原油外输、输油线巡护及设备维修保养等工作，下设班组3个：试采班、交接计量班、维修巡线班。队部设在深州市榆科镇。

2007年8月，综合采输队党支部成立，共有党员7人。

2008年3月，综合采输队更名为输油作业区，管理输油线1条、计量交接站1座、采油井45口、注水井15口。作业区机关不设组室，配备相应专业技术管理人员，并根据生产需要，设置相应后勤保障班组。作业区下设生产单位2个：楚17采油站、楚一联计量交接站，在册员工35人。同月，综合采输队党支部更名为输油作业区党支部。

2009年2月，深州采油作业区榆科采油站整建制划归输油作业区，划转员工36人；保卫科输油线巡护中队整建制划归输油作业区，划转员工11人。9月，输油作业区撤销楚17采油站、榆科采油站；成立榆科采油一站、榆科采油二站。11月，输油作业区党支部改建为输油作业区党总支，下设党支部4个：榆科采油一站党支部、榆科采油二站党支部、巡护交接站联合党支部、机关党支部，共有党员34人。

2013年9月，输油作业区撤销榆科采油二站，成立楚一联计量交接站。

2012年至2015年，输油作业区共组织14名员工赴长庆油田工作。

截至2015年12月，输油作业区管理接转站1座、单井拉油点6个、长输线1条、油井67口、注水井26口，下设生产单位3个：榆科采油一站、输油线路巡护站、楚一联计量交接站，在册员工130人。输油作业区党总支下设党支部4个：榆科采油一站党支部、输油线路巡护站党支部、楚一联计量交接站党支部、机关党支部，共有党员34人。

一、综合采输队（2006.5—2008.3）

（一）综合采输队领导名录（2006.5—2008.3）

　　　队　　　长　王中军（2006.5—2008.3）

（二）综合采输队党支部领导名录（2007.8—2008.3）

　　　书　　　记　王建华（2007.8—2008.3）

（三）综合采输队工会领导名录（2007.8—2008.3）

　　　主　　　席　王建华（2007.8—2008.3）

二、输油作业区（2008.3—2015.12）

（一）输油作业区领导名录（2008.3—2015.12）

　　　主　　　任　王中军（2008.3—2009.2）

　　　　　　　　　刘宏伟（2009.2—2010.7）

　　　　　　　　　陈宝新（2010.7—2014.3）

　　　　　　　　　王　维（2014.3—2015.3）

　　　　　　　　　申玉健（代理，副科级，2015.3—5；2015.5—12）

　　　副　主　任　马德长（2008.4—2011.3）

　　　　　　　　　赵孟讯（2009.2—2015.12）

　　　　　　　　　岳力峰（2011.3—2015.12）

　　责任地质师　刘献君（2015.5—12）

（二）输油作业区党支部领导名录（2008.3—2009.11）

　　　书　　　记　刘英淼（2009.2—11）

（三）输油作业区党总支领导名录（2009.11—2015.12）

　　　书　　　记　刘英淼（2009.11—2015.5）

　　　　　　　　　白振平（2015.5—12）

（四）输油作业区工会领导名录（2008.3—2015.12）

　　　主　　　席　刘英淼（2008.3—2015.5）

　　　　　　　　　白振平（2015.5—12）

（五）输油作业区所属队站及党支部

　1. 楚 17 采油站领导名录（2008.3—2009.9）

　　　副　站　长　刘　波（2008.3—2009.9）

2. 榆科采油站领导名录（2009.2—9）

　　站　　　　长　于新卫（2009.2—9）

　　副　站　长　孟　晋（2009.2—9）

3. 榆科采油一站领导名录（2009.9—2015.12）

　　站　　　　长　于新卫（2009.9—2010.9）

　　　　　　　　闫　斌（2010.9—2013.9）

　　　　　　　　马凯波（2013.9—2015.12）

　　书　　　　记　王建华（2009.11—2015.12）

　　副　站　长　孟　晋（2009.9—2011.3）

　　　　　　　　刘志国（2013.9—2014.12）

　　　　　　　　刘宝军（2014.12—2015.12）

4. 榆科采油二站领导名录（2009.9—2013.9）

　　站　　　　长　刘　波（2010.9—2013.9）

　　书　　　　记　马凯波（2011.8—2013.9）

　　副　站　长　洪兆民（2009.9—2013.9）

　　　　　　　　刘　波（2009.9—2010.9）

5. 输油线路巡护站领导名录（2009.3—2015.12）

　　站　　　　长　刘国志（2009.3—2010.7）

　　　　　　　　高振胜（2010.7—2013.9）

　　　　　　　　刘　波（2013.9—2015.7）

　　　　　　　　洪兆民（2015.7—12）

　　书　　　　记　刘国志（2009.3—11）

　　副　站　长　闫月斌（2009.3—2010.7）

　　　　　　　　洪兆民（2013.9—2015.7）

　　　　　　　　叶文芳（2015.7—12）

6. 楚一联计量交接站领导名录（2013.9—2015.12）

　　站　　　　长　唐茂连（2013.9—2015.12）

7. 巡护交接站联合党支部领导名录（2009.11—2015.12）

　　书　　　　记　唐茂连（2009.11—2011.8）

　　　　　　　　刘国志（2011.8—2013.9）

范　　帅（2013.9—2015.12）

8. 机关党支部领导名录（2009.11—2015.12）

书　　　记　张治公（2009.11—2015.12）

第二十一节　高邑采油作业区（2009.2—2015.12）

2009年2月，第五采油厂将赵60、61、76、78断块从赵州桥采油作业区划出，成立高邑采油作业区，为科级单位，在册员工78人。高邑采油作业区主要承担高邑油田原油生产及资料录取等生产任务，管理采油站3座、油水井59口，下设生产单位3个：赵60采油站、赵61采油站、赵76采油站。作业区机关不设组室，配备相应专业技术管理人员，并根据生产需要，设置相应后勤保障班组。办公地点设在赵县高村乡北王村。

同月，高邑采油作业区党支部成立，共有党员21人。

2010年12月，高邑采油作业区党支部改建为高邑采油作业区党总支，下设党支部4个：赵60采油站党支部、赵61采油站党支部、赵76采油站党支部、机关党支部，共有党员37人。

2012年至2015年，高邑采油作业区共组织13名员工赴长庆油田工作。

截至2015年12月，高邑采油作业区管理采油站3座、单井拉油点1个、采油井55口、注水井19口，下设生产单位3个：赵60采油站、赵61采油站、赵76采油站，在册员工95人。高邑采油作业区党总支下设党支部4个：赵60采油站党支部、赵61采油站党支部、赵76采油站党支部、机关党支部，共有党员25人。

一、高邑采油作业区领导名录（2009.2—2015.12）

主　　　任　牛宝歧（2009.2—2014.3）

孙学峰（2014.3—2015.12）

副　主　任　代国庆（2009.2—6）

文庆玉（2009.2—2013.9）

申玉健（2009.7—2012.8）

何永志（2012.8—2014.3）

闫　斌（2013.9—2015.12）

黄建青（2014.3—2015.12）

主 任 助 理　马永伟（2015.5—12）

二、高邑采油作业区党支部领导名录（2009.2—2010.12）

书　　　记　杨学兵（2009.7—2010.12）

三、高邑采油作业区党总支领导名录（2010.12—2015.12）

书　　　记　杨学兵（2010.12—2015.12）

四、高邑采油作业区工会领导名录（2009.2—2015.12）

主　　　席　杨学兵（2009.2—2015.12）

五、高邑采油作业区所属队站及党支部

（一）赵 60 采油站领导名录（2010.12—2015.12）

站　　　长　魏学庚（2010.12—2011.7）

张　凯（2011.10—2015.5）

郭思全（2015.7—12）

书　　　记　魏学庚（2010.12—2011.7）

范　帅（2012.4—2013.9）

张　凯（2013.9—2015.5）

郭思全（2015.7—12）

副 站 长　范　帅（2012.4—2013.9）

（二）赵 61 采油站领导名录（2010.12—2015.12）

站　　　长　郭思全（2010.12—2015.7）

张伟江（2015.7—12）

书　　　记　郭思全（2010.12—2015.7）

副 站 长　范　帅（2011.12—2012.4）

副 书 记　和改英（女，2015.7—12）

（三）赵 76 采油站领导名录（2010.12—2015.12）

站　　　长　董树才（2010.12—2015.12）

书　　　记　董树才（2010.12—2015.12）

副　站　长　敬正宇（2011.5—2013.12）

（四）机关党支部领导名录（2010.12—2015.12）

书　　　记　任玉珍（女，2010.12—2015.6）

　　　　　　马永伟（2015.6—12）

第五章　辅助生产单位

1986年8月，第五采油厂成立。至12月，为加强油气生产保障工作，实现油田管理高效安全运行，第五采油厂设辅助生产单位8个：作业一队、作业二队、作业三队、准备队、车队、维修队、机修站、地质队。

1987年3月，第五采油厂成立工程技术队，为中队级单位；成立试井队，为中队级单位；成立准备队，为中队级单位。12月，车队分立为运输队和特车队，均为中队级单位。

1988年8月，成立作业四队，为中队级单位。9月，运输队更名为运输大队，调整为科级单位。10月，作业一队、作业二队、作业三队、作业四队、准备队、特车队等6个单位合并，成立作业大队，为科级单位。12月，机修站更名为修保站。

1989年2月，为进一步优化组织机构，第五采油厂将维修队、修保站合并，成立机修站，为中队级单位。

1990年3月，第五采油厂撤销机修站，成立工程维修大队，为科级单位。11月，地质队、工程技术队调整为科级单位。

1993年3月，生产技术科、注水科划归工程技术队。至12月，第五采油厂设辅助生产单位6个：作业大队、运输大队、工程维修大队、试井队、地质队、工程技术队。

1996年8月，第五采油厂成立电力管理大队，为科级单位。

1999年6月，试井队更名为综合测试队，为中队级单位。

9月，华北石油管理局机构重组，第五采油厂整建制划转华北油田分公司。划转后，第五采油厂设辅助生产单位7个：作业大队、工程维修大队、运输大队、电力管理大队、地质队、工程技术队、综合测试队。

2000年1月，第五采油厂工程维修大队划转华北石油管理局第一油田建设公司，运输大队划转华北石油管理局运输公司，作业大队除油管场外划转华北石油管理局井下作业公司，作业大队油管场调整为中队级单位。同月，成立车队，为中队级单位。

10月，根据华北油田分公司机构编制实施细则要求，第五采油厂对组织机构进行调整，地质队更名为地质研究所，工程技术队更名为工程技术研究所。调整后，第五采油厂设辅助生产单位6个：车队、油管场、电力管理大队、地质研究所、工程技术研究所、综合测试队。

2005年3月，第五采油厂将车队、小车队合并，成立小车队，调整为科级单位。

2008年3月，为理顺组织机构及相应职能，第五采油厂对部分机构进行更名。油管场更名为油管检修站；小车队更名为客运大队；综合测试队更名为测试大队，调整为科级单位。

10月，华北石油工程建设有限公司第五工程处、井下作业公司第五作业大队等单位整体划归第五采油厂。

2009年2月，第五采油厂优化整合部分组织机构。华北石油工程建设有限公司第五工程处更名为第五采油厂工程大队，井下作业公司第五作业大队更名为第五采油厂作业大队。

2014年12月，第五采油厂成立综合服务队，为中队级单位。

2015年5月，生产运行科负责的电力系统日常运行、维护管理，新建项目审核及改造项目设计委托等管理职能划归电力管理大队，电力管理大队更名为电力管理中心，为具有机关管理职能的厂属大队级单位。

10月，第五采油厂撤销工程大队，成立工程维修站，为中队级单位。

截至2015年12月，第五采油厂下设辅助生产单位9个：测试大队、电力管理中心、作业大队、地质研究所、工程技术研究所、客运大队、油管检修站、综合服务队、工程维修站。

第一节　车队—运输队—运输大队（1986.8—2000.1）

1986年8月，第五采油厂成立车队，为中队级单位。车队主要负责车辆运营、车辆修保、生产保障等管理工作，在册职工142人。队部设在晋县临时基地。12月，车队党支部成立。

1987年12月，第五采油厂将车队分立为运输队和特车队，均为中队级单位。分立后，运输队主要负责生产货运、生产客运等相关工作。除热洗、压井等特型生产车辆划归特车队管理外，其他车辆管理、职责范围保持不变。

同月，运输队党支部成立，共有党员 18 人。

1988 年，运输队迁至辛集市采五矿区。

9 月，运输队更名为运输大队，调整为科级单位。

1989 年 6 月，运输大队党总支成立，共有党员 18 人。

1990 年 7 月，第五采油厂重新明确运输大队机构设置和管理职责。运输大队设班组 1 个：生产组；中队级单位 3 个：修保车间、运输一中队、运输二中队。

1992 年 7 月，运输大队修保车间划归鸿达公司。

1997 年 6 月，成立运输三中队，为中队级单位。同月，运输三中队党支部成立。

2000 年 1 月，运输大队整建制划归华北石油管理局运输公司。

一、车队（1986.8—1987.12）

（一）车队领导名录（1986.8—1987.12）

  队　　长　王宝贵（1987.3—12）

  负　责　人　白可义（1986.8—12）

       闫庆贺（1986.8—12）

  副　队　长　庞建忠（1987.3—12）

（二）车队党支部领导名录（1986.12—1987.12）

  书　　记　白可义（1986.12—1987.12）

二、运输队（1987.12—1988.10）

（一）运输队领导名录（1987.12—1988.10）

  队　　长　白可义（1987.12—1988.10）

（二）运输队党支部领导名录（1987.12—1988.10）

  书　　记　白可义（1987.12—1988.3）

       许万洲（正科级，1988.3—9）

三、运输大队（1988.9—2000.1）

（一）运输大队领导名录（1988.11—2000.1）

大 队 长　王宝贵（1990.11—1993.3）

张治国（1993.3—1994.4）

白可义（1994.3—1997.5）

崔建勋（1997.5—2000.1）

政治教导员　张治国（1990.11—1994.4）

高玉林（1994.3—2000.1）

副 大 队 长　徐青龙（1988.11—1990.11）

戴玉春（1988.11—1990.11）

白可义（1988.11—1994.3）

张根元（1990.11—1991.9）

李伍魁（1993.3—1994.3）

崔建勋（1994.3—1997.5）

刘前进（1994.3—1997.5）

段淑云（1997.5—2000.1）

贾可茂（1997.5—2000.1）

（二）运输大队党总支领导名录（1988.11—2000.1）

书　　记　张治国（1992.1—1994.3）

高玉林（1994.3—2000.1）

副 书 记　徐青龙（1988.11—1990.11）

（三）运输大队工会领导名录（1988.10—2000.1）

主　　席　张根元（1990.11—1991.9）

贾可茂（1997.5—1998.2）

袁进杰（1998.2—2000.1）

（四）运输大队所属队站

1. 修保车间领导名录（1990.7—1992.7）

主　　任　张建河（1991.6—1992.7）

政治指导员　张建河（1991.6—1992.7）

书　　　记　张建河（1991.6—1992.7）

副　主　任　任维峰（1991.6—1992.7）

副政治指导员　安棣权（1990.7—1991.6）

副　书　记　安棣权（1990.7—1991.6）

2. 运输一中队领导名录（1990.11—2000.1）

队　　　长　李凤鸣（1991.12—1993.5）

　　　　　　吴振忠（1995.5—1997.6）

　　　　　　谭永红（1997.6—2000.1）

政治指导员　吴振忠（1997.6—2000.1）

书　　　记　吴振忠（1997.6—2000.1）

副　队　长　李凤鸣（1990.11—1991.12）

　　　　　　谭永红（1995.5—1997.6）

3. 运输二中队领导名录（1990.11—2000.1）

队　　　长　任维峰（1993.5—2000.1）

政治指导员　任维峰（1993.5—1997.6）

　　　　　　李凤鸣（1997.6—2000.1）

书　　　记　任维峰（1993.5—1997.6）

　　　　　　李凤鸣（1997.6—2000.1）

副　队　长　曹振东（1990.11—1991.6）

　　　　　　李长春（1991.6—2000.1）

4. 运输三中队领导名录（1997.6—2000.1）

队　　　长　段　涛（1997.6—2000.1）

政治指导员　安武仕（1997.6—2000.1）

书　　　记　安武仕（1997.6—2000.1）

第二节　作业一队（1986.8—1988.10）

1986 年 8 月，第五采油厂成立作业一队，为中队级单位，在册职工 41 人。作业一队主要承担检泵作业、特殊修井、措施增油等施工任务，管理修井机1台、通井机2台。队部设在深县西杜庄村。

1987年3月，作业一队党支部成立，共有党员7人。

1988年10月，作业一队整建制划归作业大队。

一、作业一队领导名录（1986.8—1988.10）

队　　　长　王景龙（1987.3—5；1988.8—10）

程自力（1987.5—1988.8）

负　责　人　颜世敏（1986.8—1987.1）

王景龙（1986.8—1987.3）

原生荣（1986.8—11）

副　队　长　颜世敏（1987.1—1988.10）

王振宗（1987.1—1988.10）

牛宝山（1988.5—8）

二、作业一队党支部领导名录（1987.3—1988.10）

书　　　记　王景龙（1987.5—1988.10）

副　书　记　何宪卿（1987.3—6）

第三节　作业二队（1986.8—1988.10）

1986年8月，第五采油厂成立作业二队，为中队级单位，在册职工45人。作业二队主要承担检泵作业、特殊修井、措施增油等施工任务，管理通井机2台，设备新度系数为0.49，年作业能力达65口。队部设在辛集市辛集镇。

1987年3月，作业二队党支部成立，共有党员9人。

1988年10月，作业二队整建制划归作业大队。

一、作业二队领导名录（1986.8—1988.10）

队　　　长　牛宝山（1987.3—6）

程自力（1988.8—10）

负　责　人　贾可茂（1986.8—1987.3）

牛宝山（1986.8—1987.3）

副　队　长　王昌兴（1986.11—1988.8）

赵晓利（1987.9—1988.10）

张世雄（1988.8—10）

二、作业二队党支部领导名录（1987.3—1988.10）

书　　　记　贾可茂（1987.3—1988.8）

程自力（1988.8—10）

第四节　维修队（1986.8—1989.2）

1986 年 8 月，第五采油厂成立维修队，为中队级单位，在册职工 52 人。维修队主要负责应急抢险、机泵维修、抽油机安装等工作任务。

12 月，维修队党支部成立，共有党员 11 人。

1988 年 12 月，维修队在册职工增至 65 人。

1989 年 2 月，维修队、修保站合并，成立机修站。

一、维修队领导名录（1986.8—1989.2）

队　　　长　李宗博（1987.3—1989.2）

负　责　人　高玉林（1986.8—1987.3）

李宗博（1986.8—1987.3）

二、维修队党支部领导名录（1986.12—1989.2）

书　　　记　高玉林（1986.12—1989.2）

第五节　机修站—修保站—机修站（1986.8—1990.3）

1986 年 8 月，第五采油厂成立机修站，为中队级单位，在册职工 63 人。机修站主要承担油田设备维修、部分零部件加工等生产任务。

12 月，机修站党支部成立，共有党员 11 人。

1988 年 12 月，机修站更名为修保站，为中队级单位。同月，机修站党支部更名为修保站党支部。

1989 年 2 月，修保站、维修队合并，成立机修站，为中队级单位。机修站主要承担油田地面工程机泵维修、抽油机保养等生产任务，在册职工 144 人。同月，机修站党支部成立，共有党员 21 人。

1990 年 3 月，第五采油厂撤销机修站，成立工程维修大队。

一、机修站（1986.8—1988.12）

（一）机修站领导名录（1986.8—1988.12）

站　　　长　王志忠（1987.3—6）

李长春（1987.6—1988.12）

负　责　人　王志忠（1986.8—1987.3）

副　站　长　彭孝商（1987.3—6）

（二）机修站党支部领导名录（1986.12—1988.12）

书　　　记　李长春（1986.12—1987.6）

辛守智（1987.6—1988.12）

二、修保站（1988.12—1989.2）

（一）修保站领导名录（1988.12—1989.2）

站　　　长　刘寿培（1988.12—1989.2）

（二）修保站党支部领导名录（1988.12—1989.2）

书　　　记　刘寿培（1988.12—1989.2）

三、机修站（1989.2—1990.3）

（一）机修站领导名录（1989.2—1990.3）

站　　　长　李宗博（1989.2—1990.3）

政治指导员　刘寿培（1989.12—1990.3）

副　站　长　刘寿培（1989.2—1990.3）

（二）机修站党支部领导名录（1989.2—1990.3）

书　　　记　刘寿培（1989.2—1990.3）

第六节　作业三队（1986.11—1988.10）

1986年11月，第五采油厂成立作业三队，为中队级单位，在册职工39人。作业三队主要承担检泵作业、特殊修井、措施增油等施工任务，管理通井机2台，设备新度系数为0.45，年作业能力达70口。队部设在辛集市辛集镇。

1987年3月，作业三队党支部成立，共有党员8人。

1988年10月，作业三队整建制划归作业大队。

一、作业三队领导名录（1986.11—1988.10）

　　队　　长　原生荣（1986.11—1987.3）

　　　　　　　马敏彪（1987.3—1988.8）

　　　　　　　李广仁（1988.8—10）

　　副 队 长　程自力（1986.11—1987.5）

　　　　　　　李广仁（1987.9—1988.8）

　　　　　　　王昌兴（1988.8—10）

二、作业三队党支部领导名录（1987.3—1988.10）

　　书　　记　原生荣（1987.3—1988.10）

第七节　地质队—地质研究所（1986.12—2015.12）

1986年12月，第五采油厂成立地质队，为中队级单位，定员40人。地质队负责评价增储建产、油田地质研究、油藏动态分析、油田开发调整、地质生产管理、油水化验分析等工作。办公地点设在晋县临时基地。1988年迁至辛集市采五矿区。

1987年5月，地质队党支部成立，共有党员16人。

1990年11月，地质队调整为科级单位，下设组室4个：开发动态室、静态室、生产管理室、化验室。

1993 年 5 月，地质队成立项目管理室，主要负责钻井、试油等协调管理工作。

1995 年 12 月，地质队绘图业务与计算机中心合并，成立计算机室。

1996 年 8 月，地质队成立工作站，主要负责地质资料处理、解释等工作。

2000 年 10 月，地质队更名为地质研究所，撤销项目管理室、工作站，相关人员及业务并入生产管理室。同月，地质队党支部更名为地质研究所党支部。

2004 年 3 月，地质研究所成立综合地质研究室，主要负责油田开发精细地质研究、油藏沉积微相研究、精细小层划分对比、构造解释、油田潜力分析、编制挖潜方案等工作。

2006 年 3 月，第五采油厂将地质研究所行政领导职务称谓由"主任""副主任"更名为"所长""副所长"，更名后其工作职责保持不变。

7 月，地质研究所成立油藏评价室，主要负责新区地质特征研究、油藏评价、地震资料重新解释、构造井位图编制等工作。

2008 年 3 月，地质研究所计算机室划归科技信息中心，划转员工 6 人；地质研究所化验室划归测试大队，划转员工 4 人。

2012 年 12 月，综合地质研究室撤销，相关业务划入油藏评价室。

2015 年 6 月，项目管理室成立，主要负责冀中南部地区勘探开发一体化及新老区产能建设项目等管理工作。

截至 2015 年 12 月，地质研究所下设组室 5 个：生产管理室、项目管理室、油藏评价室、开发动态室、滚动开发室，在册员工 51 人，其中党员 23 人。

一、地质队（1986.12—2000.10）

（一）地质队领导名录（中队级，1987.5—1990.11）

队　　长　陈荫林（兼任，1987.5—1989.1）

马明林（兼任，1989.1—1990.11）

副 队 长　孔祥民（1989.1—1990.11）

董　范（1989.1—1990.11）

（二）地质队领导名录（科级，1990.11—2000.10）

队　　　长　董　范（1990.11—1993.8；兼任，1993.8—1995.4）

　　　　　　马永真（兼任，1995.4—1998.6）

　　　　　　王树义（1998.6—2000.10）

政治教导员　马永真（1991.12—1995.4）

　　　　　　杨丙辰（1995.4—2000.10）

副　队　长　孔祥民（1990.11—不详）

　　　　　　马永真（正科级，1993.3—1994.10；兼任，1994.10—

　　　　　　　　　　1995.4）

　　　　　　陈　刚（1993.3—1998.6）

　　　　　　王树义（1995.4—1998.6）

　　　　　　侯守探（1995.4—2000.10）

　　　　　　张　永（1998.6—2000.10）

　　　　　　杨　兵（1998.6—2000.10）

　　　　　　张志友（1998.6—2000.10）

　　　　　　郑西平（1999.6—2000.10）

（三）地质队党支部领导名录（1987.5—2000.10）

书　　　记　陈荫琳（1987.5—1990.6）

　　　　　　马永真（1991.12—1995.4）

　　　　　　杨丙辰（1995.4—2000.10）

副　书　记　刘既安（1987.5—1992.7）

（四）地质队所属组室

1.生产管理室领导名录（1993.5—2000.10）

主　　　任　金淑芝（女，1993.5—1996.8）

　　　　　　张志友（1996.8—1998.6）

　　　　　　苑顺仓（1998.6—2000.10）

2.开发动态室领导名录（1993.5—2000.10）

主　　　任　王树义（1993.5—1995.4）

　　　　　　张　永（1996.8—1998.6）

　　　　　　蒋培军（1998.6—2000.10）

3. 滚动开发室领导名录（1993.5—2000.10）

主　　任　侯守探（1993.5—1995.4）

刘凤芸（女，1996.8—2000.10）

4. 项目管理室领导名录（1993.5—2000.10）

主　　任　黄真友（1993.5—2000.10）

5. 化验室领导名录（1993.5—2000.10）

主　　任　江　涛（女，1993.5—2000.10）

6. 计算机室领导名录（1995.12—2000.10）

主　　任　王琳芳（女，1995.12—1996.8）

杨　兵（1996.8—2000.10）

7. 工作站领导名录（1996.8—2000.10）

主　　任　王开炳（1996.8—2000.10）

二、地质研究所（2000.10—2015.12）

（一）地质研究所领导名录（2000.10—2015.12）

2000年10月至2006年3月：

主　　任　王树义（2000.10—2005.3；兼任，2005.3—5）

侯守探（2005.5—2006.3）

副　主　任　侯守探（2000.10—2005.5）

张　永（2000.10—2006.3）

张志友（2000.10—2006.3）

杨　兵（2000.10—2006.3）

郑西平（2000.10—2006.3）

蒋培军（2006.2—3）

2006年3月至2015年12月：

所　　长　侯守探（2006.3—2007.3）

张　永（2011.10—2015.12）

副　所　长　张　永（2006.3—2011.10）

张志友（2006.3—2013.9）

杨　兵（2006.3—2008.3）

郑西平（2006.3—5）

蒋培军（2006.3—2015.12）

王开炳（2006.7—2009.7；2010.7—2015.12）

肖　阳（2007.8—2008.7）

李　昆（2013.9—2015.3）

亢亚力（2015.5—12）

（二）地质研究所党支部领导名录（2000.10—2015.12）

书　　　记　李子杰（2000.10—2005.3）

陈秀兰（女，2005.3—2008.9）

王全喜（2008.9—2011.3）

高忠生（2011.3—2013.4）

王毅敏（女，2013.4—2015.5）

亢亚力（2015.5—12）

（三）地质研究所工会领导名录（2000.10—2015.12）

主　　　席　李子杰（2000.10—2005.3）

陈秀兰（2005.3—2008.9）

王全喜（2008.9—2011.3）

高忠生（2011.3—2013.4）

王毅敏（2013.4—2015.5）

亢亚力（2015.5—12）

（四）地质研究所所属组室

1. 生产管理室领导名录（2000.10—2015.12）

主　　　任　苑顺仓（2000.10—2015.12）

2. 开发动态室领导名录（2000.10—2015.12）

主　　　任　蒋培军（2000.10—2006.2；兼任，2006.2—2009.3）

李　艳（女，2009.3—2015.5）

焦立芳（2012.12—2015.12）

李　静（2015.7—12）

副　主　任　李　艳（2007.10—2009.3）

3. 滚动开发室领导名录（2000.10—2015.12）

主　　　任　刘凤芸（2000.10—2015.12）

副　主　任　赵政权（2006.7—2009.3）

4. 综合地质研究室领导名录（2004.3—2012.12）

主　　　任　焦立芳（2004.3—2012.12）

5. 油藏评价室领导名录（2006.7—2015.12）

主　　　任　徐天昕（2006.7—2009.2）

赵政权（2009.3—2015.12）

6. 化验室领导名录（2000.10—2009.2）

主　　　任　赵尚柱（2000.10—2009.2）

7. 计算机室领导名录（2000.10—2008.3）

主　　　任　杨　兵（2000.10—2008.3）

第八节　准备队（1987.3—1988.10）

1987 年 3 月，第五采油厂成立准备队，为中队级单位，在册职工 33 人。准备队主要承担作业井架立放、油管油杆收送等后勤保障任务及作业车辆日常管理。队部设在辛集市辛集镇。

同月，准备队党支部成立，共有党员 6 人。

1988 年 10 月，准备队整建制划归作业大队。

一、准备队领导名录（1987.3—1988.10）

队　　　长　仇德山（1987.3—1988.10）

副　队　长　蔡立东（1987.6—1988.10）

二、准备队党支部领导名录（1987.3—1988.10）

书　　　记　张恩田（副科级，1987.3—1988.10）

第九节　工程技术队—工程技术研究所
（1987.3—2015.12）

1987年3月，为加强全厂新技术推广和攻关工作，第五采油厂成立工程技术队，为中队级单位，定员11人。

1990年11月，工程技术队调整为科级单位。工程技术队的主要职责：

（一）负责采油、注水、油气集输、井下作业、化学药剂等管理工作；

（二）负责油水井测试诊断、仪器仪表维护工作；

（三）负责科技项目管理工作。

工程技术队设组室7个：采输室、注水室、作业管理室、油田化学室、测试诊断室、仪表室、科技管理室。

同月，工程技术队党支部成立，共有党员14人。

1993年3月，生产技术科、注水科、经营办公室相关业务划归工程技术队。工程技术队定员增加至41人。

6月，第五采油厂成立技术监督委员会，办事机构设在工程技术队。

1994年4月，测试诊断室撤销，相关业务划归试井队，相关人员划入采油队；工程技术队技术监督业务划归技术监督科。

1998年6月，油田化学室撤销。

2000年10月，仪表室撤销，相关业务及人员划归试井队。工程技术队更名为工程技术研究所，下设组室4个：注水管理室、采油管理室、输油管理室、作业管理室，在册员工25人。同月，工程技术队党支部更名为工程技术研究所党支部。

2001年3月，工程技术研究所成立自动化室，主要负责自动化系统方案规划、项目实施、系统维护等管理工作。

2006年3月，第五采油厂将工程技术研究所行政领导职务称谓由"主任""副主任"更名为"所长""副所长"，更名后其工作职责保持不变。

2007年1月，工程技术研究所成立油田化学室，主要负责化学药剂选型、制定加药制度等管理工作。

2008 年 3 月，工程技术研究所科技管理业务及人员划归科技信息中心。

截至 2015 年 12 月，工程技术研究所下设组室 6 个：注水管理室、采油管理室、输油管理室、作业管理室、自动化室、油田化学室，在册员工 33 人，其中党员 16 人。

一、工程技术队（1987.3—2000.10）

（一）工程技术队领导名录（中队级，1987.3—1990.11）

政 治 指 导 员　孙海峰（副科级，1990.2—11）

副 　 队 　 长　胡书宝（1987.3—1990.11）

（二）工程技术队领导名录（科级，1990.11—2000.10）

队 　 　 　 长　高进才（1991.12—1993.4）

胡书宝（1994.3—1997.5）

马永忠（1998.6—2000.10）

政 治 教 导 员　孙海峰（副科级，1990.11—1993.12）

李伍魁（1994.3—1995.4）

吴日新（1995.4—1996.8）

马永忠（1996.8—1998.6）

张治国（1998.6—2000.10）

副 　 队 　 长　胡书宝（1990.11—1991.9；1993.3—1994.3）

牛宝山（1993.3—1994.4）

曾艺忠（1993.3—2000.10）

吴日新（1995.4—1996.8）

马永忠（1995.4—1998.6）

梁喜堂（1995.4—1996.8）

尤冬青（1995.4—2000.10）

李造吉（1998.6—2000.10）

张庚祥（1998.6—2000.10）

副政治教导员　贾文克（1995.4—1999.4）

（三）工程技术队党支部领导名录（1990.11—2000.10）

书 　 　 　 记　孙海峰（1990.11—1993.12）

赵满军（副科级，1993.3—1994.3）

　　　　李伍魁（1994.3—1995.4）

　　　　吴日新（1995.4—1996.8）

　　　　马永忠（1996.8—1998.6）

　　　　张治国（1998.6—2000.10）

　副 书 记　贾文克（1995.4—1999.4）

（四）工程技术队所属组室

1. 采输室领导名录（1993.5—2000.10）

　主　　任　魏晓华（女，1993.5—1996.9）

　　　　张庚祥（1996.9—1998.6）

　　　　付亚荣（1998.6—2000.10）

2. 注水室领导名录（1993.5—2000.10）

　主　　任　李造吉（1993.5—1998.6）

　　　　许　勇（1998.6—2000.10）

3. 作业管理室领导名录（1993.5—2000.10）

　主　　任　尤冬青（1993.5—1995.4）

　　　　郑西平（1995.7—1998.6）

　　　　孙玉民（1998.6—2000.10）

4. 油田化学室领导名录（1993.5—1998.6）

　主　　任　付亚荣（1993.5—1998.6）

5. 测试诊断室领导名录（1993.5—1994.4）

　主　　任　庞树宝（1993.5—1994.4）

6. 仪表室领导名录（1993.5—2000.10）

　主　　任　王建忠（1995.5—2000.10）

二、工程技术研究所（2000.10—2015.12）

（一）工程技术研究所领导名录（2000.10—2015.12）

2000 年 10 月至 2006 年 3 月：

　主　　任　马永忠（2000.10—2005.3）

　　　　田　炜（2005.3—2006.3）

　副 主 任　曾艺忠（2000.10—2006.3）

　　　　尤冬青（2000.10—2006.3）

李造吉（2000.10—2005.3）

张庚祥（2000.10—2006.3）

2006年3月至2015年12月：

所　　　长　田　炜（2006.3—2007.3；兼任，2007.3—2009.2）

李造吉（2009.2—2010.7）

杨建雨（2010.7—2011.7）

马永忠（兼任，2011.8—2015.12）

副　所　长　曾艺忠（2006.3—2007.4）

尤冬青（2006.3—2015.12）

张庚祥（2006.3—2010.7）

戎顺利（2007.4—2008.6）

边　亮（2007.4—2008.6；2009.7—2015.12）

刘宏伟（正科级，2008.6—2009.2；正科级，2010.7—2011.3）

游　靖（2008.8—2009.8）

陈国富（2009.2—2011.5）

亢亚力（2011.3—2012.9）

杨中峰（2011.11—2012.8）

曹　华（2012.8—2013.9）

张志明（2013.9—2015.5）

（二）工程技术研究所党支部领导名录（2000.10—2015.12）

书　　　记　张根元（2000.10—2005.3）

李子杰（2005.3—2010.3）

亢亚力（2010.7—2012.9）

高忠生（2013.4—2015.12）

（三）工程技术研究所工会领导名录（2000.10—2015.12）

主　　　席　张根元（2000.10—2005.3）

李子杰（2005.3—2010.3）

亢亚力（2010.7—2012.9）

高忠生（2013.4—2015.12）

（四）工程技术研究所所属组室

1.采油管理室领导名录（2000.10—2015.12）

　　主　　任　付亚荣（2000.10—2007.1；2010.4—2015.12）

　　　　　　　张志明（2007.1—2010.4）

2.输油管理室领导名录（2000.10—2015.12）

　　主　　任　刘寺意（2000.10—2005.4）

　　　　　　　王桂林（2007.1—2010.4）

　　　　　　　杨中峰（2010.4—2011.11）

　　　　　　　武玉双（女，2011.11—2015.12）

3.注水管理室领导名录（2000.10—2015.12）

　　主　　任　许　勇（2000.10—2007.2）

　　　　　　　杨中峰（2007.1—2010.4）

　　　　　　　王桂林（2010.4—2015.12）

4.作业管理室领导名录（2000.10—2015.12）

　　主　　任　孙玉民（2000.10—2010.4）

　　　　　　　张志明（2010.4—2013.9）

　　　　　　　靳　利（2014.4—2015.12）

5.油田化学室领导名录（2000.10—2015.12）

　　主　　任　付亚荣（2007.1—2010.4）

　　　　　　　孙玉民（2010.4—2015.12）

6.自动化室领导名录（2000.10—2015.12）

　　主　　任　周　勇（2001.3—2006.11）

　　　　　　　马海骄（2007.1—2011.8；2012.8—2015.5）

　　　　　　　郭淑琴（女，2015.7—2015.12）

第十节 试井队—综合测试队—测试大队
（1987.3—2015.12）

1987 年 3 月，第五采油厂成立试井队，为中队级单位，在册职工 27 人。试井队主要负责油水井测试、资料解释、仪器仪表鉴定等工作。

1991 年 3 月，试井队党支部成立。

1994 年 4 月，工程技术队测试诊断业务划归试井队。

1999 年 6 月，第五采油厂撤销试井队，成立综合测试队，为中队级单位。综合测试队主要负责油水井测试、资料解释及化验等工作，在册员工 66 人。

2000 年 10 月，工程技术队仪器仪表鉴定业务及人员划归综合测试队，综合测试队调整为科级单位。

同月，综合测试队党支部成立。

2006 年 4 月，辛集油品经销处党支部党员并入综合测试队党支部。

2008 年 3 月，综合测试队更名为测试大队。地质研究所化验业务及人员划归测试大队。划归后，测试大队设班组 6 个：生产技术组、资料绘解组、仪表维修班、采油测试班、洗井班、中心化验室，在册员工 40 人。

2009 年 2 月，测试大队采油测试班划归工程大队。

2012 年至 2015 年，测试大队共组织 3 名员工赴长庆油田工作。

截至 2015 年 12 月，测试大队共有高压试井车、测井车等特种车辆 8 台，多臂成像井经仪、产液剖面仪、仪表自动校验仪等特种设备近 150 台；下设班组 4 个：测试一班、测试二班、仪表维修班、中心化验室，在册员工 41 人。

一、试井队（1987.3—1999.6）

（一）试井队领导名录（1987.3—1999.6）

队　　长　戴学锡（1987.3—1988.11）

梁喜堂（1988.12—1991.3）

刘英淼（1991.12—1999.6）

政治指导员 梁喜堂（1991.12—1993.3）

龙跃明（1995.4—1999.6）

副 队 长 闫庆贺（1987.6—1988.8）

刘英淼（1989.2—1991.12）

王海生（1993.4—1995.4）

韩坚舟（1998.7—1999.6）

（二）试井队党支部领导名录（1991.3—1999.6）

书 记 梁喜堂（1991.3—1993.3）

刘英淼（1993.5—1995.4）

龙跃明（1995.4—1999.6）

二、综合测试队（1999.6—2008.3）

（一）综合测试队（中队级，1999.6—2000.10）

1.综合测试队领导名录（1999.6—2000.10）

队 长 刘英淼（副科级，1999.6—2000.10）

政治指导员 龙跃明（副科级，1999.6—2000.10）

2.综合测试队党支部领导名录（1999.6—2000.10）

书 记 龙跃明（1999.6—2000.10）

（二）综合测试队（科级，2000.10—2008.3）

1.综合测试队领导名录（2000.10—2008.3）

队 长 刘英淼（2000.10—2005.3）

杨瑞起（2005.3—2008.3）

副 队 长 李建刚（2007.4—2008.3）

2.综合测试队党支部领导名录（2000.10—2008.3）

书 记 龙跃明（2000.10—2007.4）

李建刚（副科级，2007.4—2008.3）

副 书 记 刘英淼（2004.3—2005.3）

杨瑞起（2006.4—2007.4）

三、测试大队（2008.3—2015.12）

（一）测试大队领导名录（2008.3—2015.12）

队　　　长　杨瑞起（2008.3—2009.6）

蒲祥金（2009.6—2010.7）

李英强（2010.7—2012.4）

刘宏伟（2012.4—2015.12）

（二）测试大队党支部领导名录（2008.2—2015.12）

书　　　记　王全喜（2008.2—9）

毛俊霞（女，2008.9—2011.3）

刘宏伟（2011.3—2012.4）

王中军（2012.4—2013.9）

孙英祥（2015.11—12）

副　书　记　文庆玉（2013.9—2015.12）

（三）测试大队工会领导名录（2009.8—2015.12）

主　　　席　毛俊霞（2009.8—2011.3）

文庆玉（2013.9—2015.12）

第十一节　特车队（1987.12—1988.10）

1987 年 12 月，第五采油厂将车队分立，成立运输队和特车队，均为中队级单位。特车队主要承担作业设备搬家、修井物资拉运等工作任务及特种车辆日常管理，在册职工 59 人。队部设在晋州临时基地。

同月，特车队党支部成立，共有党员 11 人。

1988 年，特车队搬迁至辛集市采五矿区。

10 月，特车队整建制划归作业大队。

一、特车队领导名录（1987.12—1988.10）

队　　　长　王宝贵（1987.12—1988.8）

崔建勋（1988.8—10）

副 队 长　崔建勋（1987.12—1988.8）

二、特车队党支部领导名录（1987.12—1988.10）

书　　记　王宝贵（1987.12—1988.8）

闫庆贺（1988.8—10）

第十二节　作业四队（1988.8—10）

1988年8月，第五采油厂成立作业四队，为中队级单位，在册职工33人。作业四队主要承担检泵作业、特殊修井、措施增油等施工任务。队部设在辛集市采五矿区。同月，作业四队党支部成立。

10月，作业四队整建制划归作业大队。

一、作业四队领导名录（1988.8—10）

队　　长　牛宝山（1988.8—10）

副 队 长　孙玉民（1988.8—10）

二、作业四队党支部领导名录（1988.8—10）

书　　记　牛宝山（1988.8—10）

第十三节　作业大队（1988.10—2000.1；
2008.10—2015.12）

1988年10月，第五采油厂将作业一队、作业二队、作业三队、作业四队、准备队、特车队等6个单位合并，成立作业大队，为科级单位，在册职工284人。作业大队主要承担井下作业维修、措施增油施工、作业设备管理、作业物资拉运等工作任务，管理修井机1台、通井机4台、生产车辆69台，下设机关组室2个：政工组、生产组，下设中队级单位6个：作业一队、作业二队、作业三队、作业四队、准备队、特车队。队部设在辛集市采五矿区。

1989年1月，作业大队党总支成立，共有党员45人。

1991年3月，为加强基层党组织建设，作业大队党总支对下属党支部进行调整。调整后，下设党支部6个：机关党支部、作业一队党支部、作业二队党支部、作业三队党支部、作业四队党支部、特车队党支部。

6月，作业五队成立，为中队级单位。

1993年4月，作业大队将准备队油管班和大队富余人员整合，成立油管场，为中队级单位，主要负责作业油管检测、送井回收、维护保养等工作。

10月，作业六队成立，为中队级单位。

同月，作业大队党总支对所属党支部进行调整，成立党支部10个：机关党支部、作业一队党支部、作业二队党支部、作业三队党支部、作业四队党支部、作业五队党支部、作业六队党支部、特车队党支部、准备队党支部、油管场党支部。

2000年1月，第五采油厂作业大队除油管场外，整建制划转华北石油管理局井下作业公司，更名为井下作业公司第五作业大队。

2008年10月，井下作业公司第五作业大队划归第五采油厂，原机构设置保持不变。

2009年2月，井下作业公司第五作业大队更名为第五采油厂作业大队，为科级单位，在册员工284人。作业大队主要承担井下作业维修、措施增油施工、作业设备管理、作业物资拉运等工作任务，下设机关组室2个：政工组、生产组，下设中队级单位8个：作业一队、作业二队、作业三队、作业四队、作业五队、作业六队、车队、准备队。

同月，作业大队党总支成立。

2010年4月，作业大队党总支下设党支部9个：作业一队党支部、作业二队党支部、作业三队党支部、作业四队党支部、作业五队党支部、作业六队党支部、准备队党支部、车队党支部、机关党支部，共有党员78人。

2011年7月，作业大队整体搬迁至辛集市锚营村第五采油厂辅助生产区。

2013年3月，电力管理大队调驱职能划归作业大队。

同月，作业七队成立，为中队级单位。

2012年至2015年，作业大队共组织51名员工赴长庆油田工作。

截至2015年12月，作业大队管理修井机11台，通井机2台，清蜡车、洗井车、水泥车等特种作业车辆79台，年作业能力达410口。作业大队下设机关组室 2 个：政工组、生产组；下设中队级单位 9 个：作业一队、作业二队、作业三队、作业四队、作业五队、作业六队、作业七队、准备队、车队；在册员工 258 人。作业大队党总支下设党支部 10 个：作业一队党支部、作业二队党支部、作业三队党支部、作业四队党支部、作业五队党支部、作业六队党支部、作业七队党支部、准备队党支部、车队党支部、机关党支部，共有党员 78 人。

一、作业大队（1988.10—2000.1）

（一）作业大队领导名录（1988.11—2000.1）

　　　　大　队　长　　陈明耀（1990.6—1994.3）

　　　　　　　　　　　张国法（1994.3—2000.1）

　　　政治教导员　　靳保安（1989.11—1992.7）

　　　　　　　　　　　闫庆贺（1994.3—1997.5）

　　　　　　　　　　　白可义（1997.5—2000.1）

　　　副　大　队　长　　陈明耀（1988.11—1990.6）

　　　　　　　　　　　周敬才（1988.11—1993.10）

　　　　　　　　　　　王宝贵（1988.11—1990.11）

　　　　　　　　　　　贾可茂（1988.11—1997.5）

　　　　　　　　　　　梁传璞（1988.11—1989.1）

　　　　　　　　　　　闫庆贺（1990.11—1992.7）

　　　　　　　　　　　张国法（1990.11—1994.3）

　　　　　　　　　　　熊长俊（1993.8—2000.1）

　　　　　　　　　　　程自力（1997.5—2000.1）

　　副政治教导员　　周敬才（1988.11—1992.7）

　　　　　　　　　　　闫庆贺（1992.7—1994.3）

　　　主任工程师　　赵畔旺（1999.6—2000.1）

（二）作业大队党总支领导名录（1989.11—2000.1）

　　　　书　　　记　　靳保安（1989.11—1992.7）

　　　　　　　　　　　闫庆贺（1994.3—1997.5）

　　　　　　　　　　　白可义（1997.5—2000.1）

　　　　副　书　记　　周敬才（1988.11—1992.7）

闫庆贺（1992.7—1994.3）

（三）作业大队工会领导名录（1990.11—2000.1）

主　　席　闫庆贺（1990.11—1994.3）

程自力（1994.3—1997.5）

何宪卿（1997.5—2000.1）

（四）作业大队所属队站及党支部

1. 作业一队领导名录（1988.10—2000.1）

队　　长　王景龙（1988.10—1990.12）

马敏彪（1990.12—1991.12）

孙贵兵（1991.12—1993.4）

程自力（1993.4—1994.3）

张世雄（1994.3—2000.1）

政治指导员　王景龙（1989.12—1991.12）

高　强（1991.12—1993.4）

刘振海（1993.4—10）

陈　琦（1993.10—2000.1）

书　　记　王景龙（1989.12—1991.12）

高　强（1991.12—1992.12）

刘振海（1993.4—10）

陈　琦（1993.10—2000.1）

副　队　长　王振宗（1988.10—1991.6）

高平忠（1990.3—1993.4）

孙贵兵（1990.3—1991.12）

李玉欣（1993.4—10）

张世雄（1993.10—1994.3）

张志明（1994.3—1998.6）

副政治指导员　孙建辉（1991.9—12）

副　书　记　孙建辉（1991.9—12）

2. 作业二队领导名录（1988.10—2000.1）

队　　长　程自力（1988.10—1993.4）

赵晓利（1993.4—1998.6）

张新占（1998.6—2000.1）

政治指导员　原生荣（1989.11—1993.4）

赵恒仁（1993.4—10）

张双起（1993.10—2000.1）

书　　记　原生荣（1989.11—1993.4）

赵恒仁（1993.4—10）

张双起（1993.10—2000.1）

副　队　长　赵晓利（1988.10—1993.4）

李玉欣（1990.3—1993.10）

王昌兴（1993.4—10）

孙福杰（1993.10—1994.6）

马士清（1994.3—2000.1）

3. 作业三队领导名录（1988.10—2000.1）

队　　长　李广仁（1988.10—1994.3）

政治指导员　常武志（1989.11—1993.10）

孙建辉（1993.10—1998.6；1999.9—2000.1）

贾高星（1998.6—1999.5）

书　　记　原生荣（1988.10—1989.11）

常武志（1989.11—1993.10）

孙建辉（1993.10—1998.6；1999.9—2000.1）

贾高星（1998.6—1999.5）

副　队　长　王昌兴（1988.10—1991.6）

赵恒仁（1989.7—1991.6）

赵晓利（1991.12—1993.4）

陈　琦（1990.3—1993.10）

王晓宾（1993.10—1999.5）

刘　涛（1999.9—2000.1）

4. 作业四队领导名录（1988.10—2000.1）

队　　长　牛宝山（1988.10—1990.11）

孙玉民（1990.12—1993.5）

李玉欣（1993.10—1994.4）

张瑞旺（1994.4—2000.1）

政治指导员　刘振海（1989.12—1993.4；1993.10—2000.1）

书　　　记　牛宝山（1988.10—1989.12）

刘振海（1989.12—1993.4；1993.10—2000.1）

副　队　长　孙玉民（1988.10—1990.12）

高　强（1990.3—1991.12）

张瑞旺（1993.10—1994.4）

孙福杰（1994.6—1998.6）

5. 作业五队领导名录（1991.6—2000.1）

队　　　长　王振宗（1991.6—1993.10）

王昌兴（1993.10—1995.11）

赵恒仁（1995.11—2000.1）

政治指导员　赵恒仁（1991.6—1993.4；1993.10—1995.11）

王国斌（1995.11—1999.12）

书　　　记　赵恒仁（1991.6—1993.4；1993.10—1995.11）

王国斌（1995.11—1999.12）

副　队　长　王昌兴（1991.6—1993.4）

王　利（1993.10—2000.1）

6. 作业六队领导名录（1993.10—2000.1）

队　　　长　王振宗（1993.10—1997.6）

张新占（1997.6—1998.6）

孙福杰（1998.6—2000.1）

政治指导员　常武志（1993.10—1997.6）

贾高星（1997.6—1998.6）

孙建辉（1998.6—1999.9）

李树怀（1999.9—2000.1）

书　　　记　常武志（1993.10—1997.6）

贾高星（1997.6—1998.6）

孙建辉（1998.6—1999.9）

李树怀（1999.9—2000.1）

副　队　长　郭振义（1993.10—1997.6）

刘　涛（1997.6—1999.9）

李永才（1998.6—2000.1）

7. 准备队领导名录（1988.10—2000.1）

队　　　长　仇德山（1988.10—1994.3；1997.6—2000.1）

姬　福（1994.3—1997.6）

政 治 指 导 员　仇德山（1993.4—1994.3；1997.6—2000.1）

原生荣（1994.3—1997.6）

书　　　记　仇德山（1993.4—1994.3；1997.6—2000.1）

原生荣（1994.3—1997.6）

副　队　长　姬　福（1989.11—1994.3）

原生荣（1994.3—1997.6）

8. 特车队领导名录（1988.10—2000.1）

队　　　长　崔建勋（1988.10—1994.3）

仇德山（1994.3—1997.6）

朱春永（1997.6—1999.4）

程自力（兼任，1999.4—8）

政 治 指 导 员　闫庆贺（1989.12—1990.11）

朱春永（1991.12—1997.6）

原生荣（1997.6—1998.6）

常武志（1998.6—2000.1）

书　　　记　闫庆贺（1988.10—1990.11）

朱春永（1991.12—1997.6）

原生荣（1997.6—1998.6）

常武志（1998.6—2000.1）

副　队　长　李全恒（1993.4—1994.10）

康　强（1994.10—2000.1）

副政治指导员　朱春永（1990.11—1991.12）

副 书 记　朱春永（1990.11—1991.12）

9. 油管场领导名录（1993.4—2000.1）

场　　　长　蔡立东（1993.4—2000.1）

政治指导员　蔡立东（1993.4—2000.1）

书　　　记　蔡立东（1993.4—2000.1）

10. 机关党支部领导名录（1991.3—2000.1）

书　　　记　贾可茂（1991.3—1997.5）

二、作业大队（2008.10—2015.12）

（一）作业大队领导名录（2009.2—2015.12）

大 队 长　张国法（2009.2—2012.4）

　　　　　李英强（2012.4—2015.12）

副 大 队 长　程自力（2009.2—2011.11）

　　　　　郭振义（2009.2—2013.12）

　　　　　王国斌（2012.4—2015.5）

　　　　　于东升（2013.9—2015.12）

责任工程师　赵畔旺（2009.2—2015.12）

大队长助理　李永才（2015.5—12）

（二）作业大队党总支领导名录（2009.2—2015.12）

书　　　记　李广仁（2009.2—2013.4）

　　　　　庄学军（2013.4—2015.3）

　　　　　王　维（2015.3—12）

（三）作业大队工会领导名录（2009.2—2015.12）

主　　　席　何宪卿（2009.2—2010.3）

　　　　　庄学军（2013.4—2015.3）

　　　　　王　维（2015.3—12）

（四）作业大队所属队站及党支部

1. 作业一队领导名录（2010.4—2015.12）

队　　　长　李树怀（2010.4—2015.12）

书　　　记　陈　琦（2010.4—2015.12）

2. 作业二队领导名录（2010.4—2015.12）

　　队　　　　长　马士清（2010.4—2015.12）

　　书　　　　记　张双起（2010.4—2015.12）

3. 作业三队领导名录（2010.4—2015.12）

　　队　　　　长　李永才（2010.4—2015.5）

　　　　　　　　　刘　玮（2015.7—12）

　　书　　　　记　李玉欣（2010.4—2013.9）

　　　　　　　　　石庆柱（2013.9—2015.12）

4. 作业四队领导名录（2010.4—2015.12）

　　队　　　　长　孟令飞（2010.4—2015.12）

　　书　　　　记　戎　军（2010.4—2015.12）

5. 作业五队领导名录（2010.4—2015.12）

　　队　　　　长　赵恒仁（2010.4—2013.12）

　　　　　　　　　李玉欣（2013.12—2015.12）

　　书　　　　记　姬　福（2010.4—2015.12）

6. 作业六队领导名录（2010.4—2015.12）

　　队　　　　长　孙福杰（2010.4—2015.12）

　　书　　　　记　张瑞旺（2010.4—2015.7）

　　　　　　　　　孙福杰（兼任，2015.7—12）

7. 准备队领导名录（2010.4—2015.12）

　　队　　　　长　张世雄（2010.4—2013.9）

　　　　　　　　　宋延民（2015.7—12）

　　书　　　　记　张志强（2013.12—2015.12）

　　副　队　长　宋延民（2013.9—2015.7）

8. 车队领导名录（2010.4—2015.12）

　　队　　　　长　康　强（2010.4—2015.12）

　　书　　　　记　远君秋（2013.12—2015.7）

　　　　　　　　　张瑞旺（2015.7—12）

9. 机关党支部领导名录（2010.4—2015.12）

　　书　　　　记　齐连群（2010.4—2015.12）

10. 作业七队领导名录（2013.3—2015.12）

队　　长　王　平（2013.3—2015.12）

第十四节　工程维修大队—工程大队
（1990.3—2000.1；2008.10—2015.10）

1990年3月，第五采油厂撤销机修站，成立工程维修大队，为科级单位，在册职工173人。工程维修大队主要承担油田地面工程建设、机泵维修、应急抢险、抽油机安装等生产任务。工程维修大队下设组室3个：生产组、政工组、经营组，中队级单位4个：管焊队、四修队、机加工车间、车队。

7月，工程维修大队党总支成立，共有党员32人。

1992年7月，机加工车间划归鸿达公司。

1993年5月，工程维修大队撤销管焊队、四修队，成立一中队、二中队。

1996年12月，工程维修大队下设中队级单位3个：车队、一中队、二中队，在册职工98人，固定资产760万元、净值589.6万元。

1999年3月，工程维修大队12名二线女工赴赵州桥采油工区工作。

2000年1月，工程维修大队整建制划归华北石油管理局第一油田建设公司。

2002年6月，华北石油管理局第一油田建设公司与华北石油管理局第二油田建设公司合并，成立华北石油工程建设有限公司。工程维修大队更名为华北石油工程建设有限公司第五工程处。

2008年10月，华北石油工程建设有限公司第五工程处划归第五采油厂，原机构设置保持不变。

2009年2月，华北石油工程建设有限公司第五工程处更名为第五采油厂工程大队，为科级单位。工程大队主要负责油田地面建设、老区改造、应急抢险等工作任务，在册员工119人。工程大队下设班组4个：政工组、生产组、经营组、材料组，中队级单位6个：管焊一中队、管焊二中队、管焊三中队、电气维修中队、土建防腐队、汽车队。

同月，工程大队党总支成立，共有党员 22 人。

2010 年 8 月，第五采油厂调整工程大队组织机构设置。调整后，工程大队不设组室，下设中队级单位 3 个：工程一中队、工程二中队、综合队，在册员工 85 人。

同月，为加强基层党组织建设，工程大队党总支调整所属党支部，成立党支部 3 个：工程一中队党支部、工程二中队党支部、综合队党支部。12月，机关党支部成立，共有党员 5 人。

2011 年 7 月，工程大队整体搬迁至辛集市锚营村第五采油厂辅助生产区。

2012 年至 2015 年，工程大队共组织 12 名员工赴长庆油田工作。

2015 年 1 月，工程大队电力施工业务及相关人员划归电力管理大队。

10 月，第五采油厂撤销工程大队。撤销前，工程大队设中队级单位 3个：工程一中队、工程二中队、综合队，在册员工 82 人。

一、工程维修大队（1990.3—2000.1）

（一）工程维修大队领导名录（1990.6—2000.1）

　　大　队　长　　吕德福（1994.3—1998.6）

　　　　　　　　　李宗博（1998.6—2000.1）

　　政治教导员　　赵满军（1994.3—2000.1）

　　副大队长　　　戴学锡（1990.6—1994.3）

　　　　　　　　　吕德福（1990.6—1991.9）

　　　　　　　　　李宗博（1990.6—1998.6）

　　　　　　　　　刘寿培（1990.6—1991.2）

　　　　　　　　　谷红燕（1994.3—2000.1）

　　　　　　　　　朱荣贵（1999.6—2000.1）

　　副政治教导员　高玉林（1990.6—1994.3）

（二）工程维修大队党总支领导名录（1990.6—2000.1）

　　书　　　记　　赵满军（1994.3—2000.1）

　　副　书　记　　高玉林（1990.6—1994.3）

（三）工程维修大队工会领导名录（1991.2—2000.1）

　　主　　　席　　刘寿培（1991.2—1993.4）

　　　　　　　　　王智江（1997.11—2000.1）

（四）工程维修大队所属队站及党支部

1. 管焊队领导名录（1990.3—1993.5）

职务	姓名（任期）
队　　　　长	姚小涛（1990.3—7）
	黄忠先（1991.6—1993.5）
副　队　长	胡瑞林（1990.7—1991.6）
	黄忠先（1990.11—1991.6）
政治指导员	张日光（1991.6—1993.5）
副政治指导员	刘国志（1990.7—1991.6）
副　书　记	刘国志（1990.7—1991.6）

2. 机加工车间领导名录（1990.3—1992.8）

职务	姓名（任期）
主　　　　任	王志忠（1991.12—1992.5）
	刘国志（1992.5—12）
政治指导员	王志忠（1991.12—1992.5）
	刘国志（1992.5—12）
书　　　　记	王志忠（1991.12—1992.5）
	刘国志（1992.5—12）
副　　主　　任	李万忠（1990.7—1991.3）
	左树帜（1990.11—1992.8）

3. 四修队领导名录（1990.3—1993.5）

职务	姓名（任期）
政治指导员	刘国志（1991.6—1992.5）
	王志忠（1992.5—1993.2）
书　　　　记	刘国志（1991.6—1992.5）
	王志忠（1992.5—1993.2）
副　队　长	谷红燕（1990.7—11）
	姜胜利（1990.11—1993.5）
副政治指导员	张日光（1990.7—1991.7）
副　书　记	张日光（1990.7—1991.7）

4. 车队领导名录（1990.3—2000.1）

职务	姓名（任期）
队　　　　长	代国庆（1990.5—1993.9）
政治指导员	武德云（1993.7—1997.6）

王海生（1997.6—1999.7）

书　　　记　武德云（1993.7—1997.6）

王海生（1997.6—1999.7）

副　队　长　朱荣贵（1993.5—1994.10）

薛长柏（1997.6—2000.1）

5. 一中队领导名录（1993.5—2000.1）

队　　　长　姜胜利（1993.5—1997.6）

杨　东（1997.6—2000.1）

政 治 指 导 员　姜胜利（1993.5—1994.6）

左树帜（1994.6—不详）

书　　　记　姜胜利（1993.5—1997.8）

副　队　长　杨　东（1994.6—1997.6）

李玉华（1997.6—2000.1）

6. 二中队领导名录（1993.5—2000.1）

队　　　长　代国庆（1993.5—1995.4）

刘宝军（1999.7—2000.1）

政 治 指 导 员　张日光（1993.5—1996.12）

书　　　记　张日光（1993.5—1996.12）

副　队　长　郝　军（1995.6—1996.12）

刘宝军（1997.6—1999.7）

李云林（1999.7—2000.1）

二、工程大队（2008.10—2015.10）

（一）工程大队领导名录（2008.10—2015.10）

大　队　长　张香林（2009.2—2015.3）

庄学军（2015.3—10）

副 大 队 长　谷红燕（2009.2—2014.12）

朱荣贵（2009.2—2015.10）

刘建军（2014.3—2015.10）

（二）工程大队党总支领导名录（2008.10—2015.10）

书　　　记　张香林（2009.2—2010.1）

杨　杰（2010.1—2014.3）

孙英祥（2014.3—2015.10）

副　书　记　王海生（2009.2—2013.4）

（三）工程大队工会领导名录（2008.10—2015.10）

主　　　席　王海生（2009.2—2013.4）

（四）工程大队所属队站及党支部

1. 工程一中队领导名录（2010.8—2015.10）

队　　　长　杨　东（2010.8—2015.10）

书　　　记　张日光（2010.8—2015.10）

副　队　长　李玉华（2010.8—2015.10）

2. 工程二中队领导名录（2010.8—2015.10）

队　　　长　刘宝军（2010.8—2015.10）

书　　　记　赵　东（2010.8—2015.10）

副　队　长　陈劲松（2010.8—2012.9）

尹作成（2013.4—2015.10）

3. 综合队领导名录（2010.8—2015.10）

队　　　长　薛长柏（2010.8—2015.10）

书　　　记　胡瑞林（2010.8—2015.10）

副　队　长　冯国富（2010.8—2015.10）

4. 机关党支部领导名录（2010.12—2015.10）

书　　　记　战桂波（2010.12—2015.10）

第十五节　电力管理大队—电力管理中心
（1996.8—2015.12）

1996 年 8 月，公安分处护线队、工程维修大队电工队合并，成立电力管理大队，为第五采油厂科级单位，在册职工 77 人。电力管理大队主要负责矿区生产、生活供电保障，用电计量及费用结算，线路维修、反盗电巡护及临时发电等日常工作，下设中队级单位 2 个：护线队、电工队。办公地点设在辛集市采五矿区。

同月，电力管理大队党支部成立，共有党员 15 人。

1999 年 9 月，华北石油管理局重组改制，电力管理大队管理职能不变，增设综合维修队，在册员工 88 人。

2000 年 5 月，赵州桥、荆丘天然气发电站划归电力管理大队，成立天然气发电队，为中队级单位，主要负责天然气发电及发电机组维护等工作。

2001 年 7 月，电力管理大队护线队划归保卫科。

2002 年 5 月，深州采油作业区深西发电站划归电力管理大队。

2006 年 5 月，电工队、综合维修队合并，成立电工队，为中队级单位。

2008 年 3 月，保卫科电力线巡护中队划归电力管理大队，成立巡护队，为中队级单位。

2009 年 2 月，电力管理大队撤销电工队、巡护队，成立供电队，为中队级单位，主要承担油区高压线路及设施维护等工作任务。电力管理大队电力施工业务及相关人员划归工程大队。

7 月，电力管理大队成立调驱队，为中队级单位，主要负责油水井调驱工作。

2010 年 8 月，第五采油厂调整一线生产岗位，先后从工程大队、作业大队抽调员工 32 人，充实到天然气发电队、调驱队。

2013 年 3 月，调驱队撤销，相关业务划归作业大队，相关人员划归采油作业区。

2014 年 1 月，天然气发电队撤销，相关人员分别划归赵州桥、荆丘、深州及辛集采油作业区。

2015 年 1 月，工程大队电力施工业务及相关人员划归电力管理大队，成立施工班，为中队级单位，主要负责电力系统新建、改建、扩建项目立项审核、线路施工及线路巡查维护等工作。

5 月，生产运行科电力系统运行维护，新建项目审核、改造项目设计委托及生产用电管理等职能划归电力管理大队。电力管理大队更名为电力管理中心，为具有机关管理职能的厂属大队级单位。同月，电力管理大队党支部更名为电力管理中心党支部。

2012 年至 2015 年，电力管理中心共组织 28 名员工赴长庆油田工作。

截至 2015 年 12 月，电力管理中心下设机关组室 2 个：生产管理组、技术管理组，中队级单位 3 个：发电队、供电队、施工班，在册员工 57 人。

一、电力管理大队（1996.8—2015.5）

（一）电力管理大队领导名录（1996.8—2015.7）

大　队　长　梁喜堂（1996.8—2005.3；2009.2—2015.7）

孙英祥（2005.3—2009.2）

政治教导员　梁喜堂（1996.8—1997.5）

郭永兵（1997.5—2000.10）

副　大队长　李志伟（1996.8—1998.6）

徐定光（1996.8—2009.2）

寇金虎（1998.6—2013.8）

魏志远（2002.6—2005.3）

李仲昌（2008.5—2015.7）

马德长（2011.3—2013.9；2014.9—2015.7）

王　刚（2013.9—2014.9）

（二）电力管理大队党支部领导名录（1996.8—2015.5）

书　　记　梁喜堂（1996.8—1997.5；2012.2—2015.5）

郭永兵（1997.5—2000.10）

商崇贵（2000.10—2005.3）

郑清秀（2005.3—2012.1）

（三）电力管理大队工会领导名录（1999.6—2015.5）

主　　席　王宝贵（1999.6—2000.10）

郑清秀（2009.8—2012.2）

（四）电力管理大队所属队站

1. 电工队领导名录（1996.9—2009.2）

队　　长　姜胜利（1996.9—1999.9）

魏广营（1999.10—2002.12）

李仲昌（2002.12—2005.4）

李新良（2005.4—2006.5）

马凯波（2006.5—2008.5）

姜胜利（2008.5—2009.2）

政治指导员 姜胜利（1996.9—1997.6）

魏广营（1997.6—1999.9）

副 队 长 姜胜利（2006.5—2008.5）

2. 护线队领导名录（1996.9—2001.7）

队 长 刘国志（1996.9—2001.7）

政治指导员 孟宪勇（1996.9—2000.10）

3. 综合维修队领导名录（1999.9—2006.5）

队 长 马凯波（2000.9—2006.5）

副 队 长 马凯波（1999.9—2000.9）

4. 天然气发电队领导名录（2000.5—2014.1）

队 长 张志强（2000.5—2009.7）

刘全秀（2009.7—2013.12）

副 队 长 高振胜（2009.7—2010.6）

5. 巡护队领导名录（2008.5—2009.2）

队 长 马凯波（2008.5—2009.2）

6. 供电队领导名录（2009.2—2013.12）

队 长 姜胜利（2009.2—2013.12）

副 队 长 李战华（2009.7—2013.12）

7. 调驱队领导名录（2009.7—2013.3）

队 长 张志强（2009.7—2013.2）

副 队 长 黄众志（2009.7—2013.2）

二、电力管理中心（2015.5—12）

（一）电力管理中心领导名录（2015.7—12）

主 任 梁喜堂（2015.7—12）

副 主 任 李仲昌（2015.7—12）

马德长（2015.7—12）

（二）电力管理中心党支部领导名录（2015.5—12）

书 记 梁喜堂（2015.5—12）

（三）电力管理中心工会领导名录（2015.5—12）

主　　　席　谷红燕（2015.5—12）

（四）电力管理中心所属队站

1. 电工队领导名录（2015.6—12）

队　　　长　姜胜利（2015.6—12）

2. 施工班领导名录（2015.6—12）

班　　　长　张　龙（2015.6—12）

3. 发电站领导名录（2015.6—12）

队　　　长　刘全秀（2015.6—12）

第十六节　油管场—油管检修站（2000.1—2015.12）

2000 年 1 月，作业大队油管场调整为第五采油厂直属中队级单位，在册员工 10 人。油管场主要负责油管、抽油杆检测、校正、修复及保管等工作。场址在辛集市采五矿区。

10 月，油管场增加压井液配制业务，在册员工增加至 20 人。

2003 年 10 月，油管场党支部成立，共有党员 4 人。

2008 年 3 月，油管场更名为油管检修站，油管场党支部更名为油管检修站党支部。

2010 年 12 月，油管检修站整体搬迁至辛集市锚营村第五采油厂辅助生产区。

2014 年 1 月，物资供应站装卸、保管业务划归油管检修站。

截至 2015 年 12 月，油管检修站管理自动化漏磁检测仪、磁力探伤机、抓管机、转载机共 100 余台，在册员工 25 人，其中党员 7 人。

一、油管场（2000.1—2008.3）

（一）油管场领导名录（2000.1—2008.3）

场　　　长　张辰须（2000.1—2008.3）

副　场　长　何宝杰（2006.5—2008.3）

（二）油管场党支部领导名录（2003.10—2008.2）

书　　记　张辰须（2003.10—2006.5）

何宝杰（2006.5—2008.2）

二、油管检修站（2008.3—2015.12）

（一）油管检修站领导名录（2008.3—2015.12）

站　　长　张辰须（2008.3—2015.12）

（二）油管检修站党支部领导名录（2008.2—2015.12）

书　　记　何宝杰（2008.2—2015.12）

（三）油管检修站工会领导名录（2009.8—2015.12）

主　　席　何宝杰（2009.8—2015.12）

第十七节　车队（2000.1—2005.3）

2000年1月，运输大队划出后，第五采油厂将分散的工区及机关部门原有车辆集中管理，成立车队，为中队级单位，在册员工42人。车队主要负责全厂车辆调度、车辆修保、安全检查和司机培训等工作，下设班组6个：荆丘司机班、深州司机班、辛集司机班、赵州桥司机班、队部司机班、维修班。队部设在辛集市采五矿区。同月，车队党支部成立，共有党员8人。

2005年3月，车队、小车队合并，成立小车队。

一、车队领导名录（2000.1—2005.3）

队　　长　牛宝歧（2000.1—2005.3）

二、车队党支部领导名录（2000.1—2005.3）

书　　记　白振平（2000.1—2005.3）

第十八节　综合服务队（2014.12—2015.12）

2014年12月，第五采油厂成立综合服务队，为中队级单位，定员22人。综合服务队主要负责辅助生产区、单身公寓卫生保洁，水电暖保障，绿化，门卫安保，生活设施维护等工作。队部设在辛集市采五矿区。同月，综合服务队党支部成立，共有党员4人。

截至2015年12月，综合服务队在册员工24人，其中党员4人。

一、综合服务队领导名录（2014.12—2015.12）

　　队　　　长　刘国志（2014.12—2015.12）

二、综合服务队党支部领导名录（2014.12—2015.12）

　　书　　　记　张日光（2014.12—2015.12）

第十九节　小车队—客运大队（2005.3—2015.12）

2005年3月，为便于车辆统一管理，小车队、车队合并，成立小车队，为科级单位，在册员工67人。小车队主要承担厂机关公务用车、生产单位工作用车等后勤保障任务；管理各种客货车、轿车98台，东风自备吊车2台；总资产1078万元。

同月，车队党支部党员并入小车队党支部。

2008年3月，小车队更名为客运大队，小车队党支部更名为客运大队党支部。

2009年4月，为理顺组织机构及管理职能，客运大队成立客运一中队、客运二中队，均为中队级单位。

2012年至2015年，客运大队共组织11名员工赴长庆油田工作。

截至2015年12月，客运大队管理轿车、吉普车、客货车、皮卡等车辆161台，总资产原值1544.49万元、净值610.06万元，下设中队级单位2

个：客运一中队、客运二中队，在册员工 81 人，其中党员 19 人。

一、小车队（2005.3—2008.3）

（一）小车队领导名录（2005.3—2008.3）

队　　　长　闫　彪（2005.3—2008.3）

副　队　长　牛宝岐（2005.8—2008.3）

（二）小车队党支部领导名录（2005.3—2008.2）

书　　　记　刘英淼（2005.3—2008.2）

（三）小车队工会领导名录（2005.3—2008.3）

主　　　席　刘英淼（2005.3—2008.3）

二、客运大队（2008.3—2015.12）

（一）客运大队领导名录（2008.3—2015.12）

大　队　长　闫　彪（2008.3—6）

　　　　　　高忠生（2008.6—2011.3）

　　　　　　龙跃明（2011.3—2015.12）

副 大 队 长　牛宝岐（2008.3—2009.2）

　　　　　　刘英淼（2008.6—2009.2）

　　　　　　龙跃明（2009.2—2011.3）

　　　　　　白振平（2011.3—2013.4）

　　　　　　李士恩（2012.6—2014.3）

　　　　　　梁向阳（2014.3—2015.12）

　　　　　　刘建威（2014.3—2015.12）

（二）客运大队党支部领导名录（2008.2—2015.12）

书　　　记　刘英淼（2008.2—2009.2）

　　　　　　龙跃明（2009.2—2011.3）

　　　　　　毛俊霞（2011.3—2014.3）

　　　　　　刘建威（2014.3—2015.12）

（三）客运大队工会领导名录（2009.8—2015.12）

主　　　席　龙跃明（2009.8—2011.3）

　　　　　　毛俊霞（2011.3—2014.3）

刘建威（2014.3—2015.12）

（四）客运大队所属队站

　1. 客运一中队领导名录（2009.7—2015.12）

　　队　　　长　刘学忠（2009.7—2015.12）

　　副　队　长　王田珍（2009.7—2015.12）

　2. 客运二中队领导名录（2009.7—2015.12）

　　队　　　长　戴　磊（2009.7—2014.4）

　　副　队　长　尹铁江（2009.7—2015.12）

第二十节　工程维修站（2015.10—12）

2015 年 10 月，第五采油厂成立工程维修站，为中队级单位，定员 37 人。工程维修站主要负责地面工程改造、生产应急抢险及一般性生产维护维修等工作。

11 月，工程维修站党支部成立，共有党员 9 人。

截至 12 月，工程维修站在册员工 37 人，其中党员 9 人。

一、工程维修站领导名录（2015.10—12）

　　站　　　长　刘建军（副科级，2015.11—12）

　　副　站　长　杨　东（2015.10—12）

　　　　　　　　尹作成（2015.10—12）

二、工程维修站党支部领导名录（2015.11—12）

　　书　　　记　刘建军（2015.11—12）

第六章 附 录

第一节 1986年12月第五采油厂组织机构名录

	单位名称	所在地
一、机关部门（18个）		
1	党委办公室	河北省晋县
2	党委组织部	河北省晋县
3	党委宣传部	河北省晋县
4	纪委办公室	河北省晋县
5	工会	河北省晋县
6	团委	河北省晋县
7	厂办公室	河北省晋县
8	人事教育科	河北省晋县
9	财务科	河北省晋县
10	生产技术科	河北省晋县
11	工农科	河北省晋县
12	保卫科	河北省晋县
13	机械动力科	河北省晋县
14	生产调度室	河北省晋县
15	技安环保科	河北省晋县
16	综合计划科	河北省晋县
17	油田建设科	河北省晋县
18	生活科	河北省晋县

单位名称		所在地
二、直附属单位（4个）		
1	小车队	河北省晋县
2	托儿所	河北省晋县
3	供应站	河北省晋县
4	劳动服务公司	河北省晋县
三、油气生产单位（5个）		
1	采油一队	河北省深县
2	采油二队	河北省宁晋县
3	采油三队	河北省辛集市
4	采油四队	河北省宁晋县
5	长输队	河北省晋县
四、辅助生产单位（7个）		
1	作业一队	河北省深县
2	作业二队	河北省辛集市
3	作业三队	河北省辛集市
4	车队	河北省晋县
5	维修队	河北省晋县
6	机修站	河北省晋县
7	地质队	河北省晋县

第二节　1986—2015年第五采油厂组织机构沿革图

图例说明

1. 本图主要按编年记事的方式简要绘制组织机构的沿革变化，主要包括机构的成立、更名、合并、拆分、撤销、划转、托管、业务重组整合等事项。

2. 本图中机构沿革变化以"机构名称"中首字对应年份为时间节点。机构名称在一年中发生多次变更的，只显示最终名称。

3. 机构延续用"——→"符号表示；撤销用"‖"符号表示；合并用"⊐"符号表示；分设（分拆）用"Γ"符号表示。

4. 机构调整为机关部门或直属单位用"◇"符号表示。

5. 机构整体划转系统内其他单位的，用"↓"符号表示并在括号内标注具体去向。

6. 机构整体移交系统外单位的，用"↓"符号表示，并在括号内标注具体去向。

7. 具体图例符号使用详见每页机构沿革图下的图例说明。

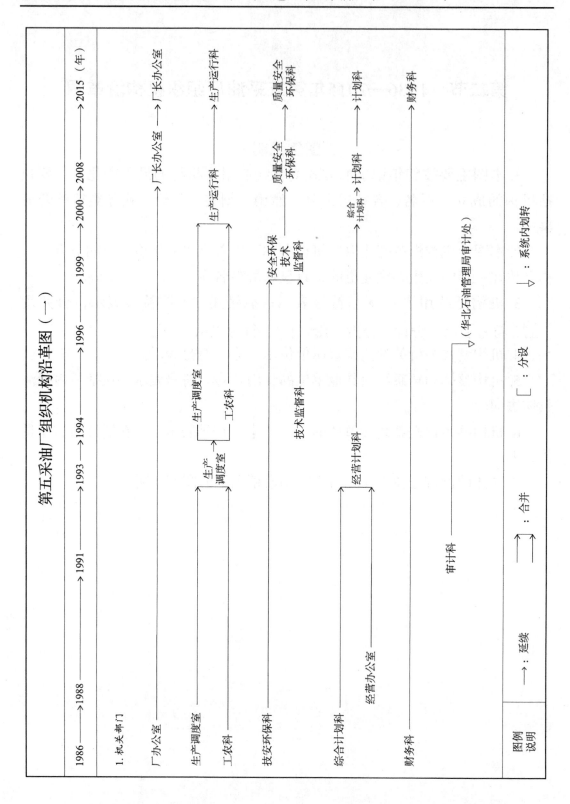

第五采油厂组织机构沿革图（一）

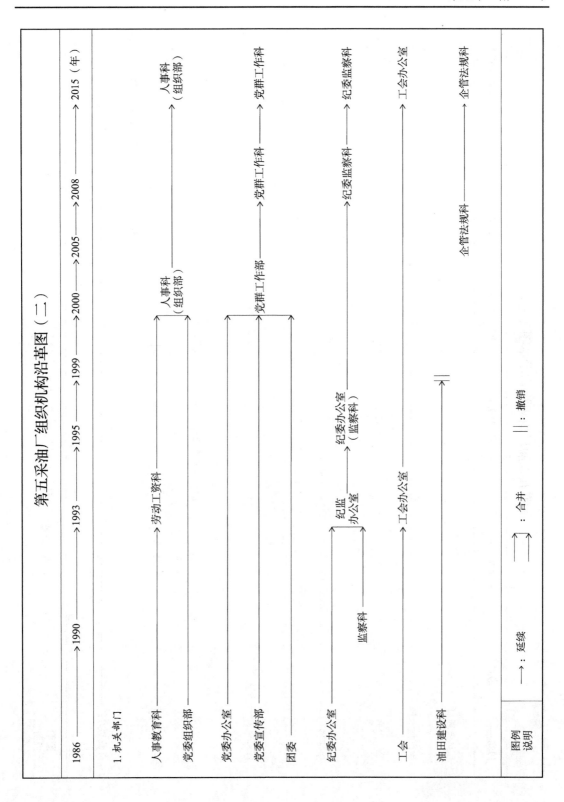

第五采油厂组织机构沿革图（二）

1986	→1990	→1993	→1995	→1999	→2000	→2005	→2008	→2015（年）

1. 机关部门

人事教育科 ─────────→ 劳动工资科 ──────────────────→ 人事科（组织部）

党委组织部 ───→

党委办公室 ──────────────────────────→ 党群工作部 ─────→ 党群工作科 ─────→ 党群工作科

党委宣传部 ──────────────────────────→

团委 ──────────────────────────────→

纪委办公室 ─────→ 纪监办公室（监察科） ──────────→ 纪委监察科 ─────→ 纪委监察科

监察科 ─────→

工会 ─────→ 工会办公室 ──────────────────────────────→ 工会办公室

油田建设科 ───→ 企管法规科

图例说明　　──→：延续　　⊏⊐：合并　　‖：撤销

第五采油厂组织机构沿革图（三）

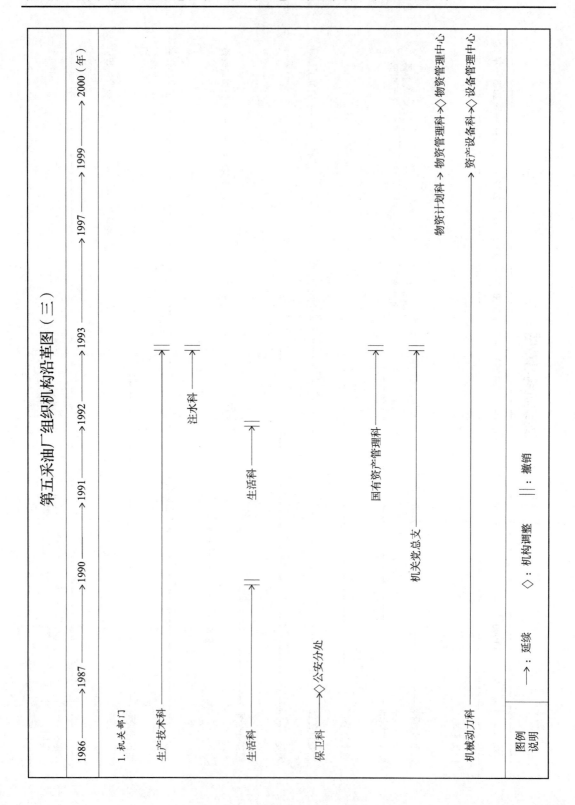

1986	→1987	→1990	→1991	→1992	→1993	→1997	→1999	→2000（年）

1. 机关部门

生产技术科 —————

注水科 —

生活科 — 生活科 —

保卫科 ——→◇公安分处

国有资产管理科 —

机关党总支

机械动力科 ——— 物资计划科 → 物资管理科→◇物资管理中心

资产设备科→◇设备管理中心

图例
说明

——→：延续　　◇：机构调整　　‖：撤销

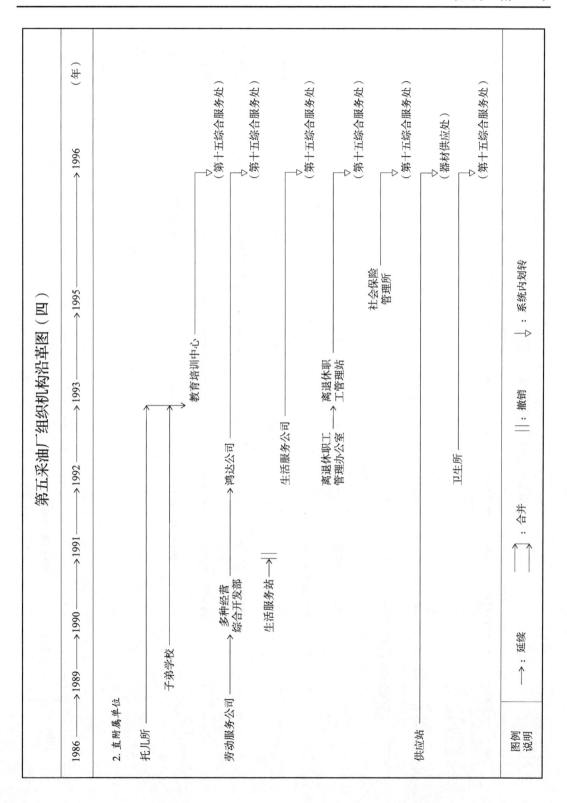

第五采油厂组织机构沿革图（四）

第五采油厂组织机构沿革图（五）

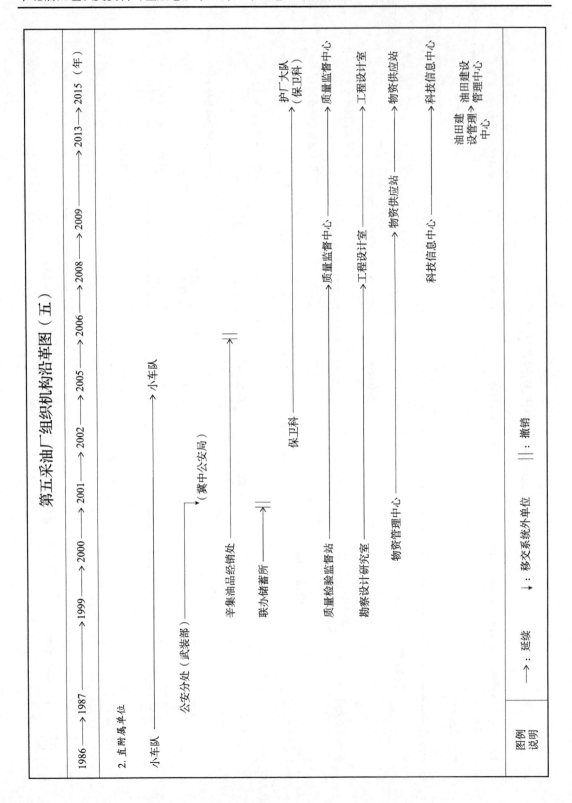

| 1986 → 1987 | → 1999 | → 2000 | → 2001 | → 2002 | → 2005 | → 2006 | → 2008 | → 2009 | → 2013 → 2015 （年） |

2. 直附属单位

小车队 ────────────────────────────────── → 小车队

公安分处（武装部）────→（冀中公安局）

辛集油品经销处 ‖

联办储蓄所 ‖

保卫科 ──────────────────────────────→ 护厂大队（保卫科）

质量检验监督站 ──────────────→ 质量监督中心

勘察设计研究室 ──────────────→ 工程设计室

物资管理中心 ────────────────→ 物资供应站

科技信息中心 ──────────────────→ 科技信息中心

油田建设管理 → 油田建设管理中心

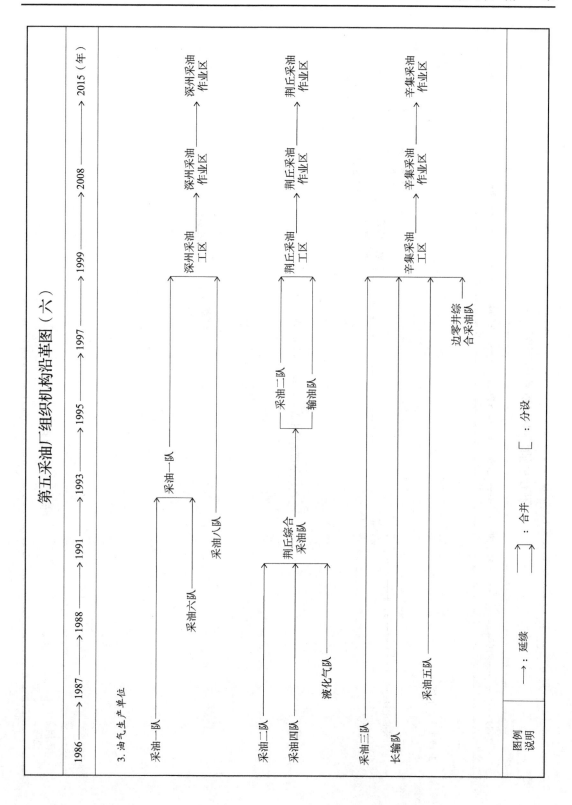

第五采油厂组织机构沿革图（六）

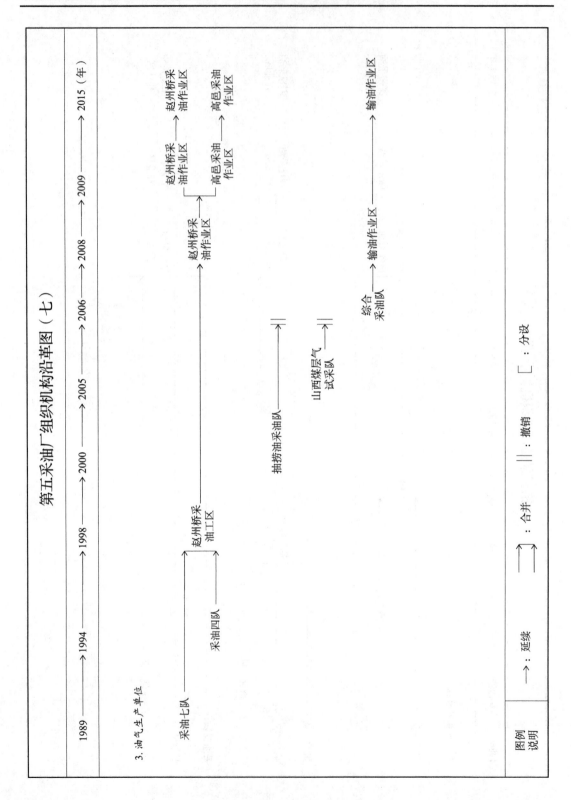

第五采油厂组织机构沿革图（七）

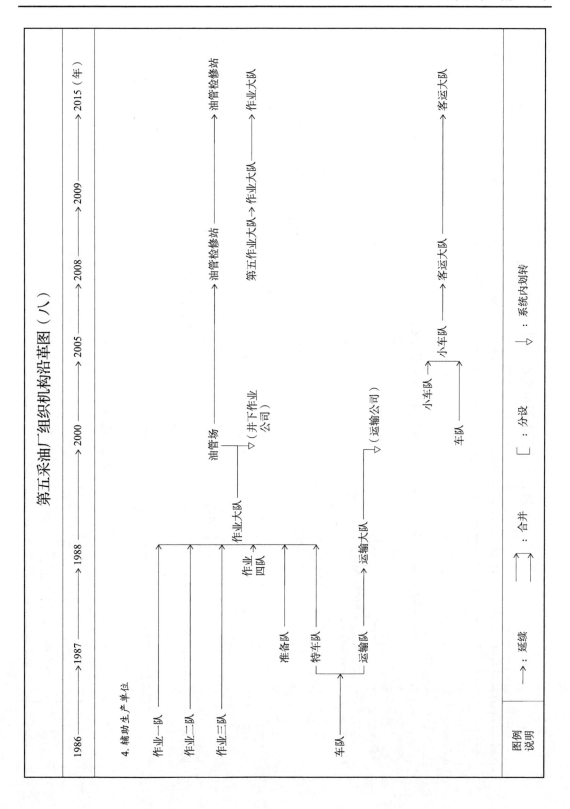

第五采油厂组织机构沿革图（八）

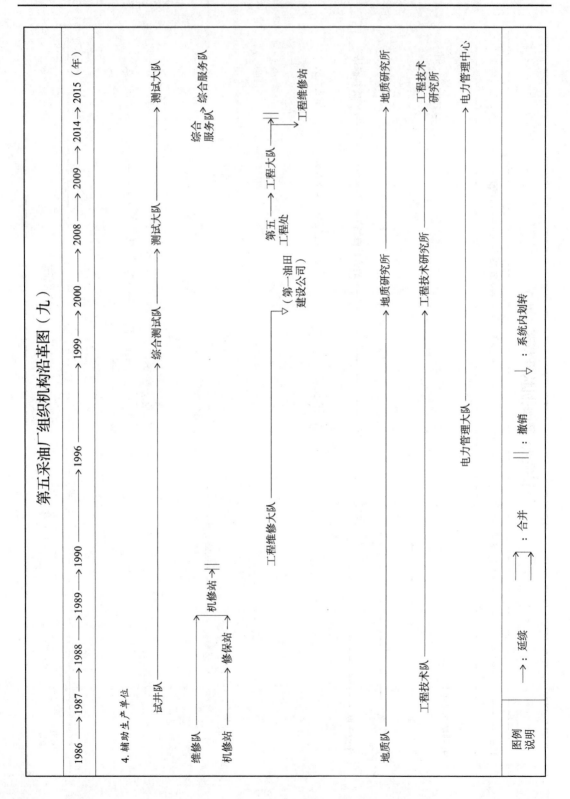

第五采油厂组织机构沿革图（九）

1986 ⟶ 1987 ⟶1988 ⟶1989 ⟶1990 ⟶1996 ⟶1999 ⟶2000 ⟶ 2008 ⟶ 2009 ⟶ 2014⟶ 2015（年）

4. 辅助生产单位

试井队 ⟶ 综合测试队 ⟶ 测试大队 ⟶ 测试大队

维修队

机修站 ⟶ 修保站 ⟶ 机修站

综合
服务队 ⟶ 综合服务队

工程维修大队 ⟶（第一油田建设公司）第五工程处 ⟶ 工程大队 ⟶ 工程维修站

地质队 ⟶ 地质研究所 ⟶ 地质研究所

工程技术队 ⟶ 工程技术研究所 ⟶ 工程技术研究所

电力管理大队 ⟶ 电力管理中心

图例说明

⟶：延续　⟹：合并　‖：撤销　▽：系统内划转

第三节 2015年12月第五采油厂组织机构名录

单位名称	所在地
一、机关部门（10个）	
1 厂长办公室	河北省辛集市
2 生产运行科	河北省辛集市
3 质量安全环保科	河北省辛集市
4 计划科	河北省辛集市
5 财务科	河北省辛集市
6 企管法规科	河北省辛集市
7 人事科（组织部）	河北省辛集市
8 党群工作科	河北省辛集市
9 纪委监察科	河北省辛集市
10 工会办公室	河北省辛集市
二、直属单位（7个）	
1 质量监督中心	河北省辛集市
2 资产装备中心	河北省辛集市
3 科技信息中心	河北省辛集市
4 油田建设管理中心	河北省辛集市
5 工程设计室	河北省辛集市
6 护厂大队（保卫科）	河北省辛集市
7 物资供应站	河北省辛集市
三、油气生产单位（6个）	
1 赵州桥采油作业区	河北省赵县
2 辛集采油作业区	河北省辛集市

续表

	单位名称	所在地
3	荆丘采油作业区	河北省宁晋县
4	深州采油作业区	河北省深州市
5	输油作业区	河北省深州市
6	高邑采油作业区	河北省高邑县
四、辅助生产单位（9个）		
1	综合服务队	河北省辛集市
2	作业大队	河北省辛集市
3	客运大队	河北省辛集市
4	工程维修站	河北省辛集市
5	电力管理中心	河北省辛集市
6	测试大队	河北省辛集市
7	地质研究所	河北省辛集市
8	工程技术研究所	河北省辛集市
9	油管检修站	河北省辛集市

第四节　历年原油、天然气产量情况表

年份	年产油（万吨）	年产气（亿立方米）	年产液（万吨）	年平均含水	年注水（万吨）	新井年产（万吨）	年措施增油（万吨）
1986	50.45	7715.80	51.76	2.52%	30.94	—	—
1987	60.21	8110.30	70.92	15.10%	74.75	—	—
1988	49.74	5718.70	71.46	30.40%	76.92	—	—
1989	43.03	4336.30	71.91	40.16%	68.82	—	—
1990	35.02	3575.30	76.24	54.06%	63.34	—	—
1991	33.11	2444.40	93.24	64.48%	100.49	—	—
1992	28.00	2769.70	71.39	60.78%	89.13	2.95	2.46
1993	30.50	2063.00	86.40	64.70%	90.15	2.14	3.46
1994	25.71	1713.30	81.91	68.62%	79.77	3.30	3.00
1995	24.00	1665.50	68.21	64.81%	70.87	1.00	3.10
1996	27.09	1896.70	69.78	61.18%	81.72	4.17	3.68
1997	27.14	2346.40	68.68	60.48%	87.13	1.65	3.12
1998	35.26	1758.60	75.40	53.27%	92.49	7.87	3.87
1999	43.23	1611.30	91.76	52.59%	115.25	7.07	5.92
2000	43.30	1270.30	109.81	60.56%	122.08	2.00	3.80
2001	50.70	1271.00	135.63	62.62%	160.91	6.01	5.45
2002	52.50	1734.10	144.28	63.61%	199.66	2.35	5.81
2003	53.50	1632.80	160.26	66.62%	221.36	1.33	5.84

续表

年份	年产油（万吨）	年产气（亿立方米）	年产液（万吨）	年平均含水	年注水（万吨）	新井年产（万吨）	年措施增油（万吨）
2004	54.50	1873.90	184.89	70.52%	256.03	1.80	6.09
2005	56.00	1845.10	199.60	71.94%	306.03	3.29	5.79
2006	56.01	1786.30	222.12	74.81%	341.57	1.64	5.54
2007	56.13	1253.70	240.53	76.50%	366.94	2.87	5.70
2008	55.48	937.90	257.70	78.47%	425.35	3.64	5.45
2009	53.70	1769.40	276.76	80.95%	465.48	1.94	4.28
2010	53.70	1524.00	283.58	81.06%	445.95	2.59	4.80
2011	53.55	1307.80	300.43	82.18%	483.98	4.13	4.76
2012	52.50	1130.80	296.42	81.97%	419.27	2.60	4.54
2013	53.02	1059.40	269.73	80.00%	375.89	3.28	4.25
2014	52.60	961.20	265.00	81.25%	323.51	3.33	4.04
2015	52.55	822.68	293.89	81.41%	290.28	2.88	4.34

第五节　历年辖区油田开发数据表

年份	开发油田（个）	石油地质储量（万吨）	含油面积（平方千米）	可采储量（万吨）	自然递减率	综合递减率	总井数（口）
1986	6	3238	38.6	496.2	—	—	105
1987	6	3238	38.6	496.2	26.69%	16.25%	126
1988	6	3238	38.6	512.1	28.76%	16.49%	142
1989	6	3238	38.6	512.1	22.62%	11.96%	151

续表

年份	开发油田（个）	石油地质储量（万吨）	含油面积（平方千米）	可采储量（万吨）	自然递减率	综合递减率	总井数（口）
1990	6	3238	38.6	512.1	23.73%	14.20%	160
1991	7	3733	42.7	562.4	18.40%	11.84%	190
1992	7	3899	43.6	627.9	26.53%	18.52%	211
1993	7	3954	43.9	653.5	26.54%	11.00%	217
1994	7	3967	39.2	654.8	26.13%	14.76%	234
1995	9	4503	44.6	730.1	19.35%	4.50%	250
1996	10	4728	43.5	786.0	24.34%	9.88%	279
1997	11	4828	44.4	818.7	15.12%	2.99%	378
1998	11	5459	47.4	995.0	26.86%	14.81%	403
1999	11	5881	49.9	1108.3	29.50%	15.69%	425
2000	11	7039	65.3	1274.3	15.88%	7.07%	481
2001	11	7598	66.6	1469.2	21.54%	10.64%	546
2002	11	7682	66.7	1495.4	16.50%	5.57%	597
2003	11	7694	67.9	1615.1	12.74%	1.77%	632
2004	11	7698	67.9	1701.5	15.26%	4.18%	650
2005	11	7694	67.9	1744.2	17.07%	6.83%	679
2006	11	7780	62.6	1765.4	13.14%	3.29%	710
2007	11	7860	63.3	1785.4	15.89%	5.80%	738
2008	11	7860	63.3	1792.9	17.72%	8.05%	763
2009	11	7860	63.3	1803.1	15.47%	7.71%	779
2010	12	7860	63.3	1834.4	13.99%	5.07%	847
2011	12	8230	64.8	1907.4	16.63%	7.76%	843

续表

年份	开发油田（个）	石油地质储量（万吨）	含油面积（平方千米）	可采储量（万吨）	自然递减率	综合递减率	总井数（口）
2012	12	8430	66.6	1739.9	15.13%	6.62%	871
2013	12	8430	66.6	1896.4	14.06%	6.02%	888
2014	12	8776	66.6	2008.9	14.73%	7.11%	940
2015	12	8953	66.6	2037.8	13.39%	5.10%	966

第六节　历年员工总数及党组织情况表

单位：个

年份	党委	党总支	党支部	期末员工	党员
1986	1	—	16	1027	173
1987	1	—	18	1319	256
1988	1	—	27	1538	293
1989	1	—	38	1693	342
1990	1	—	38	1889	394
1991	1	5	38	2012	451
1992	1	5	35	2115	477
1993	1	6	48	2110	522
1994	1	6	47	2205	554
1995	1	6	47	2327	585
1996	1	5	47	2328	614
1997	1	4	37	1768	442
1998	1	4	37	1842	475
1999	1	4	34	1869	310

年份	党委	党总支	党支部	期末员工	党员
2000	1	4	16	1119	272
2001	1	5	25	1114	283
2002	1	5	25	1151	298
2003	1	4	27	1149	314
2004	1	5	40	1141	328
2005	1	5	40	1143	342
2006	1	5	36	1137	346
2007	1	5	36	1141	381
2008	1	5	36	1157	408
2009	1	8	50	1225	602
2010	1	9	48	1660	637
2011	1	9	52	1686	665
2012	1	9	49	1670	667
2013	1	9	47	1658	672
2014	1	9	47	1768	681
2015	1	9	48	1688	698

第七节　获得全国及省级五一劳动奖章人员名单

序号	授予年份	获奖者	工作单位
一、全国五一劳动奖章			
1	2011	郝秀敏	地质研究所
2	2013	付亚荣	工程技术研究所
二、河北省五一劳动奖章			
1	2000	栾坤华	荆丘采油工区

第八节　省部级及局级劳动模范名单

序号	授予年份	获奖者	工作单位
一、能源部劳动模范			
1	1989	吕德福	采油一队
二、中央企业劳动模范			
1	2004	刘凤芸	地质研究所
三、集团公司劳动模范			
1	2010	郝秀敏	地质研究所
2		谭卫平	荆丘采油作业区
四、河北省劳动模范			
1	2014	苏国庆	作业大队
五、华北石油管理局／华北油田分公司劳动模范			
1	1987	程自力	作业大队
2	1988	张洪水	工程维修大队
3	1989	马锁龙	运输大队
4	1990	马锁龙	运输大队
5	1991	马锁龙	运输大队
6		高　峰	小车队
7	1992	李广仁	作业大队
8		徐定光	采油六队
9	1993	杨敏刚	作业五队
10		孙英祥	采油五队

续表

序号	授予年份	获奖者	工作单位
11		夏恒峰	运输大队
12	1994	周云新	采油五队
13		徐定光	采油一队
14	1995	夏恒峰	运输大队
15		孙英祥	采油五队
16	1996	夏恒峰	运输大队
17	1998	栾坤华	采油二队
18		赵章印	党委办公室
19	2001	蒋培军	地质研究所
20	2003	田 炜	工程技术研究所
21		李造吉	工程技术研究所
22	2005	蒋培军	地质研究所
23		程宝坤	深州采油工区
24	2007	郝秀敏	地质研究所
25		李仲昌	电力管理大队
26	2009	郝秀敏	地质研究所
27		谭卫平	荆丘采油作业区
28	2011	谭卫平	荆丘采油作业区
29		刘万斗	深州采油作业区
30	2013	苏国庆	作业大队作业六队
31	2015	李小永	工程技术研究所

第九节　省部级及局级先进基层党组织名单

序号	授予年份	获奖党组织
一、集团公司先进基层党组织		
1	2011	荆丘采油作业区荆二联合站党支部
二、集团公司创先争优先进基层党委		
1	2012	第五采油厂党委
三、华北石油管理局 / 华北油田分公司先进党支部		
1	1986	维修队党支部
2	1987	维修队党支部
3	1988	采油二队党支部
4	1989	采油二队党支部
5	1990	作业大队特车队党支部
6	1991	作业大队特车队党支部
7	1992	荆丘综合采油队采油二队党支部
8	1993	作业大队作业二队党支部
9	1994	试井队党支部
10		作业大队作业四队党支部
11	1995	作业大队作业四队党支部
12	1996	工程维修大队二中队党支部
13		采油二队党支部
14	1997	工程维修大队二中队党支部
15		采油四队党支部
16	1998	工程维修大队二中队党支部
17		采油四队党支部

续表

序号	授予年份	获奖党组织
18	1999	工程维修大队二中队党支部
19		作业大队作业五队党支部
20	2000	赵州桥采油工区党支部
21		电力管理大队党支部
22	2001	地质研究所党支部
23	2002	荆丘采油工区荆二联合站党支部
24	2003	深州采油工区深南油田党支部
25	2004	深州采油工区深南油田党支部
26	2007	地质研究所党支部
27	2008	辛集采油工区晋95采油站党支部
28		工程技术研究所党支部
29	2010	作业大队作业六队党支部
30		电力管理大队党支部
31		赵州桥采油作业区赵108采油站党支部
32		荆丘采油作业区荆二联合站党支部
33	2013	深州采油作业区深一联合站党支部
34		作业大队作业六队党支部
35		工程技术研究所党支部

第十节　省部级及局级优秀党员及党务工作者名单

序号	授予年份	获奖者	工作单位
一、集团公司优秀党员			

序号	授予年份	获奖者	工作单位
1	2000	栾坤华	荆丘采油工区
2	2011	王振海	输油作业区
3	2014	陈玉林	地质研究所
二、集团公司优秀党务工作者			
1	2007	陈繁华	人事科（组织部）
2	2011	毛俊霞	客运大队
三、河北省优秀党务工作者			
1	2004	翟云辉	第五采油厂
四、华北石油管理局/华北油田分公司优秀党员			
1	1986	王钢	第五采油厂
2		陆中林	运输队
3	1987	王钢	第五采油厂
4		陆中林	运输队
5	1988	翟有成	第五采油厂
6		王智江	采油二队
7		张志明	作业大队
8	1989	李宗博	机修站
9	1990	吕德福	采油一队
10	1991	刘德明	采油一队
11		马锁龙	运输大队
12	1992	赵满军	长输队
13		李广仁	作业大队
14	1993	高峰	小车队
15	1994	马凯波	荆丘综合采油队
16		李志伟	公安分处经济民警护矿队

续表

序号	授予年份	获奖者	工作单位
17	1995	徐定光	采油一队
18		孙忠信	作业大队
19	1996	梁喜堂	电力管理大队
20		孙忠信	作业大队
21	1997	孙英祥	采油四队
22		夏恒峰	运输大队
23	1998	夏恒峰	运输大队
24		刘怀建	赵州桥采油工区
25	1999	陈宝新	深州采油工区
26		崔建勋	运输大队
27	2000	陈繁华	设备管理中心
28	2001	梁喜堂	电力管理大队
29		刘建勋	辛集采油工区
30		赵章印	党群工作部
31	2002	刘怀建	赵州桥采油工区
32		李造吉	工程技术研究所
33		朱立平	荆丘采油工区
34	2004	何永志	赵州桥采油工区
35		陈志彬	辛集采油工区
36		吴建伟	荆丘采油工区
37	2007	蔡 超	荆丘采油工区
38		侯守探	工程技术研究所
39		岳力峰	赵州桥采油作业区
40	2008	蔡 超	荆丘采油作业区
41		侯守探	地质研究所
42		岳力峰	赵州桥采油作业区

序号	授予年份	获奖者	工作单位
43	2010	马海骄	工程技术研究所
44		马凯波	工程大队
45		蒋培军	地质研究所
46	2011	牛宝岐	高邑采油作业区
47		程宝坤	生产运行科
48		苏国庆	作业大队作业六队
49	2013	张志明	工程技术研究所
50		吴建伟	荆丘采油作业区荆二联合站
51		王春杰	客运大队一中队

五、华北油田分公司优秀党务工作者

序号	授予年份	获奖者	工作单位
1	2000	刘怀建	赵州桥采油工区
2		赵章印	党群工作部
3	2001	刘怀建	赵州桥采油工区
4	2002	王全喜	荆丘采油工区
5	2004	王毅敏	人事科（组织部）
6	2007	亢亚力	人事科（组织部）
7		蒋银举	荆丘采油工区
8	2008	亢亚力	赵州桥采油作业区
9		蒋银举	荆丘采油作业区
10	2010	郭小玉	党群工作科
11		龙跃明	客运大队
12	2011	毛俊霞	客运大队
13		吴建伟	荆丘采油作业区荆二联合站
14	2013	刘怀建	荆丘采油作业区
15		李　霞	人事科（组织部）

第十一节 局级优秀政工干部名单

序号	授予年份	荣誉名称	获奖者	工作单位及职务
1	1998	华北石油管理局优秀政工干部	赵章印	党委办公室主任
2	2000	华北油田分公司优秀政工干部	赵章印	党群工作部主任
3	2002	华北油田分公司优秀政工干部	刘怀建	赵州桥采油工区党总支书记、工会主席
4			贾文克	辛集采油工区党总支书记、工会主席
5			毛俊霞	党群工作部秘书
6	2007	华北油田分公司优秀政工干部	刘晓艳	荆丘采油工区政工干事
7			贾文克	赵州桥采油工区党总支书记
8			付建英	党群工作部主任、团委书记

第十二节 局级模范双文明集体名单

序号	授予年份	荣誉称号	获奖单位
1	1991	华北石油管理局模范双文明集体	试井队
2	1992	华北石油管理局模范双文明集体	作业大队作业三队
3	1993	华北石油管理局模范双文明集体	试井队
4	1994	华北石油管理局模范双文明集体	采油八队
5	1995	华北石油管理局模范双文明集体	采油五队
6			作业大队作业四队
7	1996	华北石油管理局模范双文明集体	采油八队
8	1997	华北石油管理局模范双文明集体	工程维修大队
9	1998	华北石油管理局模范双文明集体	采油五队
10	2001	华北石油管理局模范双文明集体	荆丘采油工区
11	2005	华北石油管理局模范双文明集体	赵州桥采油工区
12	2007	华北石油管理局模范双文明集体	赵州桥采油工区

第十三节 局级专业技术带头人名单

序号	授予年份	荣誉称号	获奖者	工作单位及职务
1	2001	华北油田分公司专业技术带头人	陈 刚	第五采油厂副总地质师
2		华北油田分公司专业技术带头人	刘春平	第五采油厂副总工程师
3	2003	华北油田分公司专业技术带头人	张海澎	第五采油厂总地质师
4		华北油田分公司专业技术带头人	胡书宝	第五采油厂总工程师
5		华北油田分公司专业技术带头人	刘春平	第五采油厂副总工程师
6		华北油田分公司专业技术带头人	侯守探	地质研究所副主任
7	2005	华北油田分公司专业技术带头人	侯守探	地质研究所主任
8	2008	华北油田分公司专业技术带头人	田 炜	第五采油厂副总工程师
9		华北油田分公司专业技术带头人	侯守探	第五采油厂副总地质师

第十四节 获得"华北油田十大杰出青年"人员名单

序号	授予年份	获奖者	工作单位及职务
1	2001	申玉健	赵州桥采油工区责任工程师
2	2003	蒋培军	地质研究所开发动态室主任
3	2005	周 勇	工程技术研究所自动化室主任
4	2007	徐天昕	地质研究所油藏评价室主任
5	2010	王振海	输油作业区自动化维修工
6	2012	李 昆	地质研究所开发动态管理工
7	2014	李小永	工程技术研究所采油管理工

第十五节　获得省部级个人荣誉人员名单

序号	授予年份	获奖者	工作单位及职务
一、河北省"燕赵金牌技师"			
1	2010	李秉军	第五采油厂深州采油作业区采油工
二、河北省"能工巧匠"			
1	2012	李秉军	第五采油厂深州采油作业区采油工
2	2013	苏国庆	第五采油厂作业大队井下作业工
三、集团公司职业技能竞赛金牌			
1	2010	王振海	第五采油厂输油作业区自动化维修工
2	2012	苏国庆	第五采油厂作业大队井下作业工
3	2014	王 卡	第五采油厂高邑采油作业区采油工

第十六节　省部级及局级技术能手名单

序号	授予年份	获奖者	工作单位及职务
一、集团公司技术能手			
1	2010	王振海	输油作业区自动化维修工
2	2012	苏国庆	作业大队井下作业工
二、华北石油管理局/华北油田分公司技术能手			
1	1997	陈志彬	采油五队采油工
2		王洪发	作业大队井下作业工
3	1999	孙学峰	采油二队副队长
4		周小往	运输大队技术员

续表

序号	授予年份	获奖者	工作单位及职务
5	2000	赵章印	党群工作部主任
6	2000	刘铁虎	深州采油工区采油工
7		蒋伟彪	辛集采油工区采油工
8		李宏伟	深州采油工区采油工
9	2001	吴建伟	荆丘采油工区采油工
10		赵敬宇	荆丘采油工区注水泵工
11		金　坤	辛集采油工区集输工
12	2002	刘铁虎	深州采油工区采油工
13		李秉军	深州采油工区采油工
14		周　梅	辛集采油工区采油工
15		李淑艳	荆丘采油工区集输工
16	2004	强　威	赵州桥采油工区配电线路工
17		蒋银举	荆丘采油工区荆二采油站站长
18		孙彦虎	电力管理大队配电线路工
19		刘铁虎	深州采油工区采油工
20		耿　亮	赵州桥采油工区采油工
21		于艳辉	荆丘采油工区采油工
22		李秉军	深州采油工区采油工
23	2005	李战华	电力管理大队配电线路工
24		梁　科	荆丘采油工区配电线路工
25		王振海	综合采输队采油工
26		刘廷燕	深州采油工区采油工
27		吴桂强	辛集采油工区气焊工
28		乔鹏菲	赵州桥采油工区采油工
29		蔡　超	荆丘采油工区采油工

序号	授予年份	获奖者	工作单位及职务
30	2010	王振海	输油作业区自动化维修工
31		于荣光	工程大队电焊工
32		李 明	荆丘采油作业区采油工
33		许开志	深州采油作业区采油工
34	2013	赵广恒	测试大队采油测试工
35		郝立敏	辛集采油作业区集输工
36		巩新国	作业大队井下作业工

第十七节 获得其他集体荣誉单位名单

序号	授予年份	荣誉称号	获奖单位
一、第五采油厂集体荣誉			
1	1990	中国石油天然气总公司全面质量管理合格单位	第五采油厂
2	1992	河北省造林绿化先进单位	第五采油厂
3	1993	中国石油天然气总公司环境保护先进单位	第五采油厂
4	1998	河北省经贸系统安全生产先进单位	第五采油厂
5	2003	河北省"明星企业"	第五采油厂
6		河北省安全生产先进单位	第五采油厂
7	2005	河北省安全生产先进单位	第五采油厂
8	2012	河北省文明单位	第五采油厂
二、基层队站集体荣誉			
1	1990	中国石油天然气总公司同工种基层劳动竞赛铜牌	试井队

续表

序号	授予年份	荣誉称号	获奖单位
2	1991	中国石油天然气总公司双文明一级队	采油一队
3			采油七队
4			作业大队作业三队
5			试井队
6	1992	中国石油天然气总公司同工种基层队劳动竞赛铜牌	荆丘综合采油队采油二队
7	1995	河北省公安厅综合治理先进单位	公安分处
8	2000	河北省青年文明号	荆丘采油工区荆四计量站
9	2001	河北省青年文明号	荆丘采油工区荆四计量站
10	2002	河北省五一劳动奖状	电力管理大队赵州桥发电站
11	2005	河北省五一劳动奖状	赵州桥采油工区
12		河北省青年文明号	赵州桥采油工区轻烃站
13	2012	河北省青年文明号	赵州桥采油作业区赵108采油站

第十八节　机关部门员工名录

一、厂办公室—厂长办公室（2000.10—2015.12）

部门名称	员工名录	
厂办公室（2000.10—2008.3）	郭小玉（2000.10—2006.2） 魏　铭（2000.10—2008.3） 张丽华（2006.8—2008.3）	李瑞琴（2000.10—2006.8） 张艳俊（2000.10—2008.3）
厂长办公室（2008.3—2015.12）	魏　铭（2008.3—2015.12） 朱军霞（2009.2—2015.12） 张艳俊（2008.3—2015.12）	张丽华（2008.3—2015.12） 万世芬（2009.2—2015.12） 王　达（2013.7—2015.5）

二、生产运行科（2000.10—2015.12）

部门名称	员工名录	
生产运行科 （2000.10—2015.12）	周少中（2007.2—2011.3） 李信考（2000.10—2015.12） 牛宝歧（2000.10—2006.4） 王平录（2000.10—2013.12） 刘建威（2000.10—2008.9） 董亚明（2000.10—2015.2） 刘福云（2011.3—2013.7） 刘建华（2013.7—2015.12） 马海波（2013.12—2015.12）	李文辉（2008.7—2015.12） 郭清群（2000.10—2015.12） 韩　强（2000.10—2009.11） 何宝杰（2000.10—2006.5） 陈悦意（2000.10—2009.3） 张秀玲（2000.10—2015.12） 李仲昌（2013.7—9） 战　军（2013.7—2015.12）

三、安全环保技术监督科—质量安全环保科（2000.10—2015.12）

部门名称	员工名录	
安全环保技术监督科 （2000.10—2008.3）	赫香兰（2000.10—2008.3）	
质量安全环保科 （2008.3—2015.12）	赫香兰（2008.3—2015.12）　　程　尧（2012.12—2015.6） 黎　媛（2013.7—2015.12）　　刘福云（2015.6—12） 贺　飞（2008.11—2013.12；2015.6—12）	

四、综合计划科—计划科（2000.10—2015.12）

部门名称	员工名录	
综合计划科 （2000.10—2008.3）	李建刚（2000.10—2007.4） 张洪水（2000.10—2008.3） 冯新国（2000.10—2008.3）	王殿超（2000.10—2007.2） 刘书军（2000.10—2002.12）
计划科 （2008.3—2015.12）	张洪水（2008.3—2015.10） 贺　飞（2013.12—2015.6） 宋贾利（2015.6—12） 秦　霞（2015.11—12）	冯新国（2008.3—2015.6） 赵学慧（2011.9—2013.5；2015.11—12） 马瑞英（2015.11—12）

五、财务科（2000.10—2015.12）

部门名称	员工名录	
财务科 （2000.10—2015.12）	张晓英（2000.10—2015.12） 戴迎新（2000.10—2015.12） 张　敏（2009.3—2015.12） 张丽芳（2011.9—2014.1） 张凤海（2011.9—2015.12） 刘　慧（2015.6—12）	靳　萍（2000.10—2014.3） 胡俊美（2008.4—2015.12） 张　青（2009.4—2015.12） 穆彦普（2011.9—2015.12） 赵丽丽（2015.6—12）

六、企管法规科（2005.3—2015.12）

部门名称	员工名录
企管法规科 （2005.3—2015.12）	程　尧（2008.4—2012.11；2015.6—12）　郑一坤（2008.7—2009.7） 蒋银举（2008.11—2015.12）　　　　　刘　颖（2011.9—2012.11） 刘军杰（2013.3—2015.12）　　　　　　刘福云（2013.7—2015.6）

七、人事科（组织部）（2000.10—2015.12）

部门名称	员工名录
人事科（组织部） （2000.10—2015.12）	刘建平（2000.10—2011.11）　白振平（2000.10—2005.8） 谭　军（2008.4—2013.7）　　张凤云（2008.7—2015.12） 陈　伟（2008.7—2009.6）　　谢世平（2008.9—2013.3） 李　霞（2009.4—2015.12）　　周少中（2011.3—2015.12） 赵晓光（2013.7—2015.12）　　孙新瑞（2013.7—2015.5） 高秦冀（2013.12—2015.12）

八、党群工作部—党群工作科（2000.10—2015.12）

部门名称	员工名录
党群工作部 （2000.10—2008.3）	盛玉奎（2000.10—2008.3）
党群工作科 （2008.3—2015.12）	盛玉奎（2008.3—2015.12）　　刘晓燕（2008.11—2014.3） 曾　锐（2013.7—2015.12）　　王新成（2013.12—2015.12）

九、纪委办公室（监察科）—纪委监察科（2000.10—2015.12）

部门名称	员工名录
纪委办公室（监察科） （2000.10—2008.3）	王秀杰（2000.10—2008.3）
纪委监察科 （2008.3—2015.12）	王秀杰（2008.3—2015.12）

十、工会办公室（2000.10—2015.12）

部门名称	员工名录
工会办公室 （2000.10—2015.12）	谢世平（2000.10—2006.3）　　刘建敏（2000.10—2015.12）

第十九节 人事及党建政策文件目录选编

序号	文件名称	文件号	印发日期
一、干部管理			
1	关于印发第五采油厂干部聘任制实施细则的通知	华油五厂〔1993〕干字75号	1993.4.20
2	关于印发《第五采油厂干部任命及管理工作实施细则》的通知	华油采五党组字〔1997〕4号	1997.10.5
3	中共第五采油厂委员会关于印发《第五采油厂干部管理办法》的通知	华北五采党字〔2012〕11号	2012.3.14
4	领导人员竞争上岗工作实施办法	QG/HBYT 250-2013	2013.1.23
二、员工管理			
1	关于加强劳动纪律暂行规定的通知	华油采五人教〔1987〕第18号	1987.3.9
2	关于工人技术等级考试有关事项的通知	华油劳字〔1988〕98号	1988.3.1
3	第五采油厂雇佣计划外用工有关问题的规定	华油五厂〔1988〕人字第44号	1988.8.10
4	第五采油厂工人调动管理办法	华油五厂〔1991〕人字第69号	1991.6.14
5	关于执行《第五采油厂休长假暂行办法》的通知	华油采五〔1993〕人字第4号	1993.1.29
6	第五采油厂关于工人调动暂行规定	华油五厂劳字〔1995〕第34号	1995.4.12
7	第五采油厂关于贯彻《国务院关于职工工作时间的规定》的实施办法	华油五厂劳字〔1995〕第48号	1995.4.28
8	关于印发《第五采油厂医疗保险实施暂行办法》的通知	华油五厂保险〔1996〕第4号	1996.2.5
9	关于第五采油厂全面实施劳动合同制的通知	华油五厂劳字〔1996〕第73号	1996.9.24
10	关于开展清退部分企业自行用工工作的通知	华油五厂劳字〔1996〕71号	1996.9.24
11	关于下发第五采油厂内部借调人员管理的暂行规定的通知	华油五厂劳字〔1996〕78号	1996.10.7
12	关于转发《局内劳动纪律管理暂行规定》的通知	华油五厂劳字〔1997〕55号	1997.7.14
13	关于转发管理局关于职工提前退休、退养、下岗、转岗管理暂行办法的通知	华油采五劳〔1998〕61号	1998.5.5
14	关于开展第五采油厂技能鉴定工作的通知	华油采五劳字〔1998〕90号	1998.8.17

续表

序号	文件名称	文件号	印发日期
15	第五采油厂劳动纪律管理规定	华油五采劳字〔1999〕71号	1999.8.26
16	关于转发油田公司关于实行"岗位资格证"考核管理制度的通知	华油五采劳字〔2000〕20号	2000.3.7
17	第五采油厂员工休假管理暂行办法	华北五采人事〔2003〕68号	2003.12.18
18	员工劳动纪律管理办法	QG/HBYT 229-2012	2012.2.20
19	工资支付管理规定	QG/HBYT 231-2012	2012.3.30
20	工资、保险福利管理办法	QG/HBYT 235-2012	2012.5.17
21	基本工资制度管理程序	QG/HBYT 233-2012	2012.5.21
22	职业技能竞赛管理办法	QG/HBYT 230-2012	2012.5.28
23	《岗位资格证》考核管理办法	QG/HBYT 343-2012	2012.5.28
24	技能专家管理办法	QG/HBYT 097-2012	2012.6.27
25	HSE培训管理办法	QG/HBYT 227-2012	2012.9.24
26	《职业技能竞赛管理办法》（修订）	QG/HBYT 230-2013	2013.4.25
27	关于印发《第五采油厂长庆油田业务外派员工管理暂行办法》的通知	华北五采人事〔2014〕号	2014.4.15
28	操作员工技术创新管理办法	QG/HBYT-05-004-2014	2015.1.6
三、教育培训、人事档案管理			
1	关于引发《档案管理制度汇编》的通知	华油五厂〔1989〕办字102号	1989.12.1
2	第五采油厂职工培训管理条例	华油五厂〔1992〕人教字第33号	1992.4.10
3	关于下发《第五采油厂2004年员工培训考核管理办法》的通知	华北五采人事字〔2004〕4号	2004.2.3
4	员工培训考核实施细则	QG/HBYT05-017-2009	2009.4.10
5	员工培训考核实施细则	QG/HBYT05-017-2013	2013.6.20
四、考核、薪酬管理			
1	关于对关键岗位津贴实行考核发放办法的通知	华油五厂〔1987〕劳字2号	1987.1.23
2	关于转发《关于工人技术考核的补充规定》的通知	华油五厂劳字〔1987〕第5号	1987.2.2
3	关于夜班津贴发放规定的通知	华油采五人字〔1987〕第12号	1987.2.26
4	第五采油厂劳动定额管理办法	华油五厂〔1988〕第31号	1988.6.3

序号	文件名称	文件号	印发日期
5	关于印发《第五采油厂劳动定额考核办法》的通知	华油五厂〔1989〕人字第39号	1989.5.2
6	关于引发《第五采油厂劳动定额管理办法》的通知	华油五厂〔1991〕人字第43号	1991.4.11
7	关于引发《第五采油厂一九九一年奖金考核办法》的通知	华油五厂〔1991〕经字第45号	1991.4.15
8	关于第五采油厂试行岗位（职务）工资的通知	华油劳字〔1992〕605号	1992.12.29
9	关于下发《第五采油厂奖金考核办法》的通知	华油采五〔1993〕经字100号	1993.5.6
10	第五采油厂2001年薪酬总额与经济效益挂钩暂行办法	华北五采人事字〔2001〕21号	2001.3.30
11	第五采油厂2002年薪酬总额与经济效益挂钩管理办法	华北五采人事字〔2002〕66号	2002.2.28
12	第五采油厂2003年薪酬总额与经济效益挂钩管理办法	华北五采人事字〔2003〕8号	2003.2.26
13	第五采油厂2004年薪酬总额与经济效益挂钩暂行办法	华北五采人事字〔2004〕23号	2004.4.16
14	第五采油厂2005年薪酬总额与经济效益挂钩暂行办法	华北五采人事字〔2005〕23号	2005.4.7
15	第五采油厂2007年薪酬总额与经济效益挂钩实施方案	QG/HBYT05-031-2007	2007.3.1
16	第五采油厂2008年薪酬总额与经济效益挂钩实施方案	华北五采人事字〔2008〕15号	2008.3.20
17	第五采油厂2009年薪酬总额与经济效益挂钩实施方案	华北五采人事字〔2009〕11号	2009.2.23
18	关于引发《第五采油厂关于开展平衡计分卡考核体系建设工作实施方案》的通知	华北五采人事字〔2009〕38号	2009.6.30
19	第五采油厂关于下发《2010年内部分配实施方案》的通知	华北五采人事字〔2010〕6号	2010.2.4
20	第五采油厂关于下发《2011年内部分配实施方案》的通知	华北五采人事字〔2011〕7号	2011.2.12
21	第五采油厂2012年内部分配实施方案	华北五采人事字〔2012〕19号	2012.4.4
22	第五采油厂2013年经营管理绩效考核管理办法	华北五采企法〔2013〕6号	2013.2.21
23	第五采油厂2014年经营管理绩效考核管理办法	华北五采企法〔2014〕7号	2014.3.12
24	第五采油厂2015年经营管理绩效考核管理办法	华北五采企法〔2015〕5号	2015.2.9

续表

序号	文件名称	文件号	印发日期
五、党组织建设及党员管理			
1	关于转发总公司《关于加强廉政建设的若干规定》的通知	华油五厂〔1991〕办字 92 号	1991.8.6
2	关于转发《中国石油华北油田公司廉洁文化建设实施方案意见》的通知	华北五采党字〔2008〕8 号	2008.4.2
3	关于印发《第五采油厂落实"三重一大"决策制度暂行办法》的通知	华北五采党字〔2009〕31 号	2009.8.17
4	关于印发《第五采油厂廉洁风险防控实施方案》的通知	华北五采党纪字〔2012〕号	2012.3.21

第七章　组织人事大事纪要

一九八六年

七　月

7月5日　为加强冀中南部地区油田开发和管理，经石油工业部批准，华北石油管理局决定，组建第五采油厂。陈元龙任厂长，张少华任党委书记，王钢、郭宗仁、李松涛任副厂长，翟有成任党委副书记，刘长兴任主任工程师，马明林任主任地质师。【华油党字〔86〕73号】

7月11日　华北石油管理局决定，从第一采油厂、第三采油厂、第四采油厂、井下作业公司、第二勘探钻井公司等局属相关单位，抽调312名技术工人到第五采油厂工作。【华油劳字〔86〕261号】

7月21日　石油工业部批准，第五采油厂为华北石油管理局所属处级单位，要求执行厂—车间、队、站两级管理，暂不设大队机构。【〔86〕油劳字第439号】

7月24日　华北石油管理局党政领导联席会研究决定，第五采油厂为局属处级单位，设置党委，实行党委领导下的厂长责任制，机构设置为直线职能制。主要管辖深县、晋县和束鹿等3个凹陷。负责深县及其以南油区的采油、油气集输和向石家庄市输供天然气等任务。机关办公地点设在辛集市（原束鹿县）郊区。定员1677人。机关设科室18个，直属中队级单位13个。【〔86〕华油劳字第288号】

7月25日　华北石油管理局决定，第三采油厂采油三大队整建制划转第五采油厂，划转人员（含劳务工）443人。【《采油五厂二十年》资料】

八　月

8月18日　华北石油管理局党委常委会决定，董禄春任第五采油厂副

厂长，免去其井下作业公司生活服务公司副经理（副处级）职务。【华油党字〔86〕76号】

九　月

9月1日　第五采油厂党政领导联席会研究决定，成立第五采油厂托儿所、子弟学校。【《采油五厂二十年》资料】

9月22日　石油工业部同意第五采油厂在河北省辛集市建设基地，总建筑面积70000平方米，总投资控制在2300万元以内。【油计字〔86〕584号】

十　月

10月17日　华北石油管理局党委会决定，成立中共华北石油管理局第五采油厂委员会，张少华任党委书记，翟有成任党委副书记，党委由张少华、翟有成、陈元龙、王钢组成（暂缺3名）。【华油党〔86〕92号】

十 一 月

11月30日　第五采油厂党政领导联席会研究决定：何宪法任采油一队副队长；李健任采油二队副队长；王昌兴任作业二队副队长；程自力任作业三队副队长；赵刚任长输队副队长。【〔86〕采五党组1号】

本月　第五采油厂党政领导联席会研究决定，成立采油四队，为直属中队级单位，负责晋古2断块油水井管理。成立作业三队，为直属中队级单位，负责井下作业施工等工作。【《采油五厂二十年》资料】

十 二 月

12月9日　华北石油管理局党委会研究决定：李子杰任党委办公室副主任；朱文高任党委组织部副部长；徐青龙任纪委办公室副主任；张德民任工会副主席；陈继民任厂办公室副主任；张凤雨任生产调度室调度长；崔耕任保卫科副科长；邱兰涛任保卫科副科长；刘荣贵任副主任工程师、生产技术科科长；刘自荣任机械动力科副科长；张治国任技安环保科副科长；苏清宇任油田建设科副科长；都泽民任综合计划科副科长；周漱玉任财务科副科长；魏廷海任人事教育科副科长；张廷华任人事教育科副科长；刘永强任工农科副科长；陈文发任生活科副科长；于相平任生活科副科长；敬洪荣任劳动服务公司党支部书记（副科级）；王师华任劳动服务公司副经理；邓淑芳任供应站党支部书记（副科级）；牛天佑任供应站副站长；王建利任供应站副站长；李志军任团委副书记。【华油组〔86〕71号】

12月19日　河北省建委下发《关于华北石油管理局第五采油厂在辛集定点建设的批复》，批准第五采油厂在辛集市建设基地。【《华北油田大事记1976—2005》】

12月20日　第五采油厂党委会研究同意：成立车队党支部委员会，白可义任党支部书记；成立机修站党支部委员会，李长春任党支部书记；成立维修队党支部委员会，高玉林任党支部书记；成立厂机关第一党支部委员会，魏廷海任党支部书记，刘永强任副书记；成立厂机关第二党支部委员会，徐青龙任党支部书记，崔耕任副书记；成立厂机关第三党支部委员会，陈文发任党支部书记；成立小车队党支部委员会，戴玉春任党支部书记。【〔86〕华油采五党字第5号】

一九八七年

一　月

1月7日　第五采油厂党政领导联席会研究决定：王振宗任作业一队副队长；李志伟任采油一队副队长；左建华任采油三队副队长。【〔87〕采五党组1号】

三　月

3月11日　华北石油管理局党委会研究决定：张兰廷任第五采油厂工会主席、党委委员，免去原任职务。【华油党〔87〕28号】

3月13日　第五采油厂党政领导联席会研究决定：马国岗任采油一队党支部书记；陈国富任采油一队队长；王智江任采油二队党支部书记；吕德福任采油二队队长；王树义任采油二队副队长；何宪法任采油二队副队长；

王全喜任采油三队党支部书记；姚景发任采油三队队长；牛宝歧任采油三队副队长；孟宪永任采油四队党支部书记；王中军任采油四队副队长；李健任采油四队副队长；李信考任采油四队副队长；左建华任采油五队副队长；王景龙任作业一队队长兼党支部书记；王振宗任作业一队副队长；何宪卿任作业一队党支部副书记；贾可茂任作业二队党支部书记；牛宝山任作业二队队长；原生荣任作业三队党支部书记；马敏彪任作业三队队长；张恩田任准备队党支部书记（副科级）；仇德山任准备队队长；白建军任长输队党支部书记；赵满军任长输队队长；李宗博任维修队队长；王志忠任机修站站长；彭孝商任机修站副站长；王宝贵任车队队长；庞建中任车队副队长；戴学锡任试井队队长；戴玉春任小车队队长兼党支部书记；以上同志均免去原任职务。【华油采五党字〔1987〕第6号】

3月30日 第五采油厂党政领导联席会研究决定：胡书宝任工程技术队副队长。【〔87〕采五党组2号】

本月 第五采油厂党政领导联席会研究决定，成立采油五队，为直属中队级单位，负责晋古1断块、晋40断块油水井的管理；成立工程技术队，为直属中队级单位，负责油田工程技术支持。【《采油五厂二十年》资料】

四　月

4月4日 第五采油厂党政领导联席会研究决定：陈荫林任副主任地质师；李伍魁任机械动力科副科长；吴日新任生产调度室副调度长；马庆坤任生产技术科副科长。【华油采五党字〔1987〕12号】

五　月

5月14日 第五采油厂工会第一届会员代表大会召开，选举产生首届厂工会委员会和工会经费审查委员会，张兰廷当选工会主席。【《采油五厂二十年》资料】

同日 第五采油厂党政领导联席会研究决定：崔耕任公安分处副处长；邱兰涛任公安分处副处长。【华油采五党字〔1987〕第14号】

5月25日 第五采油厂党政领导联席会研究决定：陈荫林兼任地质队队长、党支部书记；刘既安任地质队党支部副书记；张克学任采油一队党支部书记；马国岗任采油一队党支部副书记，免去其党支部书记职务；免去陈国富的采油一队队长职务；韩强任采油一队副队长；王志平任采油一队副队长；李源坤任采油四队队长；王景龙任作业一队党支部书记，免去其作业一队队长职务；程自力任作业一队队长，免去其作业三队副队长职务。【华油采五党字〔1987〕第16号】

本月　第五采油厂党政领导联席会研究决定，保卫科更名为公安分处，为厂属科级单位，负责指导各单位实施综合治理和治安保卫工作。【《采油五厂二十年》资料】

六　月

6月29日　第五采油厂党政领导联席会研究决定：辛守智任机修站党支部书记；李长春任机修站站长，免去其机修站党支部书记职务；免去王志忠的机修站站长职务；免去彭孝商的机修站副站长职务；何宪卿任采油五队党支部副书记，免去其作业一队党支部副书记职务；免去牛宝山的作业二队队长职务；蔡立东任准备队副队长；闫庆贺任试井队副队长。【华油采五组字〔1987〕2号】

七　月

7月1日　第五采油厂党政领导联席会研究决定：吴日新任油田建设科副科长，免去其生产调度室副调度长职务。【华油采五党字〔1987〕第18号】

八　月

8月31日　第五采油厂党委会研究同意：成立厂机关党总支委员会，张德民兼任党总支书记。【华油采五党字〔1987〕第22号】

本月　第五采油厂党政领导联席会研究决定：成立液化气队，为直属中队级单位，负责油气分离、伴生气再加工等工作。【《采油五厂二十年》资料】

九 月

9月10日 第五采油厂党政领导联席会研究决定：周敬才任武装部副部长。【华油采五党字〔1987〕第24号】

同日 第五采油厂党政领导联席会研究决定：姚景发任液化气队队长；蒲祥金任为液化气队副队长；何宪法任采油三队队长；何宪卿任采油五队党支部书记；高志明任采油五队副队长；代国庆任为采油二队副队长；刘德明任为采油二队副队长；王志忠任劳动服务公司服务队队长；王炳仁任劳动服务公司副业队副队长；秦致金任劳动服务公司经营办公室主任。【华油采五组字〔1987〕第4号】

9月15日 第五采油厂党政领导联席会研究决定：李广仁任作业三队副队长；赵晓利任作业二队副队长。【华油采五组字〔1987〕第5号】

十 二 月

12月14日 第五采油厂党政领导联席会研究决定：饶伟民任综合计划科副科长；张国法任生产调度室副调度长。【华油采五党字〔1987〕第29号】

12月22日 第五采油厂党政领导联席会研究决定：王宝贵任特车队队长兼党支部书记；崔建勋任特车队副队长；白克义任运输队党支部书记兼队长；李长春任修保站站长；辛守智任修保站党支部书记。【华油采五组字〔1987〕006号】

同日 第五采油厂党政领导联席会研究决定，车队分立为运输队和特车队，均为直属中队级单位。运输队负责送班、货运车辆管理。特车队负责特种作业车辆管理。【《采油五厂二十年》资料】

一九八八年

三 月

3月29日 第五采油厂党政领导联席会研究决定：张根元任采油一队

党支部书记；王树义任采油一队队长，免去其采油二队副队长职务；李志伟任采油五队副队长，免去其采油一队副队长职务；路振起任卫生所副所长；免去张克学的采油一队党支部书记职务；免去韩强的采油一队副队长职务；免去高志明的采油五队副队长职务。【华油采五党组字〔1988〕第 1 号】

同日　第五采油厂党政领导联席会研究决定：许万洲任运输队党支部书记（正科级）。【华油采五党字〔1988〕第 3 号】

五　月

5月10日　华北石油管理局常务会决定，孟达让任第五采油厂厂长，免去原任职务；陈元龙任生产协调处副处长（正处级），免去其第五采油厂厂长职务。【华油干字〔1988〕231 号】

5月11日　华北石油管理局党政领导联席会研究决定，成立中共华北石油管理局第五采油厂纪律检查委员会，提曰象任纪委书记，增补为第五采油厂党委委员，委员会由 5 人组成。【华油党〔88〕23 号】

同日　华北石油管理局党委会研究同意：孟达让增补为第五采油厂党委委员，免去陈元龙第五采油厂党委委员职务。【华油党字〔88〕24 号】

5月25日　第五采油厂党政领导联席会研究决定：牛宝山任作业一队副队长。【华油采五党组字〔1988〕第 2 号】

六　月

6月3日　第五采油厂党委会研究同意，特车队成立党支部，王宝贵任党支部书记。【华油采五党组〔88〕3 号】

6月6日　第五采油厂党政领导联席会研究决定：王保田任党委宣传部部长（副处级）。【华油采五党字〔1988〕第 5 号】

6月25日　第五采油厂党政领导联席会研究决定，在原来临时档案室的基础上正式成立第五采油厂综合档案室，定员 3 人，隶属厂办公室。【《采油五厂二十年》资料】

七　月

7月11日　第五采油厂党政领导联席会研究决定：张德民任党委组织

部部长；张治国任公安分处副处长；杨景富任经营办公室副主任。【华油采五党字〔1988〕第 8 号】

本月　第五采油厂党政领导联席会研究决定，成立经营办公室，为厂机关科室。【《采油五厂二十年》资料】

八　月

8 月 9 日　第五采油厂党政领导联席会研究决定：王景龙任作业一队队长兼党支部书记；王振宗任作业一队副队长；程自力任作业二队队长兼党支部书记；张世雄任作业二队副队长；赵晓利任作业二队副队长；李广仁任作业三队队长；原生荣任作业三队党支部书记；王昌兴任作业三队副队长；牛宝山任作业四队队长兼党支部书记；孙玉民任作业四队副队长；崔建勋任特车队队长；闫庆贺任特车队党支部书记。【华油采五党组字〔1988〕第 4 号】

8 月 30 日　第五采油厂党政领导联席会研究决定：马永忠任采油四队队长；贾文克任采油四队副队长；李英强任采油二队副队长。【华油采五党组字〔1988〕第 5 号】

本月　第五采油厂党政领导联席会研究决定，成立作业四队，为直属中队级单位。【《采油五厂二十年》资料】

九　月

9 月 19 日　第五采油厂党政领导联席会研究决定：许万洲任劳动服务公司副经理（正科级）；王师华任劳动服务公司副经理；敬洪荣任劳动服务公司副经理；孙海峰任生产调度室副调度长。【华油采五党字〔1988〕第 50 号】

本月　第五采油厂党政领导联席会研究决定，运输队更名为运输大队，为厂属科级单位。【《采油五厂二十年》资料】

十　月

10 月 31 日　第五采油厂党政领导联席会研究决定：牛宝歧任采油一队队长；徐新年任采油三队副队长；刘俊来任采油六队队长；郭青群任采油六队副队长。【华油采五党组字〔1988〕第 8 号】

本月 第五采油厂党政领导联席会研究决定，成立作业大队，为厂属科级单位；原第五采油厂作业一队、作业二队、作业三队、作业四队、特车队、准备队等六个直属中队级单位划归作业大队统一管理，定员278人；成立采油六队，为直属中队级单位，负责深西油田的开发和管理。【《采油五厂二十年》资料】

十 一 月

11月25日 第五采油厂党委会研究决定：王保田兼任厂机关党总支书记；周敬才兼任作业大队党总支副书记；徐青龙兼任运输大队党总支副书记，免去其纪委办公室副主任职务；张计顺任厂工会副主席（副科级）。【华油采五党字〔1988〕第12号】

同日 第五采油厂党政领导联席会研究决定：刘永强任计划科副科长兼工农科副科长；饶伟民任经营办公室副主任，免去其计划科副科长职务；王永明任经营办公室副主任；戴学锡任技安环保科副科长；陈明耀任作业大队副大队长；周敬才任作业大队副大队长，免去其武装部副部长职务；王宝贵任作业大队副大队长；贾可茂任作业大队副大队长；梁传璞任作业大队副大队长；徐青龙任运输大队副大队长；戴玉春任运输大队副大队长；白可义任运输大队副大队长。【华油采五〔1988〕第74号】

十 二 月

12月6日 第五采油厂党政领导联席会研究决定：王晓虎任小车队队长。【华油采五党组字〔1988〕第9号】

12月8日 第五采油厂党政领导联席会研究决定：刘寿培任修保站站长；梁喜堂任试井队队长；王凤元任采油五队副队长。【华油采五党字〔1988〕第79号】

同日 第五采油厂党委会研究决定：牛宝岐任采油一队党支部书记；贾文克任采油四队党支部书记；刘俊来任采油六队党支部书记；刘寿培任修保站党支部书记。【华油采五党组字〔1988〕第10号】

本月 第五采油厂党政领导联席会研究决定，机修站更名为修保站，为直属中队级单位。【《采油五厂二十年》资料】

一九八九年

一　月

1月10日　第五采油厂党委会研究同意：成立作业大队党总支委员会，周敬才任党总支副书记。【华油采五党字〔1989〕第2号】

1月12日　第五采油厂党政领导联席会研究决定：马明林兼任地质队队长；孔祥民任地质队副队长；董范任地质队副队长；梁传璞兼任子弟学校校长（副科级），免去其作业大队副大队长职务；张志民任子弟学校副校长；免去陈荫林兼任的地质队队长职务。【华油采五〔1989〕第4号】

1月16日　第五采油厂党委会研究决定：梁传璞任子弟学校党支部书记。【华油采五党字〔1989〕第1号】

本月　第五采油厂党政领导联席会研究决定，子弟学校调整为直属中队级单位。【《采油五厂二十年》资料】

二　月

2月27日　第五采油厂党政领导联席会研究决定：撤销维修队和修保队，成立机修站，为直属中队级单位，主要承担全厂各油田采、注、输地面工程和机、电、泵、抽油机的维修保养和机件加工；成立地面工程安装队，隶属劳动服务公司，主要承担注、采、输地面工程，油田机、电、泵安装等工作；成立采油七队，主要承担石像村油区生产管理。【华油五厂人字〔1989〕第12号】

同日　第五采油厂党委会研究决定：高玉林任劳动服务公司地面工程安装队党支部书记，免去原任职务；刘寿培任机修站党支部书记；姚景发任采油七队党支部书记。【华油采五党字〔89〕第5号】

同日　第五采油厂党政领导联席会研究决定：李宗博任机修站站长，免去原任职务；刘寿培兼任机修站副站长，免去其站长职务；王炳仁任劳动服务公司地面工程安装队队长；高玉林兼任劳动服务公司地面工程安装队副队长；姚景发任采油七队队长，免去其液化气队队长职务；段淑云任采油七队

副队长；刘英淼任试井队副队长。【华油采五〔1989〕第 13 号】

三　月

本月　第五采油厂党政领导联席会研究决定，成立第五采油厂纪委办公室。【《采油五厂二十年》资料】

六　月

6 月 10 日　第五采油厂党政领导联席会研究决定：吕德福任采油一队队长，免去其采油二队队长职务；刘德明任采油一队副队长；牛宝歧任采油三队副队长，免去其采油一队队长职务；王志平任采油五队副队长；李英强任采油二队队长；李志伟任公安分处干警，免去其采油五队副队长职务。【华油采五组字〔1989〕第 47 号】

同日　第五采油厂党委会研究决定：吕德福任采油一队党支部书记。【华油采五党字〔1989〕第 11 号】

6 月 12 日　第五采油厂党委会研究同意，成立运输大队党总支委员会，徐青龙任党总支副书记。【华油采五党字〔1989〕第 13 号】

九　月

9 月 18 日　第五采油厂党政领导联席会研究决定：陈国富任采油六队队长；徐定光任采油六队副队长；段淑云任采油七队队长；周正奇任采油二队副队长；李造吉任采油二队副队长；张其雁任采油四队副队长；何宝杰任采油一队副队长；免去郭青群的采油六队副队长职务；解聘刘俊来的采油六队队长职务。【华油采五〔1989〕第 85 号】

9 月 22 日　第五采油厂党委会研究同意：成立劳动服务公司党总支委员会，许万洲任党总支书记。【华油采五党字〔89〕第 16 号】

十 一 月

11 月 20 日　第五采油厂党委会研究决定：靳保安任作业大队政治教导员、党总支书记。【华油采五党字〔89〕第 20 号】

同日　第五采油厂党委会研究决定：原生荣任作业大队作业二队政治指

导员，免去其作业三队党支部书记职务；常武志任作业大队作业三队政治指导员；姬福任作业大队准备队副队长。【华油采五组字〔89〕第04号】

十 二 月

12月25日　第五采油厂党委会研究决定：吕德福任采油一队政治指导员；王智江任采油二队政治指导员；王全喜任采油三队政治指导员；贾文克任采油四队政治指导员；王凤元兼任采油五队政治指导员；白建军任长输队政治指导员；刘寿培任机修站政治指导员；高玉林任劳动服务公司工程安装队政治指导员；刘振海任作业大队作业四队政治指导员。【华油采五党组字〔89〕第5号】

一九九〇年

二 月

2月21日　第五采油厂党政领导联席会研究决定：刘德明任采油一队队长；何宝杰任采油一队政治指导员；段淑云任采油一队副队长，免去其采油七队队长职务。【华油采五党组字〔90〕2号】

同日　第五采油厂党政领导联席会研究决定：王炳仁任劳动服务公司经理助理，免去其工程安装队队长职务；寇金虎代理采油七队队长；于修江代理采油七队政治指导员。【华油采五党组字〔90〕第3号】

同日　第五采油厂党政领导联席会研究决定：杨丙辰任纪委办公室副主任；孙海峰任工程技术队政治指导员（副科级），免去其生产调度室副调度长职务。【华油采五党字〔90〕第5号】

2月23日　第五采油厂党政领导联席会研究决定：翟云辉任生产技术科副科长（正科级）；敬洪荣任居委会主任（副科级），免去其劳动服务公司副经理职务；姜福生任技安环保科副科长。【〔90〕华油采五第15号】

2月28日　第五采油厂党政领导联席会研究决定：成立职工培训学校，业务上由人事教育科领导；成立厂计算机中心，业务上直属厂领导；成立居民委员会，业务上归公安分处领导。【华油采五〔1990〕人字第20号】

三　月

3月28日　第五采油厂党政领导联席会研究决定，成立油田地面工程设计室，主要负责全厂油田地面建设单井集输及老油田局部改造工程施工图设计，隶属油田建设科。【华油五厂人字〔90〕第32号】

3月30日　第五采油厂党政领导联席会研究决定：寇金虎任采油七队队长；刘基田任采油二队副队长；高平忠任作业大队作业一队副队长；孙贵兵任作业大队作业一队副队长；李玉欣任作业大队作业二队副队长；赵恒仁任作业大队作业三队副队长；陈琦任作业大队作业三队副队长；高强任作业大队作业四队副队长。【华油采五党组字〔90〕第5号】

本月　第五采油厂党政领导联席会研究决定，撤销生活科，成立生活服务站；成立审计科、监察科；地质队由直属中队级单位调整为直属科级单位；撤销机修站，成立工程维修大队，为厂属科级单位。【《采油五厂二十年》资料】

四　月

4月14日　华北石油管理局党政领导联席会研究决定，将局属各单位"主任"改为"总师"，各单位管理的"副主任师"同时改为"副总师"：刘长兴改任第五采油厂总工程师，马明林改任第五采油厂总地质师。【华油干字〔1990〕188号】

五　月

5月20日　第五采油厂党委会研究决定：翟云辉兼任采油二队政治指导员（正科级）。【华油采五党字〔90〕第8号】

同日　第五采油厂党政领导联席会研究决定：姚景发任采油二队队长；白建军任采油四队政治指导员，免去其长输队政治指导员职务；王凤元任采油五队政治指导员兼队长；贾文克任液化气队政治指导员，免去其采油四队政治指导员职务；蒲祥金任液化气队队长；赵满军任长输队政治指导员，免去其长输队队长职务；刘建威任长输队队长；王智江任供应站站长助理，免去其采油二队政治指导员职务；免去段淑云的采油一队副队长职务；免去李英强的采油二队队长职务；免去李造吉的采油二队副队长职务；免去何宪法的采油三队队长职务；免去王志平的采油五队副队长职务。【华油采五党组字〔90〕第6号】

六　月

6月7日　第五采油厂党政领导联席会研究决定：李子杰任党委办公室主任；高玉林任工程维修大队副政治教导员、党总支副书记。【华油采五党字〔90〕第10号】

6月8日　第五采油厂党政领导联席会研究决定：周漱玉任财务科科长；刘自荣任机械动力科科长；陈继民任厂办公室主任；魏廷海任人事教育科科长；吴日新任油田建设科科长；刘永强任工农科科长；崔耕任公安分处处长；马庆坤任生产技术科科长；陈明耀任作业大队大队长；张庆真任监察科副科长；戴学锡任工程维修大队副大队长；吕德福任工程维修大队副大队长；李宗博任工程维修大队副大队长；刘寿培任工程维修大队副大队长；王炳仁任劳动服务公司副经理。【华油采五〔1990〕第54号】

6月25日　第五采油厂党政领导联席会研究决定：刘荣贵改任厂副总工程师；陈荫林改任厂副总地质师。【华油采五〔90〕第56号】

七　月

7月2日　第五采油厂党委会研究同意，成立工程维修大队党总支委员会，高玉林任党总支副书记。【华油采五党字〔90〕13号】

7月5日　第五采油厂党政领导联席会研究决定：王金婵任子弟学校党支部书记兼校长；杜志峰任子弟学校副校长；免去张志民的子弟学校副校长职务。【华油采五党组字〔90〕7号】

7月6日　华北石油管理局党政领导联席会研究决定：王钢任华北石油管理局开发部副主任，免去其第五采油厂副厂长职务；刘荣贵任第五采油厂总工程师；李松涛任商业公司副经理，免去其第五采油厂副厂长职务；刘长兴任第一采油厂副处级调研员，免去其第五采油厂总工程师职务。【华油干字〔1990〕320号】

同日　第五采油厂党政领导联席会研究决定：免去姚小桃的工程维修大

队管焊队队长职务。【华油采五党组字〔90〕8 号】

7 月 20 日 第五采油厂党政领导联席会研究决定，成立经济民警护矿队，业务由公安分处领导。【华油五厂〔1990〕人字第 69 号】

7 月 25 日 第五采油厂党政领导联席会研究决定，撤销劳动服务公司，成立多种经营综合开发部，为厂属科级单位。【华油五厂〔1990〕经字第 72 号】

7 月 30 日 第五采油厂党政领导联席会研究决定：张日光任工程维修大队四修队副政治指导员；刘国志任工程维修大队管焊队副政治指导员；安棣全任运输大队修保车间副政治指导员；袁新庭任采油六队副政治指导员；于修江任采油七队副政治指导员。【华油采五党组字〔90〕9 号】

十 一 月

11 月 5 日 华北石油管理局党政领导联席会研究决定：王在贵任第五采油厂副厂长；王善珍任第五采油厂副厂长。【华油干字〔1990〕503 号】

11 月 12 日 第五采油厂党政领导联席会研究决定：马永忠任采油三队队长，免去其采油四队队长职务；刘前进任采油三队政治指导员；王维任采油四队副队长；王凤元任采油二队政治指导员，免去其采油五队政治指导员职务；刘恒发任采油五队政治指导员；宋铁龙任采油五队副队长；陈繁华任小车队队长；朱春永任作业大队特车队副政治指导员；李凤鸣任运输大队运输一中队副队长；曹振东任运输大队运输二中队副队长；左树帜任工程维修大队机加工车间副主任；姜胜利任工程维修大队四修队副队长；黄忠先任工程维修大队管焊队副队长；免去牛宝山的作业大队作业四队队长职务；免去谷红燕的工程维修大队四修队副队长职务；解聘王晓虎的小车队队长职务。【华油采五党组字〔90〕11 号】

11 月 16 日 华北石油管理局党委会研究同意，王保田任多种经营综合开发部党总支书记（副处级），免去其党委宣传部部长兼机关党总支书记职务。【华油组〔90〕56 号】

同日 第五采油厂党政领导联席会研究决定：刘自荣任厂副总机械师兼机械动力科科长；周漱玉任厂副总会计师兼财务科科长；马庆坤任厂副总工程师兼生产技术科科长；王宝贵任运输大队大队长，免去其作业大队副大队长职务；张根元任运输大队副大队长兼工会主席；董范任地质队队长（正科级）；孔祥民任地质队副队长（副科级）；闫庆贺任作业大队副大队长兼工会主席；戴玉春任公安分处副处长，免去其运输大队副大队长职务；张国法任作业大队副大队长，免去其生产调度室副调度长职务。【〔90〕华油采五第100号】

同日 第五采油厂党政领导联席会研究决定：陈荫林兼任地质队政治指导员；翟云辉任党委宣传部部长；张治国任运输大队政治教导员，免去其公安分处副处长职务；徐青龙任厂机关党总支书记，免去其运输大队副大队长兼党总支副书记职务；郭永兵任组织部副部长。【华油采五党字〔90〕25号】

同日 第五采油厂党委会研究决定，成立机关党总支（专职工作机构），为厂机关科室。【《采油五厂二十年》资料】

本月 第五采油厂工程技术队由直属中队级单位调整为直属科级单位。【《采油五厂二十年》资料】

十 二 月

12月3日 第五采油厂党政领导联席会研究决定：王景龙任作业大队作业一队政治指导员，免去其作业一队队长职务；马敏彪任作业大队作业一队队长；孙玉民任作业大队作业四队队长；免去王全喜的采油三队政治指导员职务。【华油采五党字〔90〕12号】

12月27日 第五采油厂党政领导联席会研究决定：王师华兼任劳动服务公司工程安装队队长；王炳仁兼任劳动服务公司工程安装队副队长。【华油采五党组字〔90〕15号】

12月29日 第五采油厂党政领导联席会研究决定：将原维修队扩建为地面工程安装队，为集体所有制企业，主要承担油田地面工程安装、维修等项业务。【华油五厂〔1990〕人字第121号】

一九九一年

一　月

1月21日　中共华北石油管理局第五采油厂第一次代表大会召开，选举产生第一届委员会和纪律检查委员会。党委委员9人，张少华当选书记，翟有成当选副书记；纪委委员7人，提曰象当选书记，杨丙辰当选副书记。华北石油管理局同意其选举结果。【华油党〔91〕15号】

二　月

2月4日　第五采油厂党政领导联席会研究决定：王全喜任采油五队副队长。【〔91〕华油采五党组字第1号】

2月22日　第五采油厂党政领导联席会研究决定：刘寿培兼任工程维修大队工会主席。【华油采五党字〔91〕4号】

三　月

3月12日　第五采油厂党政领导联席会研究决定：刘怀建任采油一队副队长；免去张其雁的采油四队副队长职务。【华油采五党组字〔91〕3号】

3月26日　第五采油厂党委会研究同意：成立作业大队作业一队党支部，王景龙任党支部书记；成立作业大队作业二队党支部，原生荣任党支部书记；成立作业大队作业三队党支部，常武志任党支部书记；成立作业大队作业四队党支部，刘振海任党支部书记；成立作业大队机关党支部，贾可茂任党支部书记；刘恒发任采油五队党支部书记；于修江任采油七队党支部书记；贾文克任液化气队党支部书记；梁喜堂任试井队党支部书记；李源坤任多种经营综合开发部工程安装队党支部书记；何宝杰任采油一队党支部书记；免去刘德明的采油一队党支部书记职务。【华油采五党组字〔91〕4号】

同日　第五采油厂党委会研究同意，成立机关党总支委员会，委员会由5人组成，徐青龙任机关党总支书记。【华油采五党字〔91〕5号】

六　月

6月22日　第五采油厂党政领导联席会研究决定：赵恒仁任作业大队作业五队政治指导员；王振宗任作业大队作业五队队长；王昌兴任作业大队作业五队副队长；陈宝新任采油一队副队长；王琳芳任采油一队副队长；刘怀建任采油八队副队长；张日光任工程维修大队管焊队政治指导员；黄忠先任工程维修大队管焊队队长；刘国志任工程维修大队四修队政治指导员；安棣权任工程维修大队政工组组长，免去其运输大队修保车间副政治指导员职务；张建河任运输大队修保车间主任兼政治指导员；任维峰任运输大队修保车间副主任；李长春兼任运输大队运输二中队队长；免去胡瑞林的工程维修大队管焊队副队长职务。【华油采五党组字〔91〕8号】

七　月

7月4日　华北石油管理局批复：同意第五采油厂组建采油八队，为直属中队级单位，主要负责榆科油田的生产管理。【华油劳处字〔1991〕93号】

7月11日　华北石油管理局批复：同意第五采油厂组建荆丘综合采油队，为直属大队级单位，下设采油二队、荆一联合站、荆二联合站、液化气队、生活服务队五个中队级单位，定员234人。【华油劳处字〔1991〕112号】

八　月

8月5日　第五采油厂党政领导联席会研究决定：高峰任荆丘综合采油队采油二队队长；王凤元任荆丘综合采油队采油二队政治指导员；龙跃明任荆丘综合采油队采油二队副队长；周正奇任荆丘综合采油队荆一联合站站长；王庆勇任荆丘综合采油队采油四队副队长；以上同志均免去原任职务；免去姚景发的采油二队队长职务。【华油采五党组字〔91〕9号】

8月28日　第五采油厂党政领导联席会研究决定：李伍魁任国有资产管理科副科长，免去其机械动力科副科长职务。【华油五厂组〔1991〕第99号】

九　月

9月7日　第五采油厂党政领导联席会研究决定：王师华任多种经营综合开发部经理；王建利任供应站站长；陈文发任生活科科长；姜福生任技安环保科科长；吕德福任荆丘综合采油队队长（正科级），免去其工程维修大队副大队长职务；李英强任荆丘综合采油队副队长（副科级）；吕玉新任审计科副科长；李惠杰任综合计划科副科长；陈登平任财务科副科长；胡书宝任生产技术科副科长；免去刘永强兼任的综合计划科副科长职务。【华油五厂〔91〕组字103号】

同日　第五采油厂党政领导联席会研究决定：杨丙辰任纪委办公室主任；贾超任荆丘综合采油队副政治教导员；王智江任供应站副政治教导员；付建英任党委组织部副科级组织员；张根元任工会主任（副科级），免去原任职务。【华油采五党字〔91〕22号】

同日　第五采油厂党政领导联席会研究决定：孙建辉任作业大队作业一队副政治指导员；闫彪任采油八队副政治指导员。【华油采五党组字〔91〕12号】

9月9日　第五采油厂党政领导联席会研究决定，采油二队、采油四队、液化气队合并，成立荆丘综合采油队，为直属大队级单位，负责荆丘油田的注、采、输和油气处理等开发生产的管理任务，定员247人。【华油五厂〔1991〕人字第100号】

同日　第五采油厂党政领导联席会研究决定，成立国有资产管理科，主要负责资产标准分类及清查核算等管理工作，定员4人。【华油五厂〔1991〕人字第104号】

同日　第五采油厂党政领导联席会研究决定，成立第五采油厂法律事务室，隶属经营办公室，定员2人。【华油五厂〔1991〕人字第105号】

本月　生活服务站撤销，生活科成立。【《采油五厂二十年》资料】

十　月

10月12日　华北石油管理局党委会研究决定：提曰象任华北石油管理局纪委副处级纪检员，免去其第五采油厂纪委书记职务。【华油党〔91〕

57 号】

10 月 15 日 华北石油管理局党委会研究决定：赫云书任华北石油管理局第五采油厂党委委员、纪委委员、纪委书记，免去其呼和浩特炼油厂工程建设指挥部党委办公室主任职务。【华油党字〔91〕54 号】

10 月 17 日 第五采油厂党委会研究同意，成立荆丘综合采油队党总支委员会，委员会由 5 人组成，贾超任党总支副书记。【华油采五党字〔91〕24 号】

10 月 24 日 第五采油厂党政领导联席会研究决定：胡庆珠任荆丘综合采油队生活服务队队长；曹晓春任荆丘综合采油队生活服务队副队长；刘全秀任荆丘综合采油队荆一联合站副站长。【华油采五党组字〔91〕14 号】

十 二 月

12 月 21 日 第五采油厂党政领导联席会研究决定：梁喜堂任试井队政治指导员；王全喜任采油五队政治指导员；张桂荣任荆丘综合采油队荆一联合站副政治指导员；高强任作业大队作业一队政治指导员；朱春永任作业大队特车队政治指导员；王志忠任工程维修大队机加工车间政治指导员兼主任；刘英淼任试井队队长；徐定光任采油六队队长；亢亚力任采油六队副队长；刘怀建任采油八队队长；王维任荆丘综合采油队采油四队队长；孙贵兵任作业大队作业一队队长，免去马敏彪的作业大队作业一队队长职务；赵晓利任作业大队作业三队副队长；李凤鸣任运输大队一中队队长；高进才任工程技术队队长；路振起任卫生所所长；王凤英任托儿所所长；孙建辉任作业大队政工组干事，免去其作业大队作业一队副政治指导员职务；免去刘恒发的采油五队政治指导员职务；免去王景龙的作业大队作业一队政治指导员职务。【华油采五党组字〔91〕16 号】

12 月 24 日 第五采油厂党政领导联席会研究决定：马永真任地质队政治教导员、党支部书记。【华油采五党字〔91〕第 36 号】

一九九二年

一　月

1月9日　第五采油厂党委会研究同意，张治国任运输大队党总支书记。【华油采五党字〔92〕第1号】

三　月

3月17日　第五采油厂党政领导联席会研究决定：王在贵兼任鸿达公司总经理；王建利任鸿达公司副总经理；王永明任鸿达公司副总经理；王师华任鸿达公司副总经理。【华油五厂〔92〕干字第25号】

同日　第五采油厂党政领导联席会研究决定：王建利任经营办公室主任；郭晓华任经营办公室副主任。【华油五厂〔92〕干字第26号】

本月　第五采油厂党政领导联席会研究决定，撤销多种经营综合开发部，成立鸿达公司，为具有法人资格的集体所有制企业，注册地点和办公地点均为河北省辛集市。主要经营工业与民用建筑施工、小型石油工程与单项工程施工、油田化工产品与生产技术服务等业务。【《采油五厂二十年》资料】

四　月

4月28日　第五采油厂党政领导联席会研究决定，成立离退休职工管理委员会，委员会由11人组成，翟有成任主任，王在贵、张兰廷任副主任，办事机构设在工会。【华油采五〔92〕干字第51号】

五　月

5月25日　第五采油厂党政领导联席会研究决定：张进双任武装部副部长；郑清秀任纪委办公室纪检员（副科级）。【华油采五党字〔92〕14号】

同日　第五采油厂党政领导联席会研究决定：王中军任生产调度室副调度长；曾艺忠任注水科副科长。【华油采五〔92〕干字第56号】

同日　第五采油厂党政领导联席会研究决定：孙英祥任采油五队队长；

宋铁龙任生产调度室调度员，免去其采油五队副队长职务；刘国志任工程维修大队机加工车间政治指导员兼主任，免去其工程维修大队四修队政治指导员职务；王志忠任工程维修大队四修队政治指导员，免去其工程维修大队机加工车间政治指导员兼主任职务。【华油采五党组字〔92〕2 号】

5 月 26 日　第五采油厂党政领导联席会研究决定，成立注水科，定员 4 人。【华油采五〔92〕人字第 57 号】

六　月

6 月 24 日　第五采油厂党政领导联席会研究决定：王智江任供应站副站长。【华油五厂〔92〕干字第 64 号】

同日　第五采油厂党政领导联席会研究决定：安万亭任供应站站长助理。【华油采五党组字〔92〕3 号】

七　月

7 月 1 日　第五采油厂党政领导联席会研究决定，成立生活服务公司，由原生活科及附属班组、生活服务队、生活维修队、绿化队、原劳动服务公司养鸡场等场点组成。托儿所、卫生所调整为机关附属单位。【华油五厂〔92〕人字第 66 号】

7 月 11 日　第五采油厂党政领导联席会研究决定：邓志平任子弟学校副校长。【华油采五党组字〔92〕4 号】

7 月 24 日　第五采油厂党委会研究同意，撤销多种经营综合开发部党总支委员会；成立鸿达公司党总支委员会，委员会由 3 人组成，王在贵任书记，杨丙辰任副书记。【华油采五党字〔92〕18 号】

7 月 30 日　第五采油厂党政领导联席会研究决定：王师华任第五采油厂纪律检查委员会副书记兼纪委办公室主任；付建英任供应站副政治教导员、党支部书记，免去原职务；闫庆贺任作业大队副政治教导员、党总支副书记；免去靳保安的作业大队政治教导员、党总支书记职务；免去王建利的供应站党支部书记职务；免去王智江的供应站副政治教导员职务；免去杨丙辰的第五采油厂纪律检查委员会副书记兼纪委办公室主任职务。【华油采五党字〔92〕19 号】

7月31日 第五采油厂党政领导联席会研究决定：靳保安任离退休职工管理办公室主任；免去王建利的经营办公室主任、供应站站长职务；免去王师华的鸿达公司副总经理职务；免去王永明的经营办公室副主任、鸿达公司副总经理职务；免去闫庆贺的作业大队副大队长职务。【华油五厂〔92〕干字第72号】

本月 第五采油厂液化气队划归鸿达公司。【《采油五厂二十年》资料】

八 月

8月1日 华北石油管理局党政领导联席会研究决定：翟有成任华北油田科工贸总公司副总经理（正处级），免去其第五采油厂党委副书记职务。【华油干字〔1992〕387号】

8月18日 华北石油管理局党委会研究决定：赫云书任第五采油厂党委副书记，免去其第五采油厂纪委委员、纪委书记职务；提曰象任第五采油厂党委委员、纪委委员、纪委书记，免去其华北石油管理局纪委副处级纪检员职务。【华油党〔92〕39号】

8月19日 华北石油管理局党政领导联席会研究决定，王善珍任第一采油厂厂长，免去其第五采油厂副厂长职务。【华油干字〔1992〕418号】

十 二 月

12月15日 第五采油厂党政领导联席会研究决定：刘德明任生活服务公司维修队队长兼党支部书记，免去其采油一队队长职务；免去刘喜来的生活服务公司维修队长兼党支部书记职务；免去张克学的生活服务公司维修队副队长职务。【华油采五党组字〔92〕6号】

12月26日 第五采油厂党政领导联席会研究决定：免去王在贵兼任的鸿达公司总经理职务；王建利任鸿达公司总经理。【华油五厂〔92〕干字第102号】

一九九三年

三　月

3月4日　第五采油厂党政领导联席会研究决定，撤销采油六队，人员、设备及油水井管理划归采油一队。【华油五厂〔93〕劳字第33号】

同日　第五采油厂党政领导联席会研究决定，生产技术科、注水科、经营办公室相关业务划归工程技术队。【华油五厂〔93〕劳字第34号】

同日　第五采油厂党政领导联席会研究决定：赵满军任工程技术队党支部书记（副科级），免去其长输队党支部书记职务。【华油采五党字〔93〕26号】

同日　第五采油厂党政领导联席会研究决定：何宝杰任采油一队党支部书记；徐定光任采油一队队长；武乃升任采油一队副队长；王桂林任采油七队副队长；以上同志均免去原任职务；免去于修江的采油七队党支部书记职务；免去袁新庭的采油六队党支部书记职务。【华油采五党组字〔93〕01号】

同日　第五采油厂党政领导联席会研究决定：胡书宝任工程技术队副队长；牛宝山任工程技术队副队长；曾艺忠任工程技术队副队长；以上同志均免去原任职务。【华油五厂〔93〕干字第32号】

3月16日　第五采油厂印发《关于调整厂机关机构、定员的通知》。【华油五厂〔93〕劳字第34号】

3月23日　第五采油厂党政领导联席会研究决定：贾超任党委组织部副部长；张庆真任纪监办公室副主任；郑清秀任纪监办公室纪检员；以上同志均免去原任职务。【华油采五党字〔93〕27号】

同日　第五采油厂党政领导联席会研究决定：李子杰任党委办公室主任；翟云辉任党委宣传部部长；郭永兵任党委组织部部长；张根元任工会办公室主任；王师华任纪监办公室主任；张治国任运输大队政治教导员；马永真任地质队政治教导员；李志军任荆丘综合采油队政治教导员；高玉林任工程维修大队副政治教导员；闫庆贺任作业大队副政治教导员；付建

英任供应站副政治教导员；以上同志均免去原任职务。【华油采五党字〔93〕
28 号】

同日　第五采油厂党政领导联席会研究决定：张德民任第五采油厂工会
副主席，免去其组织部部长职务。【华油采五党字〔93〕29 号】

同日　第五采油厂党政领导联席会研究决定：刘前进任小车队队长，免
去其采油三队政治指导员职务；范盼义任小车队副队长。【华油采五党组字
〔93〕02 号】

同日　第五采油厂党政领导联席会研究决定：刘前进任小车队党支部书
记，免去其采油三队党支部书记职务。【华油采五党组字〔93〕03 号】

同日　第五采油厂党政领导联席会研究决定：刘自荣任厂副总机械
师；魏廷海任劳动工资科科长；郭晓华任厂办公室主任；陈登平任财务科
科长；吕玉新任审计科科长；李惠杰任综合计划科科长；吴日新任油田建
设科科长；王宝贵任技安环保科科长；崔彦林任技安环保科副科长：熊长
俊任经营办公室副主任；陈繁华任机械动力科副科长；张伟逊任油田建设
科副科长；张凤雨任生产调度室调度长；吕德福任生产调度室副调度长
（正科级）：王中军任生产调度室副调度长；王智江任供应站副站长；安
万亭任供应站副站长；姜福生任荆丘综合采油队队长；梁喜堂任荆丘综合
采油队副队长：李英强任荆丘综合采油队副队长；张治国任运输大队大队
长；白可义任运输大队副大队长；李伍魁任运输大队副大队长；陈明耀任
作业大队大队长；张国法任作业大队副大队长；贾可茂任作业大队副大队
长；戴学锡任工程维修大队副大队长；李宗博任工程维修大队副大队长；
董范任地质队队长；马永真任地质队副队长（正科级）；孔祥民任地质队
副队长；陈刚任地质队副队长；以上同志均免去原任职务。【华油五厂〔
93〕干字第 47 号】

本月　第五采油厂党政领导联席会研究决定，撤销经营办公室，其相关
业务划归综合计划科；综合计划科更名为经营计划科；撤销人事教育科，成
立劳动工资科。【《采油五厂二十年》资料】

四　月

4 月 6 日　华北石油管理局党委会研究同意：王保田任第五采油厂工会

副主席（副处级），免去其多种经营综合开发部党总支书记职务。【华油组〔93〕21号】

4月12日　第五采油厂党政领导联席会研究决定：高进才任职工培训学校校长；王海生任试井队副队长。【华油五厂〔1993〕党组字第04号】

同日　第五采油厂党委会研究决定：免去刘寿培兼任的工程维修大队工会主席职务。【华油五厂〔1993〕党字10号】

4月26日　第五采油厂党政领导联席会研究决定：程自力任作业大队作业一队队长；刘振海任作业大队作业一队政治指导员；李玉欣任作业大队作业一队副队长；赵晓利任作业大队作业二队队长；赵恒仁任作业大队作业二队政治指导员；王昌兴任作业大队作业二队副队长；李广仁任作业大队作业三队队长；常武志任作业大队作业三队政治指导员；陈琦任作业大队作业三队副队长；仇德山任作业大队准备队队长兼政治指导员；原生荣任作业大队准备队副队长；崔建勋任作业大队特车队队长；朱春永任作业大队特车队政治指导员；李全恒任作业大队特车队副队长；蔡立东任作业大队管油场场长兼政治指导员。【〔93〕华油采五党组字第06号】

4月27日　第五采油厂党政领导联席会研究决定，成立教育培训中心，主要负责职工培训、幼儿教育、普通教育及归口管理等工作，定员91人。【华油五厂〔1993〕劳字第82号】

同日　第五采油厂党政领导联席会研究决定，公安分处对外挂"华北油田公安分处采油五分处""第五采油厂治安大队"2块牌子，定员77人。【华油五厂〔1993〕劳字第83号】

同日　第五采油厂党政领导联席会研究决定，将准备队油管班和大队富余人员整合，成立油管场，为中队级单位，主要负责作业油管检测、送井回收、维护保养等工作。【华油五厂〔1993〕劳字第81号】

同日　第五采油厂党政领导联席会研究决定，对荆丘综合采油队机构及定员进行调整，撤销采油四队、荆一联合站、生活服务队编制；成立荆丘输油队、荆丘维修队。调整后，荆丘综合采油队所属中队级单位3个：采油二队、荆丘输油队、荆丘维修队。在册职工241人。【华油五厂〔1993〕劳字第84号】

五 月

5月5日 第五采油厂党政领导联席会研究决定：鸿达公司工程安装队扩编，成立工程安装公司，王建利任工程安装公司经理（法人代表）。【华油五厂〔1993〕劳字第101号】

5月15日 第五采油厂党政领导联席会研究决定：高峰任荆丘综合采油队采油二队队长；王凤元任荆丘综合采油队采油二队政治指导员；田炜任荆丘综合采油队采油二队副队长；周正奇任荆丘综合采油队输油队队长兼政治指导员；王维任荆丘综合采油队输油队副队长；龙跃明任荆丘综合采油队维修队队长兼政治指导员；靳增入任荆丘综合采油队维修队副队长。【华油采五党组字〔93〕07号】

同日 第五采油厂党政领导联席会研究决定：王庆勇任荆丘综合采油队输油队副队长。【华油采五党组字〔93〕08号】

同日 第五采油厂党政领导联席会研究决定：杨丙辰任鸿达公司党总支书记；王金婵任教育培训中心党支部书记（副科级）；陈文发任生活服务公司党总支书记。【华油采五党字〔93〕14号】

同日 第五采油厂党政领导联席会研究决定：崔耕任治安大队政治教导员；张进双任武装部副部长；以上同志均免去原任职务。【华油采五党字〔93〕15号】

同日 第五采油厂党政领导联席会研究决定：崔耕任公安分处政治教导员。【华油采五党〔93〕16号】

同日 第五采油厂党政领导联席会研究决定：邓志平任教育培训中心子弟学校副校长；杜志峰任教育培训中心子弟学校副校长；王凤英任教育培训中心托儿所所长。【华油采五党组字〔93〕09号】

同日 第五采油厂党政领导联席会研究决定：代国庆任工程维修大队二中队队长；张日光任工程维修大队二中队政治指导员；朱荣贵任工程维修大队车队副队长；姜胜利任工程维修大队一中队队长兼政治指导员。【华油采五党组字〔93〕10号】

同日 第五采油厂党政领导联席会研究决定：任维峰任运输大队二中队队长；曹振东任运输大队二中队副队长。【华油采五党组字〔93〕12号】

同日　第五采油厂党政领导联席会研究决定：崔耕任公安分处处长；邱兰涛任公安分处副处长；戴玉春任公安分处副处长。【华油五厂〔1993〕干字第108号】

同日　第五采油厂党政领导联席会研究决定：张廷华任教育培训中心主任兼子弟学校校长；王建利任鸿达公司总经理；杨丙辰任鸿达公司副总经理；崔耕任治安大队大队长；邱兰涛任治安大队副大队长；戴玉春任治安大队副大队长；张进双任治安大队副大队长；靳保安任离退休职工管理站站长；陈文发任生活服务公司经理；刘德明任生活服务公司副经理，免去其生活服务公司维修队队长职务。【华油五厂〔1993〕干字第109号】

5月31日　第五采油厂党政领导联席会研究决定：徐定光任采油一队队长；何宝杰任采油一队政治指导员。【华油采五党组字〔93〕13号】

同日　第五采油厂党政领导联席会研究决定：马永忠任采油三队队长；徐新年任采油三队副队长；孙英祥任采油五队队长；王全喜任采油五队政治指导员兼副队长；寇金虎任采油七队队长；王桂林任采油七队副队长；刘怀建任采油八队队长；闫彪任采油八队政治指导员；刘建威任长输队队长；刘英淼任试井队队长。【华油采五党组字〔93〕14号】

同日　第五采油厂党政领导联席会研究决定：魏晓华任工程技术队采输室主任；李造吉任工程技术队注水室主任；尤冬青任工程技术队作业管理室主任；付亚荣任工程技术队油田化学室主任；庞树宝任工程技术队测试诊断室主任。【华油采五党组字〔93〕15号】

同日　第五采油厂党政领导联席会研究决定：金淑芝任地质队生产管理室主任；王树义任地质队开发动态室主任；侯守探任地质队滚动开发室主任；黄贞友任地质队项目管理室主任；江涛任地质队化验室主任；孙向卫任地质队计算机室主任。【华油采五党组字〔93〕16号、华油采五党组字〔93〕17号】

同日　第五采油厂党政领导联席会研究决定：路振起任卫生所所长。【华油采五党组字〔93〕18号】

同日　第五采油厂党政领导联席会研究决定：白建军任生活服务公司生活维修队队长兼政治指导员。【华油采五党组字〔93〕20号】

同日　第五采油厂党委会研究决定：马永忠任采油三队党支部书记；寇

金虎任采油七队党支部书记；刘建威任长输队党支部书记；刘英淼任试井队党支部书记；路振起任卫生所党支部书记。【华油采五党组字〔93〕22号】

七 月

7月15日 华北石油管理局党委会研究决定：张兰廷任测井公司党委委员、工会主席，免去其第五采油厂工会主席职务。【华油党〔93〕39号】

八 月

8月16日 第五采油厂党政领导联席会研究决定，撤销计划科、经营办公室，成立经营计划科；撤销机关党总支（专职工作机构）；计划生育职能划归生活服务公司。【华油五厂〔93〕劳字第132号】

同日 第五采油厂党政领导联席会研究决定：刘自荣任厂副总机械师；熊长俊任作业大队副大队长；吕德福任生产调度室副调度长；崔彦林任技安环保科副科长；梁喜堂任综合采油队副队长；陈刚任地质队副队长；以上同志均免去原任职务。【华油五厂〔1993〕干字第131号】

8月18日 华北石油管理局党委会研究决定：赫云书任第五采油厂党委书记；翟云辉任第五采油厂党委副书记；张少华任第五采油厂工会主席，免去其第五采油厂党委书记职务。【华油党〔1993〕49号】

同日 华北石油管理局党政领导联席会研究决定：孟达让任第五采油厂厂长；郭宗仁任第五采油厂副厂长；王在贵任第五采油厂副厂长；张凤雨任第五采油厂副厂长；马庆坤任第五采油厂总工程师；董范任第五采油厂总地质师；免去董禄春的第五采油厂副厂长职务。【华油干字〔1993〕392号】

九 月

9月1日 第五采油厂党政领导联席会研究决定：潘忠琪任党委组织部组织员（副科级）。【华油采五党字〔93〕36号】

9月3日 第五采油厂党委会研究决定：董禄春任生活服务公司党总支书记；免去陈文发的生活服务公司党总支书记职务。【华油采五党字〔93〕34号】

同日 第五采油厂党政领导联席会研究决定：李子杰任党委宣传部部

长；赵章印任党委办公室副主任。【华油采五党字〔93〕35号】

9月28日　第五采油厂党政领导联席会研究决定：邱兰涛兼任综合治理办公室主任；徐青龙任综合治理办公室副主任。【华油采五〔1993〕干字第152号】

十　月

10月11日　中共华北石油管理局第五采油厂第二次代表大会召开，选举产生中共第五采油厂第二届委员会和纪律检查委员会。党委委员9人，赫云书当选书记，翟云辉当选副书记；纪委委员7人，提曰象当选书记。华北石油管理局党委批复同意其选举结果。【华油采五党字〔93〕42号、华油党〔93〕72号】

10月30日　第五采油厂党政领导联席会研究决定：程自力任作业大队作业一队队长；陈琦任作业大队作业一队政治指导员；张世雄任作业大队作业一队副队长；赵晓利任作业大队作业二队队长；张双起任作业大队作业二队政治指导员；孙福杰任作业大队作业二队副队长；李广仁任作业大队作业三队队长；孙建辉任作业大队作业三队政治指导员；王晓宾任作业大队作业三队副队长；李玉欣任作业大队作业四队队长；刘振海任作业大队作业四队政治指导员；张瑞旺任作业大队作业四队副队长；王昌兴任作业大队作业五队队长；赵恒仁任作业大队作业五队政治指导员；王利任作业大队作业五队副队长；王振宗任作业大队作业六队队长；常武志任作业大队作业六队政治指导员；郭振义任作业大队作业六队副队长。【华油采五党组字〔93〕27号】

同日　第五采油厂党委会研究同意，成立作业大队6个党支部；陈琦任作业一队党支部书记；张双起任作业二队党支部书记；孙建辉任作业三队党支部书记；刘振海任作业四队党支部书记；赵恒仁任作业五队党支部书记；常武志任作业六队党支部书记。【华油采五党组字〔93〕28号】

十一　月

11月1日　第五采油厂党政领导联席会研究决定：姚小涛任长输队副队长。【华油采五党组字〔93〕29号】

11月17日　第五采油厂党政领导联席会研究决定：刘寿培任居委会副

主任。【华油采五党组字〔93〕31号】

11月23日　第五采油厂党政领导联席会研究决定：徐青龙任居委会主任，免去其治安大队综合治理办公室副主任职务。【华油采五干字〔1993〕第182号】

一九九四年

三　月

3月8日　第五采油厂党政领导联席会研究决定：吕德福任工程维修大队大队长；谷红燕任工程维修大队副大队长；白可义任运输大队大队长；崔建勋任运输大队副大队长；刘前进任运输大队副大队长；张国法任作业大队大队长；李广仁任作业大队副大队长；马永忠任荆丘综合采油队副队长；陈明耀任生活服务公司经理；王智江任供应站站长；胡书宝任工程技术队队长；吴日新任生产调度室调度长；李英强任生产调度室副调度长；戴学锡任油田建设科科长；陈文发任鸿达公司总经理；王永明任鸿达公司副总经理；高喜栓任鸿达公司副总经理；陈志宏任鸿达公司副总经理；以上同志均免去原任职务。【华油采五干字〔1994〕第16号】

同日　第五采油厂党政领导联席会研究决定：李伍魁任工程技术队政治教导员；高玉林任运输大队政治教导员；闫庆贺任作业大队政治教导员；付建英任供应站政治教导员；赵满军任工程维修大队政治教导员；贾文克任荆丘综合采油队工会主席；程自力任作业大队工会主席；以上同志均免去原任职务。【华油采五党字〔1994〕9号】

同日　第五采油厂党政领导联席会研究决定：闫彪任采油一队政治指导员；文庆玉任采油七队政治指导员；刘怀建任采油八队政治指导员；何宝杰任采油三队队长；陈宝新任采油八队队长；王鹏举任采油八队副队长；以上同志均免去原任职务。【华油采五党组字〔1994〕第1号】

3月24日　第五采油厂党政领导联席会研究决定：张世雄任作业大队作业一队队长；张志明任作业大队作业一队副队长；马士清任作业大队作业二队副队长；李玉欣任作业大队作业三队队长；张瑞旺任作业大队作业四

队队长；孙福杰任作业大队作业四队副队长；仉德山任作业大队特车队队长；姬福任作业大队准备队队长；原生荣任作业大队准备队政治指导员兼副队长；郭小玉任荆丘综合采油队采油二队队长；以上同志均免去原任职务。【华油采五党组字〔1994〕第 2 号】

四　月

4 月 7 日　第五采油厂党政领导联席会研究决定，成立技术监督科，负责标准化、计量管理、施工质量监督等工作。【华油五厂劳字〔1994〕第 36 号】

同日　第五采油厂党政领导联席会研究决定，成立技术监督站（中队级），隶属技术监督科。【华油五厂劳字〔1994〕第 37 号】

4 月 13 日　第五采油厂党政领导联席会研究决定：张治国任公安分处政治教导员，免去其运输大队政治教导员兼大队长职务。【华油采五党字〔94〕第 20 号】

同日　第五采油厂党政领导联席会研究决定：崔耕兼任综合治理办公室主任；商崇贵任公安分处副处长；张进双任综合治理办公室副主任。【华油采五干字〔94〕第 31 号】

4 月 21 日　第五采油厂党政领导联席会研究决定：张治国任公安分处政治教导员；免去崔耕的治安大队政治教导员职务。【华油采五党字〔1994〕第 21 号】

同日　第五采油厂党政领导联席会研究决定：商崇贵任治安大队副大队长。【华油五厂干字〔1994〕第 39 号】

4 月 26 日　第五采油厂党政领导联席会研究决定：牛宝山任技术监督科副科长兼技术监督站站长，免去其工程技术队副队长职务。【华油五厂干字〔1994〕第 41 号】

五　月

5 月 16 日　第五采油厂党政领导联席会研究决定，成立工农科，主要负责征地占地赔偿、协调重点项目施工等工作。【华油劳字〔1994〕第 47 号】

六　月

6月24日　第五采油厂党政领导联席会研究决定：张克尧任教育培训中心副政治教导员。【华油采五党字〔94〕27号】

同日　第五采油厂党政领导联席会研究决定：李凡月任工农科副科长；吕恒昌任教育培训中心副主任；何宪卿任荆丘综合采油队副队长。【华油五厂干字〔1994〕第69号】

同日　第五采油厂党政领导联席会研究决定：免去代国庆的工程维修大队二中队队长职务；朱永贵任工程维修大队二中队队长，免去其工程维修大队车队副队长职务；左树帜任工程维修大队一中队政治指导员；杨东任工程维修大队一中队副队长；免去姜胜利的工程维修大队一中队政治指导员职务。【华油采五党组字〔94〕5号】

十　月

10月25日　第五采油厂党政领导联席会研究决定：马永真任厂副总地质师。【华油五厂干字〔1994〕第123号】

同日　第五采油厂党政领导联席会研究决定：高志明任生活服务公司生活维修队副队长。【华油采五党组字〔94〕9号】

同日　第五采油厂党政领导联席会研究决定：武乃升任采油一队副队长；武德云任工程维修大队车队政治指导员兼队长；康强任作业大队特车队副队长。【华油采五党组字〔94〕10号】

同日　第五采油厂党政领导联席会研究决定：刘基田任采油四队队长；常宏任采油四队政治指导员。【华油采五党组字〔94〕11号】

本月　第五采油厂党政领导联席会研究决定，成立采油四队，为直属中队级单位，负责赵102、赵108、赵39断块生产管理工作。【《采油五厂二十年》资料】

十 二 月

12月3日　第五采油厂党政领导联席会研究决定：王凤元任华北石油管理局物价检查总站第三分站站长，免去其荆丘综合采油队采油二队政治指

导员、党支部书记职务。【华油采五党组字〔94〕12号】

12月15日　第五采油厂党政领导联席会研究决定：田炜任荆丘综合采油队采油二队副队长；郭小玉任荆丘综合采油队生产协调组组长，免去其采油二队队长职务。【采五党组字〔94〕13号】

同日　第五采油厂党政领导联席会研究决定：贾文克兼任荆丘综合采油队采油二队政治指导员。【华油采五党字〔94〕36号】

同日　第五采油厂党政领导联席会研究决定：梁喜堂兼任荆丘综合采油队采油二队队长。【华油五厂干字〔1994〕137号】

一九九五年

二　月

2月16日　华北石油管理局党政领导联席会研究决定：马庆坤任采油研究所所长，免去其第五采油厂总工程师职务。【华油干字〔1995〕74号】

四　月

4月24日　第五采油厂党政领导联席会研究决定：免去董范的地质队队长职务；马永真兼任地质队队长；姜福生任生产调度室调度长；李志军兼任鸿达公司副总经理；免去杨丙辰的鸿达公司副总经理职务；吴日新兼任工程技术队副队长；马永忠任工程技术队副队长；梁喜堂任工程技术队副队长兼采油二队队长；尤冬青任工程技术队副队长；王树义任地质队副队长；侯守探任地质队副队长。【华油五厂干字〔1995〕第40号】

同日　第五采油厂党委会研究决定：吴日新任工程技术队政治教导员、党支部书；免去李伍魁的工程技术队政治教导员、党支部书记职务；杨丙辰任地质队政治教导员、党支部书记，免去其鸿达公司政治教导员、党总支书记职务；免去马永真的地质队政治教导员、党支部书记职务；徐青龙任厂机关党总支书记；李志军任鸿达公司政治教导员、党总支书记；贾文克任工程技术队副政治教导员兼采油二队政治指导员、党支部书记；闫彪任团委副书记。【华油采五党字〔1995〕7号】

同日 第五采油厂党委会研究决定：龙跃明任试井队政治指导员、党支部书记；免去刘英淼的试井队党支部书记职务；魏广营任长输队政治指导员、党支部书记；免去刘建威的长输队党支部书记职务；李宝成任采油一队政治指导员；徐定光兼任采油一队党支部书记；王海生任工程维修大队政工组长，免去其试井队副队长职务；程宝坤任采油二队副队长；段春林任输油队副队长。【华油采五党组字〔1995〕2 号】

4 月 26 日 第五采油厂党政领导联席会研究决定，撤销荆丘综合采油队，保留采油二队、输油队 2 个中队级单位。【华油五厂〔1995〕劳字第 46 号】

五 月

5 月 10 日 第五采油厂党政领导联席会研究决定：吴振忠任运输大队运输一中队队长；谭永红任运输大队运输一中队副队长；李军亮任鸿达公司机械制造厂厂长；王柏林任鸿达公司工程安装公司副经理；翟龙华任鸿达公司鸿达饭店经理；苏克平任鸿达公司建筑公司副经理；宋清华任鸿达公司小车队队长；范盼义任小车队队长；王建忠任工程技术队仪表室主任。【华油采五党组字〔1995〕3 号】

5 月 17 日 第五采油厂党政领导联席会研究决定：种占云任武装部部长；免去张进双的武装部副部长职务。【华油采五党字〔1995〕10 号】

六 月

6 月 13 日 第五采油厂党政领导联席会研究决定：郝军任工程维修大队二中队副队长。【华油采五党组字〔1995〕4 号】

6 月 16 日 第五采油厂党政领导联席会研究决定：王师华兼任监察科科长；张庆真任监察科副科长。【华油五厂干字〔1995〕69 号】

6 月 20 日 第五采油厂党政领导联席会研究决定，撤销纪监办公室，成立纪委办公室、监察科，合署办公。【华油五厂劳字〔1995〕第 66 号、华油五厂劳字〔1995〕第 67 号】

6 月 21 日 第五采油厂党政领导联席会研究决定：王师华任纪委办公室主任；何宪卿任工会办公室副主任。【华油采五党字〔1995〕13 号】

七　月

7月26日　第五采油厂党政领导联席会研究决定：郑西平任工程技术队作业管理室主任。【华油采五党组字〔95〕7号】

十　月

10月19日　第五采油厂党政领导联席会研究决定：孙学峰任采油二队副队长。【华油采五党组字〔95〕11号】

十 一 月

11月16日　华北石油管理局党政领导联席会议决定：李金增任第五采油厂总工程师，免去其二连石油勘探开发公司副总工程师职务。【华油干字〔1995〕450号】

11月21日　第五采油厂党政领导联席会研究决定：魏廷海任社会保险管理所所长；贾超任劳动工资科科长；以上同志均免去原任职务。【华油五厂干字〔1995〕第104号】

11月22日　第五采油厂党政领导联席会研究决定：赵恒仁任作业大队作业五队队长；免去其作业大队作业五队政治指导员职务；王国斌任作业大队作业五队政治指导员；免去王昌兴的作业大队作业五队队长职务。【华油采五党组字〔1995〕第12号】

十 二 月

12月22日　第五采油厂党政领导联席会研究决定，撤销计算机中心，业务划归地质队。【华油五厂劳字〔1995〕第108号】

12月23日　第五采油厂党政领导联席会研究决定，成立社会保险管理所，为厂属科级单位，主要负责在职职工、离退休人员养老保险管理和报销等工作，定员5人。【华油五厂劳字〔1995〕第124号】

同日　第五采油厂党政领导联席会研究决定，成立护厂队，隶属治安大队。【华油五厂劳字〔1995〕第115号】

一九九六年

八 月

8月26日 第五采油厂党政领导联席会研究决定：梁喜堂任电力管理大队政治教导员；马永忠任工程技术队政治教导员兼副队长；赵章印任党委办公室主任。【华油采五党字〔1996〕13号】

同日 第五采油厂党政领导联席会研究决定：陈宝新任采油一队队长；孙英祥任采油二队队长；戎顺利任采油三队队长；郭君更任采油三队副队长；蒲样金任采油五队队长；王鹏举任采油八队队长；王维任输油队政治指导员，免去其输油队副队长职务；王志平兼任治安大队护厂队队长、政治指导员；胡庆珠任治安大队护厂队副队长；闫月斌任治安大队护厂队副队长；杨兵任地质队计算机室主任；王开炳任地质队工作站主任；刘凤芸任地质队滚动开发室主任；张永任地质队开发动态室主任；张志友任地质队生产管理室主任。【华油采五党组字〔1996〕第5号】

同日 第五采油厂党政领导联席会研究决定：陈繁华任机械动力科科长；梁喜堂任电力管理大队大队长，免去其工程技术队副队长、采油二队队长职务；徐定光任电力管理大队副大队长；李志伟任电力管理大队副大队长。【华油五厂干字〔1996〕第64号】

8月28日 第五采油厂党政领导联席会研究决定：成立电力管理大队，为厂属科级单位（不设机关），主要负责全厂生产、生活用电及结算等管理工作，定员81人。【华油五厂劳字〔1996〕65号】

九 月

9月6日 第五采油厂党政领导联席会研究决定：姜胜利任电力管理大队电工队队长兼政治指导员；孟宪勇任电力管理大队护线队政治指导员；刘国志任电力管理大队护线队队长；以上同志均免去原任职务。【华油采五党组字〔96〕6号】

十 二 月

12 月 10 日 根据华北石油管理局物资管理体制改革要求，第五采油厂供应站整建制划归华北石油管理局器材供应处，划转职工 55 人。【华油劳字〔1996〕519 号】

12 月 18 日 华北石油管理局解体"大而全、小而全"的管理模式，将生活后勤、卫生、教育等业务与生产主业相分离。鸿达公司、生活服务公司、离退休职工管理站、教育培训中心、卫生所、社会保险管理所等多个单位，整体划归第十五综合服务处，划转职工 550 人。【华油劳字〔1996〕525 号】

12 月 19 日 华北石油管理局党政领导联席会研究决定：郭宗仁任第十五综合服务处处长，免去其原任职务。【华油干字〔1996〕536 号】

12 月 26 日 华北石油管理局党政领导联席会研究决定：马庆坤任第五采油厂厂长，免去其采油工艺研究所所长职务。【华油干字〔1996〕549 号】

同日 华北石油管理局党委会研究决定：增补马庆坤为第五采油厂党委委员。【华油党字〔96〕100 号】

本月 根据华北石油管理局审计管理体制改革要求，第五采油厂撤销审计科，相关业务及人员划归华北石油管理局审计处。【华油劳字〔1996〕517 号】

一九九七年

三 月

3 月 31 日 第五采油厂党政领导联席会研究决定，对厂机关机构及定员编制进行调整。厂机关共设 16 个科室，定员 87 人，其中科室长职数 18 人。【华油五厂劳字〔1997〕第 21 号】

本月 第五采油厂党政领导联席会研究决定，成立物资计划科。【华油五厂劳字〔1997〕第 21 号】

五　月

5月8日　华北石油管理局党政领导联席会研究决定：李金增任第一采油厂总工程师，免去其第五采油厂总工程师职务。【华油干字〔1997〕167号】

5月22日　第五采油厂党政领导联席会研究决定：张德民任综合治理办公室主任，免去其工会副主席职务；张根元任工会副主席兼工会办公室主任；陈秀兰任工会副主席兼女工委员会主任；张进双任武装部部长兼综合治理办公室副主任；郭永兵任电力管理大队政治教导员，免去其党委组织部部长职务；白可义任作业大队政治教导员；何宪卿任作业大队工会主席，免去其工会办公室副主任职务；潘忠琪任党委组织部部长；闫彪任团委书记；免去崔耕兼任的综合治理办公室主任职务；免去梁喜堂兼任的电力管理大队政治教导员职务；免去程自力的作业大队工会主席职务。【华油采五党字〔1997〕7号】

同日　第五采油厂党政领导联席会研究决定：陈登平任厂副总会计师兼财务科科长；姜福生任物资计划科科长，免去其生产调度室调度长职务；王中军任生产调度室调度长；李凡月任工农科科长；高忠生任厂办公室副主任；刘前进任技术监督科科长，免去其运输大队副大队长职务；崔建勋任运输大队大队长；段淑云任运输大队副大队长；贾可茂任运输大队队副大队长，免去其作业大队副大队长职务；程自力任作业大队副大队长；免去白可义的运输大队大队长职务。【华油五厂干字〔1997〕第35号】

六　月

6月16日　第五采油厂党政领导联席会研究决定，成立运输大队三中队。【华油五厂劳字〔1997〕46号】

同日　第五采油厂党政领导联席会研究决定，边零井采油队更名为边零井综合采油队，为直属中队级单位，主要负责边零井采油管理、注水井酸化解堵、调剖及化学堵水、化学药剂调配等工作。【华油五厂劳字〔1997〕47号】

6月18日　第五采油厂党政领导联席会研究决定：武乃升任采油一队政治指导员，免去其采油一队副队长职务；梁连兴任采油一队副队长；田炜任采油二队队长；黄建青任采油二队副队长；孙英祥任采油四队队长，免去其采油二队队长职务；刘宏伟任采油四队副队长；刘基田任长输队队长；王自萍任长输队政治指导员；文革任输油队副队长；程秉艺任输油队副队长；张新占任作业大队作业六队队长；贾高星任作业大队作业六队政治指导员；刘涛任作业大队作业六队副队长；免去王振宗的作业大队作业六队队长职务；常武志任作业大队生活组组长，免去其作业大队作业六队政治指导员职务；免去郭振义的作业大队作业六队副队长职务；仇德山任作业大队准备队政治指导员，免去其作业大队特车队队长职务；朱春永任作业大队特车队队长，免去其作业大队特车队政治指导员职务；原生荣任作业大队特车队政治指导员，免去其作业大队准备队政治指导员职务；杨东任工程维修大队一中队队长；李玉华任工程维修大队一中队副队长；刘宝军任工程维修大队二中队副队长；陈国富任工程维修大队机加工车间主任；赵东任工程维修大队机加工车间副主任；王海生任工程维修大队车队政治指导员；薛长柏任工程维修大队车队副队长；免去武德云兼任的工程维修大队车队政治指导员职务；谭永红任运输大队一中队队长；吴振忠任运输大队一中队政治指导员，免去其运输大队一中队队长职务；免去任维峰兼任的运输大队二中队政治指导员职务；李凤鸣任运输大队二中队政治指导员；段涛任运输大队三中队队长；安武仕任运输大队三中队政治指导员；魏广营任电力管理大队电工队政治指导员，免去其长输队政治指导员职务；免去姜胜利兼任的电力管理大队电工队政治指导员职务；免去刘建威的长输队队长职务；免去郝军的工程维修大队二中队副队职务；免去段春林的输油队副队长职务。【华油采五党组字〔1997〕01 号】

八　月

8 月 27 日　华北石油管理局党委会研究决定：翟云辉任第五采油厂纪委委员、纪委书记；提曰象任第五采油厂工会主席，免去其第五采油厂纪委委员、纪委书记职务。【华油党〔1997〕44 号】

同日　华北石油管理局党政领导联席会研究决定：张凤雨、王在贵、李惠杰等 3 名同志任第五采油厂副厂长；周赤烽任第五采油厂总工程师；董范任第五采油厂总地质师。【华油干字〔1997〕337 号】

十　月

10月5日　第五采油厂党政领导联席会研究决定：刘建勋任采油五队副队长；马永伟任采油八队副队长；免去王桂林的采油七队副队长职务。【华油采五党组字〔1997〕5号】

十 一 月

11月24日　第五采油厂党政领导联席会研究决定：郑清秀任纪委办公室纪检员（正科级）；王智江任工程维修大队工会主席。【华油采五党〔1997〕20号】

同日　第五采油厂党政领导联席会研究决定：郝玉军任经营计划科副科长。【华油采五干字〔1997〕94号】

十 二 月

12月1日　第五采油厂党政领导联席会研究决定，成立经济民警中队，隶属公安分处。【华油采五劳字〔1997〕102号】

一九九八年

二　月

2月10日　第五采油厂党委会研究同意：袁进杰任运输大队工会主席。【华油采五党〔1998〕3号】

三　月

3月26日　第五采油厂工会第三次会员代表大会召开，选举产生第三届工会委员会和工会经费审查委员会，提曰象当选工会主席。【《采油五厂二十年》资料】

五　月

5月8日　第五采油厂党政领导联席会研究决定：梁连兴任边零井综合采油队队长，免去其采油一队副队长职务。【华油采五党组字〔98〕3号】

六　月

6月5日　第五采油厂党委会研究决定：常武志任作业大队特车队政治指导员；张新占任作业大队作业二队队长，免去其作业六队队长职务；贾高星任作业大队作业三队政治指导员，免去其作业六队政治指导员职务；孙建辉任作业大队作业六队政治指导员，免去其作业三队政治指导员职务；孙福杰任作业大队作业六队队长，免去其作业四队副队长职务；李永才任作业大队作业六队副队长；免去赵晓利的作业大队作业二队队长职务；免去原生荣的作业大队特车队政治指导员职务；免去张志明的作业大队作业一队副队长职务。【华油采五党组字〔1998〕4号】

6月29日　第五采油厂党政领导联席会研究决定：张治国任工程技术队政治教导员，免去其公安分处政治教导员职务；戴玉春任公安分处政治教导员；刘怀建任赵州桥采油工区政治教导员，免去其采油八队政治指导员职务；免去马永忠的工程技术队政治教导员职务。【华油采五党字〔1998〕13号】

同日　第五采油厂党政领导联席会研究决定：文革任长输队队长，免去其输油队副队长职务；马永伟任采油八队队长；王鹏举任采油八队政治指导员，免去其采油八队队长职务；文庆玉任边零井综合采油队政治指导员；高峰任小车队队长；免去范盼义的小车队队长职务；免去刘基田的长输队队长职务；免去常宏的采油四队政治指导员职务。【华油采五党组字〔98〕5号】

同日　第五采油厂党政领导联席会研究决定：吕德福任厂长助理；刘春平任厂副总工程师；陈刚任厂副总地质师；以上同志均免去原任职务。【华油五采干字〔1998〕72号】

同日　第五采油厂党政领导联席会研究决定：李宗博任工程维修大队大队长；马永忠任工程技术队队长；李造吉任工程技术队副队长；张庚祥任工程技术队副队长；王树义任地质队队长；张永任地质队副队长；杨兵任地质

队副队长；张志友任地质队副队长；孙英样任赵州桥采油工区主任；李志伟任赵州桥采油工区副主任，免去其电力管理大队副大队长职务；李振清任赵州桥采油工区主任工程师；刘宏伟任赵州桥采油工区主任地质师；郑西平任生产调度室副调度长；寇金虎任电力管理大队副大队长；商崇贵任公安分处处长；高忠生任厂办公室主任；付建英任厂办公室副主任；刘文菊任财务科副科长；免去马永真兼任地质队队长职务；免去崔耕的公安分处处长职务；免去戴玉春的公安分处副处长职务。【华油五采干字〔1998〕73号】

七 月

7月17日　第五采油厂党政领导联席会研究决定：撤销采油四队、采油七队，成立赵州桥采油工区，为厂属科级单位。【华油五采办室字〔1998〕2号】

7月22日　第五采油厂党委组织部研究决定：崔立江任采油一队副队长；王庆勇任输油队副队长；韩坚舟任试井队副队长；刘基田任采油二队副队长。【华油采五党组字〔1998〕6号】

十 月

10月6日　华北石油管理局党政领导联席会研究决定：李战海任第五采油厂总会计师。【华油干字〔1998〕449号】

10月31日　华北石油管理局党政领导联席会研究决定：马庆坤任开发事业部主任，免去其第五采油厂厂长职务。【华油干字〔1998〕495号】

十 一 月

11月20日　华北石油管理局党政领导联席会研究决定：董范任第五采油厂厂长，免去其第五采油厂总地质师职务。【华油干字〔1998〕517号】

同日　华北石油管理局党委会研究决定：增补董范为第五采油厂党委委员。【华油党字〔1998〕89号】

十 二 月

12月18日　第五采油厂党委会研究决定，撤销崔耕的第五采油厂纪律

检查委员会委员职务。【华油采五党〔1998〕22号】

一九九九年

一　月

1月4日　中共第五采油厂第三次代表大会召开，选举产生中共第五采油厂第三届委员会和纪律检查委员会。党委委员9人，赫云书当选党委书记，董范、翟云辉当选党委副书记；纪委委员7人，翟云辉当选纪委书记。【华油采五党〔1999〕10号】

二　月

2月15日　华北石油管理局批准，第五采油厂成立采油工区；撤销采油二队、输油队编制，成立荆丘采油工区，主要管辖晋古2断块和晋45断块，为科级单位；撤销采油三队、采油五队、长输队和边零井综合采油队编制，成立辛集采油工区，主要管辖晋40断块、晋93断块、何庄西潜山等油藏，为科级单位；撤销采油一队、采油八队编制，成立深州采油工区，主要管辖台4断块、泽70断块、榆科油田等油藏，为科级单位。【华油五采劳字〔1999〕41号】

四　月

4月4日　第五采油厂党政领导联席会研究决定：常宏任辛集油品经销处主任。【华油五采党组字〔1999〕2号】

4月15日　第五采油厂党政领导联席会研究决定：田炜任荆丘采油工区主任；周正奇任荆丘采油工区副主任；王维任荆丘采油工区副主任；陈宝新任深州采油工区主任；武乃升任深州采油工区副主任；梁连兴任深州采油工区副主任；蒲祥金任辛集采油工区主任；戎顺利任辛集采油工区副主任；文庆玉任辛集采油工区副主任；代国庆任赵州桥采油工区副主任；刘宏伟任赵州桥采油工区副主任兼主任地质师。【华油五采干字〔1999〕42号】

同日　第五采油厂党政领导联席会研究决定：陈国富任荆丘采油工区主

任工程师；边亮任荆丘采油工区主任地质师；杨丙建任辛集采油工区主任工程师；王敬缺任辛集采油工区主任地质师；袁占永任深州采油工区主任工程师；黄建青任深州采油工区主任地质师。【华油五采干字〔1999〕43号】

同日　第五采油厂党政领导联席会研究决定：王全喜任荆丘采油工区政治教导员；提恩浩任深州采油工区政治教导员；崔耕任赵州桥采油工区工会主席；贾文克任辛集采油工区政治教导员，免去其工程技术队副政治教导员职务。【华油采五党字〔1999〕4号】

4月27日　第五采油厂党委组织部研究决定：程自力兼任作业大队特车队队长；免去朱春永的作业大队特车队队长职务。【华油采五组字〔1999〕3号】

五　月

5月10日　第五采油厂党政领导联席会研究决定，撤销油田建设科、机械动力科；物资计划科更名为物资管理中心；成立质量检验监督站、勘察设计研究室，均为科级单位。调整后，厂机关分为党群、生产、经营3个系统，共15个科室。【华油五采劳字〔1999〕51号】

5月19日　第五采油厂党委会研究决定：李子杰任党委宣传部部长；赵章印任党委办公室主任。【华油采五党组字〔1999〕18号】

5月24日　第五采油厂党政领导联席会研究决定：王中军任生产调度室调度长；李凡月任工农科科长；陈繁华任资产设备科科长；刘前进任安全环保技术监督科科长；贾超任劳动工资科科长；高忠生任厂办公室主任；郝玉军任经营计划科科长；刘文菊任财务科科长；陈占英任物资管理科科长；杨瑞起任质量检验监督站站长；于志铭任勘察设计研究室主任。【华油五采干字〔1999〕57号】

同日　第五采油厂党政领导联席会研究决定：李英强任生产调度室副调度长；付建英任厂办公室副主任；田生任安全环保技术监督科副科长；任虹任质量检验监督站副站长。【华油五采干字〔1999〕58号】

六　月

6月17日　第五采油厂党政领导联席会研究决定，撤销试井队，成立综合测试队，主要负责全厂油水井高、低压试井工作和仪器仪表检验维修工作，定员 66 人。成立辛集油品经销处，主要负责油品营销等工作，定员 12 人。成立联办储蓄所，主要负责存、取款业务及储蓄管理工作，定员 12 人。以上 3 个单位均为直属中队级单位。【华油五采劳字〔1999〕65 号】

　　同日　第五采油厂党政领导联席会研究决定：高瑞荔任联办储蓄所所长。【华油采五党组字〔1999〕5 号】

　　同日　第五采油厂党委会研究决定：王宝贵任电力管理大队工会主席；姜福生任深州采油工区工会主席；崔彦林任辛集采油工区工会主席；谢世平任荆丘采油工区工会主席；龙跃明任综合测试队政治指导员（副科级）。【华油采五党字〔1999〕22 号】

　　同日　第五采油厂党政领导联席会研究决定：戴学锡任生产调度室副调度长；郑西平任地质队副队长；朱荣贵任工程维修大队副大队长；赵盼望任作业大队主任工程师；刘英淼任综合测试队队长（副科级）。【华油五采干字〔1999〕64 号】

七　月

　　7 月 27 日　第五采油厂党委组织部研究决定：刘宝军任工程维修大队二中队队长；李云林任工程维修大队二中队副队长；赵东任工程维修大队机加工车间主任。【华油采五党组字〔1999〕6 号】

九　月

　　9 月 17 日　第五采油厂党委组织部研究决定：孙建辉任作业大队作业三队政治指导员；李树怀任作业大队作业六队政治指导员；刘涛任作业大队作业三队副队长；以上同志均免去原任职务。【华油采五党组字〔1999〕8 号】

二〇〇〇年

一　月

1月1日　华北油田分公司重组改制，工程维修大队划归华北石油管理局第一油田建设公司、运输大队划归华北石油管理局运输公司、作业大队除油管场外划归华北石油管理局井下作业公司，共分离职工547人。作业大队划出后，油管场调整为直属中队级单位。【《采油五厂二十年》资料】

1月11日　第五采油厂党政领导联席会研究决定，成立车队，为直属中队级单位，主要负责车辆维修、保养、调度等生产保障工作，定员60人。【华油五采劳字〔2000〕6号】

1月12日　第五采油厂党政领导联席会研究决定，成立抽捞油采油队，为直属中队级单位，主要负责低效井管理、维护及落地油回收等工作，定员15人。【华油五采劳字〔2000〕5号】

1月18日　华北石油管理局第五采油厂更名为中国石油天然气股份有限公司华北油田分公司第五采油厂，简称中国石油华北油田采油五厂。【华北人事字〔2000〕14号】

1月27日　华北油田分公司党政领导联席会研究决定：周赤烽任采油工艺研究院院长，免去其第五采油厂总工程师职务。【华北人事字〔2000〕22号】

三　月

3月27日　华北油田分公司党政领导联席会研究决定：张海澎任第五采油厂总地质师。【华北组字〔2000〕61号】

五　月

5月30日　第五采油厂党政领导联席会研究决定，对第五采油厂机构进行调整，调整后厂属科级单位7个：深州采油工区、荆丘采油工区、辛集采油工区、赵州桥采油工区、电力管理大队、工程技术队、地质队；直属单

位 6 个：小车队、辛集油品经销处、综合测试队、车队、抽捞油采油队、油管场。【华油五采劳字〔2000〕41 号】

十　月

10 月 9 日　根据华北油田分公司机构编制实施细则要求，第五采油厂对机构设置进行重新调整。党委办公室、党委宣传部、团委合并，成立党群工作部；生产调度室、工农科合并，成立生产运行科；党委组织部、劳动工资科合并，成立人事科（组织部）。物资管理科更名为物资管理中心，资产设备科更名为设备管理中心，更名后均为直属单位。地质队更名为地质研究所；工程技术队更名为工程技术研究所。调整后，机关设科室 9 个，所属单位 19 个。【华北人事处字〔2000〕40 号】

10 月 11 日　第五采油厂印发《关于〈第五采油厂机构设置调整方案〉的通知》。【华北五采劳字〔2000〕68 号】

10 月 21 日　第五采油厂党政领导联席会研究决定：吕德福任厂长助理；刘春平任厂副总工程师；陈刚任厂副总地质师；高忠生任厂办公室主任；付建英任厂办公室副主任；郝玉军任综合计划科科长；郑清秀任监察科科长；刘文菊任财务科科长；潘忠琪任人事科科长；贾超任人事科副科长（正科级）；王中军任生产运行科科长；李凡月任生产运行科副科长（正科级）；李英强任生产运行科副科长；刘前进任安全环保技术监督科科长；田生任安全环保技术监督科副科长；陈占英任物资管理中心主任；陈繁华任设备管理中心主任；杨瑞起任质量检验监督站站长；任虹任质量检验监督站副站长；于志铭任勘察设计研究室主任；王树义任地质研究所主任；侯守探任地质研究所副主任；张永任地质研究所副主任；张志友任地质研究所副主任；杨兵任地质研究所副主任；郑西平任地质研究所副主任；马永忠任工程技术研究所主任；曾艺忠任工程技术研究所副主任；尤冬青任工程技术研究所副主任；李造吉任工程技术研究所副主任；张庚祥任工程技术研究所副主任；梁喜堂任电力管理大队大队长；徐定光任电力管理大队副大队长；寇金虎任电力管理大队副大队长；田炜任荆丘采油工区主任；周正奇任荆丘采油工区副主任；王维任荆丘采油工区副主任；陈国富任荆丘采油工区责任工程师；边亮任荆丘采油工区责任地质师；蒲祥

金任辛集采油工区主任；戎顺利任辛集采油工区副主任；文庆玉任辛集采油工区副主任；杨丙建任辛集采油工区责任工程师；王敬缺任辛集采油工区责任地质师；陈宝新任深州采油工区主任；武乃升任深州采油工区副主任；梁连兴任深州采油工区副主任；袁占永任深州采油工区责任工程师；黄建青任深州采油工区责任地质师；孙英祥任赵州桥采油工区主任；刘宏伟任赵州桥采油工区副主任；代国庆任赵州桥采油工区副主任；李振清任赵州桥采油工区责任工程师；刘英淼任综合测试队队长；以上同志均免去原任职务。【华北五采干字〔2000〕71号】

同日　第五采油厂党委会研究决定：赵章印任党群工作部主任；闫彪任党群工作部副主任兼团委书记（正科级）；潘忠琪任党委组织部部长；郑清秀任纪委办公室主任；陈秀兰任工会办公室主任；李子杰任地质研究所党支部书记；张根元任工程技术研究所党支部书记；商崇贵任电力管理大队党支部书记；王全喜任荆丘采油工区党支部书记；贾文克任辛集采油工区党支部书记；提恩浩任深州采油工区党支部书记；刘怀建任赵州桥采油工区党支部书记；龙跃明任综合测试队党支部书记；谢世平任荆丘采油工区工会主席；以上同志均免去原任职务。【华北五采党字〔2000〕15号】

二〇〇一年

三　月

3月19日　第五采油厂党委会研究同意：增补郑清秀、刘文菊为第五采油厂纪律检查委员会委员，郑清秀任纪委副书记。【华北五采党字〔2001〕9号】

四　月

4月23日　华北油田分公司组织部审批同意：张凤雨兼任第五采油厂安全总监。【华北五采人事字〔2001〕23号】

五　月

5月30日　第五采油厂党政领导联席会研究决定：申玉健任赵州桥采油工区责任地质师。【华北五采组字〔2001〕28号】

本月　联办储蓄所撤销。【《采油五厂二十年》资料】

十　月

10月19日　第五采油厂印发《关于〈采油队伍"撤队建站"实施方案〉的通知》。【华北五采人事字〔2001〕第56号】

十 一 月

本月　第五采油厂开展撤队建站工作，将厂—工区—采油队—班站四级管理模式调整为厂—工区—班站三级管理模式，共撤销22个中队级建制，组建40个班站，减少管理人员60人。【《采油五厂二十年》资料】

十 二 月

12月1日　公安系统体制改革，公安分处移交冀中公安局，更名为冀中公安局辛北分局，后续录警22人。冀中公安局隶属河北省公安厅。【《采油五厂二十年》资料】

二〇〇二年

一　月

1月31日　第五采油厂党委会研究同意：成立赵州桥采油工区党总支，下设赵州桥油田党支部、赵一联党支部、机关党支部，刘怀建任赵州桥采油工区党总支书记，代国庆任赵州桥油田党支部书记，李振清任赵一联党支部书记，刘宏伟任机关党支部书记；成立深州采油工区党总支，下设深南油田党支部、榆科油田党支部、机关党支部，提恩浩任深州采油工区党总支书记，梁连兴任深南油田党支部书记，马永伟任榆科油田党支部书记，武乃升任机关党支部书记；成立辛集采油工区党总支，下设车城油田党支部、何庄油田党支部、机关党支部，贾文克任辛集采油工区党总支书记，文庆玉任车城油田党支部书记，戎顺利任何庄油田党支部书记，王自萍任机关党支部书记；成立荆丘采油工区党总支，下设荆丘油田党支部、荆丘联合站党支部、机关党支部，王全喜任荆丘采油工区党总支书记，王维任荆丘油田党支部书记，周正奇任荆丘联合站党支部书记，谢世平任机关党支部书记；调整厂机关党总支所属党支部设置，保留生产党支部、行政党支部、党群党支部，成立直属党支部，付建英任厂机关党总支书记；李英强任生产党支部书记，贾超任行政党支部书记；张进双任党群党支部书记，庄学军任直属单位党支部书记。【华北五采党字〔2002〕2 号】

五 月

5 月 9 日　华北油田分公司党政领导联席会研究决定：胡书宝任第五采油厂总工程师。【华北组〔2002〕68 号】

六 月

6 月 7 日　第五采油厂党政领导联席会研究决定：魏志远任电力管理大队副大队长。【华北人事字〔2002〕33 号】

七 月

7 月 17 日　第五采油厂党政领导联席会研究决定，成立保卫科，为直属科级单位，与综合治理办公室、武装部合署办公。保卫科科长兼任社会治安综合治理办公室主任、武装部部长。主要负责指导各单位实施综合治理和治安保卫工作，定员 3 人。【华北五采人事字〔2002〕39 号】

八 月

8 月 9 日　第五采油厂党政领导联席会研究决定：张进双任保卫科科长兼社会治安综合治理办公室主任。【华北五采党字〔2002〕10 号】

二〇〇三年

二　月

2月21日　第五采油厂党政领导联席会研究决定：刘宏伟任赵州桥采油工区主任；李振清任赵州桥采油工区副主任；孙英祥任生产运行科副科长（正科级），免去其赵州桥采油工区主任职务。【华北五采人事字〔2003〕7号】

四　月

4月8日　华北油田分公司党政领导联席会研究决定：免去王在贵的第五采油厂副厂长职务。【华北组字〔2003〕59号】

4月10日　华北油田分公司党委会研究决定：翟云辉任第五采油厂党委书记，免去其第五采油厂纪委书记、纪委委员职务；潘忠琪任第五采油厂党委副书记；赵章印任第五采油厂纪委书记、工会主席，增补为第五采油厂党委委员；免去赫云书的第五采油厂党委书记、党委委员职务；免去王在贵的第五采油厂党委委员职务。【华北党字〔2003〕5号】

六　月

6月23日　第五采油厂党委会研究决定：贾超任党委组织部部长；闫彪任党群工作部主任。【华北五采党字〔2003〕20号】

同日　第五采油厂党政领导联席会研究决定：贾超任人事科科长。【华北五采人事字〔2003〕38号】

十　月

10月30日　第五采油厂党委会研究决定，调整厂机关党总支所属党支部设置，保留原党支部设置，成立保卫科党支部；闫彪任党群党支部书记；张进双任保卫科党支部书记；张辰须任油管场党支部书记。【华北五采党字〔2003〕23号】

二〇〇四年

三　月

3月3日　为更好地开展油藏精细描述，搞好综合地质研究工作，第五采油厂成立地质研究所综合地质研究室。【华北五采人事字〔2004〕15号】

3月29日　第五采油厂党委会议研究同意，成立辛集油品经销处党支部，常宏任党支部书记；王维任深州采油工区党总支书记；刘英淼任综合测试队党支部副书记。【华北五采党字〔2004〕7号】

六　月

6月1日　华北油田分公司党政领导联席会研究决定：董范任开发部经理，免去其第五采油厂厂长职务。【华北组字〔2004〕80号】

同日　华北油田分公司党委会研究决定：免去董范的第五采油厂党委副书记、党委委员职务。【华北党字〔2004〕18号】

九　月

9月27日　华北油田分公司党政领导联席会研究决定：周晓俊任第五采油厂厂长，免去其第三采油厂副厂长职务。【华北组字〔2004〕124号】

同日　华北油田分公司党委会研究决定：周晓俊任第五采油厂党委委员、副书记，免去其第三采油厂党委委员职务。【华北党字〔2004〕27号】

十 一 月

11月11日　华北油田分公司党政领导联席会研究决定：张海澎、胡书宝分别任第五采油厂副厂长。【华北组字〔2004〕136号】

同日　华北油田分公司党委会研究决定：增补张海澎、胡书宝分别为第五采油厂党委委员。【华北党字〔2004〕37号】

二〇〇五年

三　月

3月20日　第五采油厂党政领导联席会研究决定：王树义任厂副总地质师；刘前进任厂安全副总监。【华北五采人事字〔2005〕12号】

同日　第五采油厂党政领导联席会研究决定：贾超任工会副主席；免去陈秀兰、张根元的工会副主席职务。【华北五采工字〔2005〕5号】

同日　第五采油厂党委会研究决定：陈繁华任党委组织部部长；贾超任工会副主席兼工会办公室主任；付建英任党群工作部主任兼团委书记；张根元任纪委办公室主任；商崇贵任厂机关党总支书记；陈秀兰任地质研究所党支部书记；李子杰任工程技术研究所党支部书记；郑清秀任电力管理大队党支部书记；王全喜任辛集采油工区党总支书记；刘怀建任荆丘采油工区党总支书记；贾文克任赵州桥采油工区党总支书记；刘英淼任小车队党支部书记；以上同志均免去原任职务。【华北五采党字〔2005〕4号】

同日　第五采油厂党政领导联席会研究决定：陈繁华任人事科科长；郝玉军任厂办公室主任；商崇贵任厂办公室副主任；张根元任监察科科长；马永忠任综合计划科科长；陈宝新任生产运行科科长；魏志远任生产运行科副科长；高忠生任企管法规科科长；梁喜堂任物资管理中心主任；于志铭任设备管理中心主任；陈占英任质量监督站站长；李造吉任勘察设计研究室副主任；田炜任工程技术研究所主任；孙英祥任电力管理大队大队长；刘宏伟任辛集采油工区主任；李英强任深州采油工区主任（代理）；蒲祥金任荆丘采油工区主任；李振清任赵州桥采油工区主任（代理）；闫彪任小车队队长；杨瑞起任综合测试队队长；以上同志均免去原任职务。【华北五采人事字〔2005〕13号】

本月　第五采油厂成立企管法规科。车队、小车队合并，成立小车队，为科级单位。【《采油五厂二十年》资料】

五 月

5月30日 第五采油厂党政领导联席会研究决定：李造吉任勘察设计研究室主任；侯守探任地质研究所主任；李振清任赵州桥采油工区主任；李英强任深州采油工区主任；免去王树义的地质研究所主任职务。【华北五采人事字〔2005〕36号】

六 月

6月28日 华北油田分公司党委会研究决定：翟云辉任第二采油厂党委委员、党委书记，免去其第五采油厂党委书记、党委委员职务；田玉亭任第五采油厂党委委员、党委书记，免去其第三采油厂党委书记、党委委员职务。【华北党字〔2005〕22号】

八 月

8月22日 第五采油厂党政领导联席会研究决定：申玉健任赵州桥采油工区副主任；高峰任深州采油工区副主任；牛宝歧任小车队副队长；梁连兴任山西煤层气试采队队长（副科级）；免去其深州采油工区副主任职务。【《采油五厂二十年》资料】

同日 第五采油厂党委会研究同意，白振平任山西煤层气试采队党支部书记（副科级）。【华北五采党字〔2005〕20号】

8月23日 按照华北油田分公司煤层气试采会议部署，第五采油厂成立山西煤层气试采队，为科级单位，主要负责采气计量、外输、污水处理、低压测试及生产数据录取等项工作，定员33人。【华北五采人事字〔2005〕49号】

九 月

9月29日 第五采油厂党政领导联席会研究决定：吕德福兼任生产运行科科长；陈宝新任赵州桥采油工区主任，免去其生产运行科科长职务。【华北五采人事字〔2005〕54号】

十 一 月

11月1日　华北油田分公司党政领导联席会研究决定：李战海任第二采油厂副厂长、总会计师，免去其第五采油厂总会计师职务；吴振海任第五采油厂副厂长、总会计师，免去其开发部副经理、总会计师职务。【华北组字〔2005〕142号】

同日　华北油田分公司党委会研究决定：增补李战海为第二采油厂党委委员，免去其第五采油厂党委委员职务；增补吴振海为第五采油厂党委委员。【华北党字〔2005〕32号】

十 二 月

12月21日　华北油田分公司人事处批示，第五采油厂不单独成立工农科，机构设在生产运行科，生产运行科定员15人，其中科长1人、副科长3人。厂科级总职数由62人调整为63人，机关总定员61人调整为65人。【华北人事处字〔2005〕26号】

二〇〇六年

二 月

2月13日　第五采油厂党政领导联席会研究决定：亢亚力任人事科副科长；郭小玉任厂办公室副主任；庄学军任生产运行科副科长；蒋培军任地质研究所副主任。【华北五采人事字〔2006〕8号】

同日　第五采油厂党委会研究决定：郝玉军任厂机关党总支书记；亢亚力任党委组织部副部长；毛俊霞任党群工作部副主任。【华北五采党字〔2006〕5号】

三 月

3月10日　第五采油厂党委会研究同意，辛集采油工区成立党支部7个：晋93采油站党支部、晋95采油站党支部、晋105采油站党支部、晋

40 采油站党支部、荆晋采油站党支部、庄一联合站党支部、机关党支部。刘俊宝任晋 93 采油站党支部副书记；郝军任晋 95 采油站党支部书记；刘建勋任晋 105 采油站党支部书记；陈志彬任晋 40 采油站党支部书记；姚小涛任荆晋采油站党支部书记；谢天宇任庄一联合站党支部书记；文庆玉任机关党支部书记。【华北五采党字〔2006〕6 号】

同日　第五采油厂党委会研究同意，深州采油工区成立党支部 5 个：深西采油站党支部、泽 10 采油站党支部、榆科采油站党支部、深一联合站党支部、机关党支部。刘振来任深西采油站党支部书记；崔健任泽 10 采油站党支部书记；王建华任榆科采油站党支部副书记；程宝坤任深一联合站党支部书记；武乃升任机关党支部书记。【华北五采党字〔2006〕7 号】

同日　第五采油厂党委会研究同意，荆丘采油工区成立党支部 5 个：荆一采油站党支部、荆二采油站党支部、荆二联合站党支部、轻烃回收站党支部、机关党支部。朱立平任荆一采油站党支部书记；蒋银举任荆二采油站党支部书记；谭卫平任荆二联合站党支部书记；辛昆虎任轻烃回收站党支部书记；谢世平任机关党支部书记。【华油采五党字〔2006〕8 号】

同日　第五采油厂党委会研究同意，赵州桥采油工区成立党支部 7 个：赵 108 采油站党支部、赵 112 采油站党支部、赵 60 采油站党支部、赵 61 采油站党支部、赵 36 采油站党支部、赵一联合站党支部、机关党支部。高庆凯任赵 108 采油站党支部书记；路庆乐任赵 112 采油站党支部书记；魏学庚任赵 60 采油站党支部书记；董树才任赵 61 采油站党支部书记；岳力峰任赵 36 采油站党支部书记；何永志任赵一联合站党支部书记；马德长任机关党支部书记。【华北五采党字〔2006〕9 号】

3 月 24 日　经华北油田分公司人事处同意，工程技术研究所、地质研究所行政领导职务称谓由"主任""副主任"更名为"所长""副所长"，更名后其工作职责保持不变。【华北五采人事字〔2006〕19 号】

四　月

4 月 3 日　第五采油厂党委会研究同意：张进双任保卫科党支部书记；郑清秀任电力管理大队党支部书记；李子杰任工程技术研究所党支部书记；陈秀兰任地质研究所党支部书记；刘英淼任小车队党支部书记。【华北五采

党字〔2006〕11号】

　　同日　第五采油厂党委会研究决定，撤销辛集油品经销处党支部，将辛集油品经销处党支部并入综合测试队党支部；龙跃明任综合测试队党支部书记；杨瑞起任综合测试队党支部副书记；免去常宏的辛集油品经销处党支部书记职务。【华北五采党字〔2006〕12号】

　　本月　辛集油品经销处撤销。【《采油五厂二十年》资料】

五　月

　　5月18日　第五采油厂党委会研究决定：何宝杰任油管场党支部书记兼副场长；免去张辰须的油管场党支部书记职务。【华北五采党组字〔2006〕4号】

　　5月21日　第五采油厂党政领导联席会研究决定：梁连兴任山西煤层气试采队队长；王中军任综合采输队队长；郑西平任山西煤层气试采队副队长，免去其地质研究所副所长职务。【华北五采人事字〔2006〕27号】

　　同日　第五采油厂党委会研究决定：白振平任山西煤层气试采队党支部书记。【华北五采党字〔2006〕16号】

　　5月22日　华北油田分公司人事处批准，第五采油厂成立综合采输队，为直属科级单位，负责深—楚输油管线、榆科油田管理工作，抽捞油采油队划归综合采输队。【华北五采人事字〔2006〕26号】

六　月

　　6月5日　华北油田分公司党政领导联席会研究决定：张凤雨任生产运行处处长，免去其第五采油厂副厂长职务。【华北组字〔2006〕97号】

　　同日　华北油田分公司党委会研究决定：免去张凤雨的第五采油厂党委委员职务。【华北党字〔2006〕23号】

七　月

　　7月10日　华北油田分公司党委会研究决定：增补王树义为第五采油厂党委委员。【华北党字〔2006〕27号】

　　7月17日　第五采油厂党政领导联席会研究决定：王开炳任地质研究

所副所长。【华北五采人事字〔2006〕42 号】

7 月 20 日　第五采油厂党政领导联席会研究决定：徐天昕任地质研究所油藏评价室主任；赵政权任地质研究所滚动开发室副主任。【华北五采党组字〔2006〕6 号】

7 月 21 日　第五采油厂党政领导联席会研究决定，成立地质研究所油藏评价室。【华北五采人事字〔2006〕43 号】

八　月

本月　第五采油厂山西煤层气试采队划归华北油田煤层气勘探开发分公司，划转员工 19 人。【《采油五厂二十年》资料】

十　月

10 月 13 日　第五采油厂党政领导联席会研究决定：李振清任安全环保技术监督科科长。【华北五采人事字〔2006〕56 号】

十 一 月

11 月 13 日　第五采油厂党政领导联席会研究决定：李振清任厂安全副总监。【华北五采人事字〔2006〕59 号】

11 月 26 日　华北油田分公司党政领导联席会研究决定：王树义任第五采油厂安全总监。【华北组字〔2006〕162 号】

二〇〇七年

一　月

1 月 23 日　第五采油厂党政领导联席会研究决定：张志明任工程技术研究所采油室主任；王桂林任工程技术研究所输油管理室主任；杨中峰任工程技术研究所注水管理室主任；孙玉民任工程技术研究所作业室主任；付亚荣任工程技术研究所油田化学室主任；马海骄任工程技术研究所自动化室主任。【华北五采党组字〔2007〕1 号】

三　月

3月25日　第五采油厂党政领导联席会研究决定：田炜任厂副总工程师；侯守探任厂副总地质师。【华北五采人事字〔2007〕14号】

四　月

4月10日　华北油田分公司党政领导联席会研究决定：李惠杰任公司机关事务部经理，免去其第五采油厂副厂长职务。【华北组字〔2007〕61号】

同日　第五采油厂党政领导联席会研究决定：周正奇任辛集采油工区副主任；武乃升任辛集采油工区副主任；文庆玉任深州采油工区副主任；杨丙建任荆丘采油工区副主任；袁占永任荆丘采油工区责任工程师；戎顺利任工程技术研究所副所长；边亮任工程技术研究所副所长；曾艺忠任设备管理中心副主任；以上同志均免去原任职务；孙学峰任深州采油工区副主任；李建刚任综合测试队副队长。【华北五采人事字〔2007〕17号】

4月12日　第五采油厂党委会研究决定：成立设备管理中心党支部，龙跃明任设备管理中心党支部书记（正科级），免去其综合测试队党支部书记职务；李建刚任综合测试队党支部书记（副科级）；免去杨瑞起兼任的综合测试队党支部副书记职务。【华北五采党字〔2007〕6号】

六　月

6月4日　第五采油厂党政领导联席会研究决定：周正奇任辛集采油工区主任（代理）。【华北五采人事字〔2007〕22号】

八　月

8月13日　第五采油厂党政领导联席会研究决定：周正奇任辛集采油工区主任；赵朝阳任辛集采油工区副主任；肖阳任地质研究所副所长；王连茂任企管法规科副科长（挂职代理）。【华北五采人事字〔2007〕30号】

8月21日　第五采油厂党委会研究决定：成立综合采输队党支部，王建华任综合采输队党支部书记。【华北五采党字〔2007〕10号】

九 月

9月17日 华北油田分公司党委会研究决定：免去田玉亭的第五采油厂党委书记、党委委员职务。【华北党字〔2007〕50号】

9月19日 第五采油厂党委会研究同意：成立深西油田党支部，王殿超任书记；成立榆科油田党支部，王建华任书记；成立深州采油工区机关党支部，文庆玉任书记；成立泽10采油站党支部，崔建任书记，刘万斗任副书记；成立赵108采油站党支部，高庆凯任书记；成立赵36采油站党支部，岳力峰任书记；成立赵州桥采油工区机关党支部，申玉健任书记；魏志远任厂机关生产党支部书记。【华北五采党字〔2007〕13号】

十 月

10月17日 第五采油厂党政领导联席会研究决定：李艳任地质研究所开发动态室副主任。【华北五采党组字〔2007〕4号】

10月18日 华北油田分公司党委会研究决定：田沛军任第五采油厂党委委员、党委书记，免去其第三采油厂党委书记、党委委员职务；陈繁华任第三采油厂党委委员、党委副书记。【华北党字〔2007〕56号】

本月 第五采油厂工会第四次会员代表大会召开，选举产生第四届工会委员会和工会经费审查委员会，赵章印当选主席。【华北工会字〔2007〕20号】

二〇〇八年

一 月

1月18日 华北油田分公司党政领导联席会研究决定：胡书宝任钻采工程部副经理，免去其第五采油厂副厂长、总工程师职务。【华北组字〔2008〕11号】

同日 华北油田分公司党委会研究决定：免去胡书宝的第五采油厂党委委员职务。【华北党〔2008〕1号】

二　月

2月19日　第五采油厂党政领导联席会研究决定：郝玉军任人事科科长，免去其厂办公室主任职务；陈占英任厂办公室主任，免去其质量监督站站长职务。【华北五采人事字〔2008〕8号】

2月28日　第五采油厂党委会研究决定：郝玉军任党委组织部部长。【华北五采党字〔2008〕4号】

2月29日　第五采油厂党委会研究决定：付建英任党群工作科科长；毛俊霞任党群工作科副科长；张根元任纪委监察科科长；龙跃明任资产装备中心党支部书记；王建华任辛集采油作业区党总支书记；李建刚任辛集采油作业区党总支副书记；贾文克任赵州桥采油作业区党总支书记；刘怀建任荆丘采油作业区党总支书记；王维任深州采油作业区党总支书记；王全喜任测试大队党支部书记；刘英淼任客运大队党支部书记；何宝杰任油管检修站党支部书记（中队级）；以上同志均免去原任职务。【华北五采党组字〔2008〕5号】

三　月

3月3日　为理顺组织机构及相应职能，第五采油厂对部分机构设置更名：厂办公室更名为厂长办公室；安全环保技术监督科更名为质量安全环保科；综合计划科更名为计划科；党群工作部更名为党群工作科；纪委办公室（监察科）更名为纪委监察科；质量监督站更名为质量监督中心；设备管理中心更名为资产装备中心；勘察设计研究室更名为工程设计室；赵州桥采油工区更名为赵州桥采油作业区；荆丘采油工区更名为荆丘采油作业区；辛集采油工区更名为辛集采油作业区；深州采油工区更名为深州采油作业区；综合采输队更名为输油作业区；综合测试队更名为测试大队；小车队更名为客运大队；油管场更名为油管检修站。【华北五采人事字〔2008〕10号】

同日　第五采油厂党政领导联席会研究决定：陈占英任厂长办公室主任；郭小玉任厂长办公室副主任；马永忠任计划科科长；任虹任质量监督中心副主任；于志铭任资产装备中心主任；曾艺忠任资产装备中心副主任；李造吉任工程设计室主任；周正奇任辛集采油作业区主任；武乃升任辛集采油

作业区副主任；赵朝阳任辛集采油作业区副主任；李建刚任辛集采油作业区副主任；陈宝新任赵州桥采油作业区主任；代国庆任赵州桥采油作业区副主任；申玉健任赵州桥采油作业区副主任；蒲祥金任荆丘采油作业区主任；杨丙建任荆丘采油作业区副主任；李英强任深州采油作业区主任；文庆玉任深州采油作业区副主任；孙学峰任深州采油作业区副主任；王中军任输油作业区主任；杨瑞起任测试大队大队长；闫彪任客运大队大队长；牛宝歧任客运大队副大队长；以上同志均免去原任职务；李振清任质量安全环保科科长，免去安全环保技术监督科科长职务。【华北五采人事字〔2008〕11 号】

3 月 12 日　第五采油厂成立科技信息中心，为直属科级单位，负责全厂科技、信息网络的开发与管理工作，杨兵任科技信息中心副主任，免去其地质研究所副所长职务。【华北五采人事字〔2008〕13 号】

四　月

4 月 24 日　第五采油厂党政领导联席会研究决定：马德长任输油作业区副主任；包文涛任厂长办公室副主任。【华北五采人事字〔2008〕24 号】

五　月

5 月 20 日　第五采油厂党政领导联席会研究决定，成立电力管理大队巡护队，为电力管理大队所属中队级单位，主要负责全厂油区线路巡护和故障处理工作。【华北五采人事字〔2008〕31 号】

5 月 22 日　第五采油厂党委组织部研究决定：马凯波任电力管理大队巡护队队长，免去其电力管理大队电工队队长职务；姜胜利任电力管理大队电工队队长；免去崔建的深州采油作业区泽 10 采油站党支部书记职务；刘万斗任深州采油作业区泽 10 采油站党支部书记。【华北五采党组字〔2008〕2 号】

六　月

6 月 2 日　第五采油厂党委会研究决定：贾文克任纪委监察科科长，免去其赵州桥采油作业区党总支书记职务；亢亚力任赵州桥采油作业区党总支书记；免去张根元的纪委监察科科长职务。【华北五采党字〔2008〕23 号】

6 月 17 日　第五采油厂党政领导联席会研究决定：刘宏伟任工程技术

研究所副所长（正科级）；闫彪任荆丘采油作业区副主任；高忠生任客运大队大队长；戎顺利任企管法规科科长（代理）；以上同志均免去原任职务；刘英淼任客运大队副大队长。【华北五采人事字〔2008〕33号】

6月25日　经辛集采油作业区推荐，第五采油厂党委组织部研究同意，姚小涛任晋105采油站党支部书记；王华任晋105采油站副站长；刘建勋任晋40采油站站长；王振峰任晋40采油站党支部副书记、副站长；刘振江任晋95采油站副站长；刘廷燕任晋93采油站副站长；以上同志均免去原任职务。【华北五采党组字〔2008〕3号】

本月　中共华北油田分公司第五采油厂第四次代表大会召开，选举产生第四届委员会和纪律检查委员会。党委由8人组成，田沛军当选党委书记，周晓俊、潘忠琪当选党委副书记。纪委由5人组成，赵章印当选纪委书记。华北油田分公司党委同意其选举结果。【华北党〔2008〕38号】

八　月

8月21日　第五采油厂党政领导联席会研究决定：蒙立新任赵州桥采油作业区责任地质师。【华北五采党组字〔2008〕8号】

九　月

9月1日　第五采油厂党政领导联席会研究决定：谢世平任人事科教育培训中心责任工程师，免去其荆丘采油作业区工会主席职务。【华北五采党组字〔2008〕9号】

同日　第五采油厂党政领导联席会研究决定：戎顺利任企管法规科科长；常宏任辛集采油作业区副主任；刘建威任质量安全环保科副科长；王毅敏任人事科副科长。【华北五采人事字〔2008〕43号】

9月2日　第五采油厂党委会研究决定：王全喜任地质研究所党支部书记，免去其测试大队党支部书记职务；毛俊霞任测试大队党支部书记；郭小玉任党群工作科副科长；王毅敏任党委组织部副部长；免去陈秀兰的地质研究所党支部书记职务。【华北五采党字〔2008〕28号】

9月3日　第五采油厂党政领导联席会研究决定：免去郭小玉的厂长办公室副主任职务。【华北五采人事字〔2008〕44号】

9月9日　第五采油厂党政领导联席会研究决定，荆丘采油作业区轻烃回收站更名为晋古2采油站，其组织机构设置及编制按照华北油田分公司的有关规定执行。【华北劳资处〔2008〕3号】

9月28日　第五采油厂党委组织部研究决定：崔建任深州采油作业区泽10采油站站长，免去其深一联合站党支部书记职务；刘铁虎任深州采油作业区质量监督员，免去其深一联合站站长职务。【华北五采党组字〔2008〕10号】

十　月

10月8日　为优化资源配置，促进企业发展，华北油田分公司决定，华北石油工程建设有限公司第五工程处、井下作业公司第五作业大队、辛集供应站等单位整体划转第五采油厂，共划转职工407人。【华北劳〔2008〕237号】

10月10日　华丽综合服务处泽57项目合采部整体移交第五采油厂，划转职工32人。【2008年10月10日华丽综合服务处会议纪要】

10月20日　第五采油厂党政领导联席会研究通过《第五采油厂机构设置及岗位定员实施方案》。【华北五采人事字〔2008〕53号】

10月21日　第五采油厂党委会研究决定：付建英任工会副主席、工会办公室主任，免去其党群工作科科长、团委书记职务；免去贾超的工会副主席、工会办公室主任职务。【华北五采党字〔2008〕29号】

10月23日　经赵州桥采油作业区党总支请示，第五采油厂党委组织部研究同意，成立赵一联合站党支部、赵108采油站党支部；蒙立新任机关党支部书记。【华北五采党组字〔2008〕11号】

十 一 月

11月20日　华北油田分公司工会研究同意：付建英任第五采油厂工会副主席。【华北工会〔2008〕40号】

11月21日　华北油田分公司党政领导联席会研究决定：周晓俊任第一采油厂厂长，免去其第五采油厂厂长职务；吴振海任第一采油厂副厂长、总会计师，免去其第五采油厂副厂长、总会计师职务；张凤雨任第五采油厂厂

长，免去其生产运行处处长职务。【华北组〔2008〕284号】

同日 华北油田分公司党委会研究决定：周晓俊任第一采油厂党委委员、党委副书记，免去其第五采油厂党委副书记、党委委员职务；吴振海任第一采油厂党委委员，免去其第五采油厂党委委员职务；张凤雨任第五采油厂党委委员、党委副书记。【华北党〔2008〕57号】

二〇〇九年

二 月

2月16日 第五采油厂党委会研究决定：原井下作业公司作业五大队党总支更名为第五采油厂作业大队党总支；原工程建设公司第五工程处党总支更名为第五采油厂工程大队党总支；成立物资供应站党支部；成立高邑采油作业区党支部。【华北五采党字〔2009〕4号】

同日 第五采油厂党委会研究决定：李广仁任作业大队党总支书记；何宪卿任作业大队工会主席；张香林任工程大队党总支书记；王海生任工程大队党总支副书记、工会主席；杨杰任物资供应站党支部书记兼工会主席；龙跃明任客运大队党支部书记，免去其资产装备中心党支部书记职务；刘英淼任输油作业区党支部书记，免去其客运大队党支部书记职务；郭小玉任党群工作科科长、团委书记；李建刚任辛集采油作业区党总支书记；胡敏任党群工作科副科长、团委副书记。【华北五采党字〔2009〕5号】

2月17日 第五采油厂优化整合部分组织机构。撤销泽57项目合采部，油水井生产划归深州采油作业区；华北石油工程建设有限公司第五工程处更名为第五采油厂工程大队；井下作业公司第五作业大队更名为第五采油厂作业大队；赵州桥采油作业区赵60、赵61、赵76、赵78断块划出，成立高邑采油作业区，为厂属科级单位；辛集供应站、物资管理中心合并，成立物资供应站，为直属科级单位。【华北五采人事字〔2009〕9号】

同日 第五采油厂党政领导联席会研究决定：王中军任生产运行科科长；刘宏伟任输油作业区主任；孙英祥任物资供应站站长；于志铭任工程设计室主任；李造吉任工程技术研究所所长；曾艺忠任赵州桥采油作业区

副主任；代国庆任高邑采油作业区副主任；文庆玉任高邑采油作业区副主任；徐定光任辛集采油作业区副主任；以上同志均免去原任职务；免去吕德福兼任的生产运行科科长职务；免去田炜兼任的工程技术研究所所长职务；免去刘英淼兼任的客运大队副大队长职务；梁喜堂任电力管理大队大队长；刘德明任资产装备中心主任；龙跃明兼任客运大队副大队长；赵孟讯任输油作业区副主任；田进朝任财务科副科长；张国法任作业大队大队长；程自力任作业大队副大队长；张香林任工程大队大队长；谷红燕任工程大队副大队长；朱荣贵任工程大队副大队长；张智利任物资供应站副站长；牛宝歧任高邑采油作业区主任；杨兵任科技信息中心主任；任虹任质量监督中心主任；徐天昕任厂长办公室副主任；陈国富任工程技术研究所副所长；高瑞荔任物资供应站副站长；郭振义任作业大队副大队长。【华北五采人事字〔2009〕10 号】

三　月

3月8日　第五采油厂党委组织部研究决定：赵政权任地质研究所油藏评价室主任；李艳任地质研究所油田开发室主任。【华北五采党组字〔2009〕3 号】

六　月

6月9日　第五采油厂党政领导联席会研究决定，对基层单位组织机构名称进行规范统一。【华北五采人事字〔2009〕37 号】

同日　第五采油厂党委会研究决定：免去郝玉军兼任厂机关党总支书记职务；张进双任厂机关党总支书记，免去其保卫科科长职务；李凡月任保卫科科长。【华北五采党字〔2009〕22 号】

同日　第五采油厂党政领导联席会研究决定：周正奇任荆丘采油作业区主任；马永忠任辛集采油作业区主任；蒲祥金任测试大队大队长；杨瑞起任生产运行科副科长（正科级）；庄学军任赵州桥采油作业区副主任；代国庆任生产运行科副科长；刘文菊任物资供应站副站长（正科级）；高瑞荔任财务科副科长；以上同志均免去原任职务；张进双任厂长办公室副主任；曾艺忠任计划科科长；免去李凡月的生产运行科副科长（正科级）职务。【华北

五采人事字〔2009〕34号】

七月

7月8日 第五采油厂党政领导联席会研究决定：周景昆任厂副总会计师；檀为建任赵州桥采油作业区主任；蒋海州任荆丘采油作业区主任；周文军任深州采油作业区副主任；周宝申任荆丘采油作业区副主任；边亮任工程技术研究所副所长；申玉健任高邑采油作业区副主任；袁占永任深州采油作业区副主任；免去陈宝新的赵州桥采油作业区主任职务；免去周正奇的荆丘采油作业区主任职务；免去孙学峰的深州采油作业区副主任职务；免去王开炳的地质研究所副所长职务。【华北五采人事字〔2009〕40号】

7月10日 第五采油厂党委会研究决定，杨学兵任高邑采油作业区党支部书记。【华北五采党字〔2009〕28号】

7月23日 华北油田分公司党委组织部研究同意，第五采油厂成立输油作业区党总支。【华北组部〔2009〕9号】

八月

8月3日 第五采油厂工会研究同意：亢亚力任赵州桥采油作业区工会主席；刘怀建任荆丘采油作业区工会主席；李建刚任辛集采油作业区工会主席；王维任深州采油作业区工会主席；杨学兵任高邑采油作业区工会主席；刘英淼任输油作业区工会主席；何宪卿任作业大队工会主席；王海生任工程大队工会主席；郑清秀任电力管理大队工会主席；龙跃明任客运大队工会主席；毛俊霞任测试大队工会主席；王全喜任地质研究所工会主席；李子杰任工程技术研究所工会主席；何宝杰任油管检修站工会主席；杨杰任物资供应站工会主席；张进双任厂机关工会主席；刘建平任厂机关工会副主席。【华北五采工字〔2009〕7号】

十一月

11月26日 经华北油田分公司党委组织部同意，第五采油厂成立输油作业区党总支，下设党支部4个：机关党支部、榆科采油一站党支部、榆科采油二站党支部、输油巡护站联合党支部；刘英淼任输油作业区党总支书记；张治公任机关党支部书记；王建华任榆科采油一站党支部书记；唐茂连任输油巡护站联合党支部书记。【华北五采党字〔2009〕39号】

11月27日　经荆丘采油作业区党总支请示，第五采油厂党委组织部研究同意：王庆永任机关党支部书记；于大勇任荆一采油站党支部书记；刘基田任荆二采油站党支部书记。【华北五采党组字〔2009〕15号】

十 二 月

12月7日　华北油田分公司党政领导联席会研究决定：周景昆任第五采油厂总会计师。【华北组〔2009〕202号】

同日　华北油田分公司党委会研究决定：周景昆任第五采油厂党委委员。【华北党〔2009〕61号】

二〇一〇年

一 月

1月15日　第五采油厂党委会研究决定：免去张香林兼任的工程大队党总支书记职务；杨杰任工程大队党总支书记，免去其物资供应站党支部书记职务。【华北五采党字〔2010〕1号】

1月19日　华北油田分公司党政领导联席会研究决定：王树义任第四采油厂副厂长、安全总监，免去其第五采油厂副厂长、安全总监职务；李海涛任第五采油厂副厂长、安全总监，免去其第三采油厂副厂长、安全总监职务；刘春平任第五采油厂总工程师，免去其煤层气勘探开发分公司副经理、安全总监职务。【华北组〔2010〕17号】

同日　华北油田分公司党委会研究决定：王树义任第四采油厂党委委员，免去其第五采油厂党委委员职务；李海涛任第五采油厂党委委员，免去其第三采油厂党委委员职务；刘春平任第五采油厂党委委员，免去其煤层气勘探开发分公司党委委员职务。【华北党〔2010〕3号】

三　月

3月3日　第五采油厂党委会研究决定：免去李子杰的工程技术研究所党支部书记职务。【华北五采党字〔2010〕5号】

3月5日　经作业大队党总支请示，第五采油厂党委组织部研究同意，成立作业四队党支部。【华北五采党组字〔2010〕2号】

3月29日　第五采油厂党委会研究决定，免去何宪卿的作业大队工会主席职务。【华北五采党字〔2010〕12号】

四　月

4月16日　第五采油厂党委组织部研究决定：张志明任工程技术研究所作业管理室主任；杨中峰任工程技术研究所输油管理室主任；王桂林任工程技术研究所注水管理室主任；孙玉民任工程技术研究所油田化学管理室主任；付亚荣任工程技术研究所采油工艺管理室主任；以上同志均免去原任职务。【华北五采党组字〔2010〕5号】

4月29日　第五采油厂党委会研究决定，撤销物资供应站党支部，党组织划入厂机关直属党支部。【华北五采党字〔2010〕15号】

六　月

6月22日　经工程大队党总支请示，第五采油厂党委组织部研究同意，成立电气维修中队党支部。【华北五采党组字〔2010〕8号】

七　月

7月20日　第五采油厂党政领导联席会研究决定：李英强任测试大队大队长；蒲祥金任深州采油作业区主任；刘宏伟任工程技术研究所副所长（正科级）；张庚祥任辛集采油作业区副主任；徐定光任赵州桥采油作业区副主任；武乃升任赵州桥采油作业区副主任；以上同志均免去原任职务；王维任荆丘采油作业区主任；陈宝新任输油作业区主任；杨建雨任工程技术研究所所长；戴影慧任财务科副科长；孙学峰任深州采油作业区副主任；王开炳任地质研究所副所长；免去李造吉的工程技术研究所所长职务；免去田进

朝的财务科副科长职务；免去檀为建的赵州桥采油作业区主任职务；免去蒋海洲的荆丘采油作业区主任职务；免去周文军的深州采油作业区副主任职务；免去周宝申的荆丘采油作业区副主任职务；免去包文涛的厂长办公室副主任职务。【华北五采人事字〔2010〕27号】

7月22日 第五采油厂党委会研究决定：亢亚力任工程技术研究所党支部书记，免去其赵州桥采油作业区党总支书记职务；免去王维的深州采油作业区党总支书记职务。【华北五采党字〔2010〕22号】

7月27日 第五采油厂党委会研究决定：庄学军任赵州桥采油作业区党总支书记；闫彪任深州采油作业区党总支书记。【华北五采党字〔2010〕23号】

八 月

8月10日 第五采油厂党政领导联席会研究决定：徐定光任赵州桥采油作业区主任。【华北五采人事字〔2010〕29号】

九 月

9月9日 经华北油田分公司劳动工资处同意，第五采油厂对工程大队机构设置及人员进行优化调整，机关不设组室，中队级单位由6个压缩至3个，压缩管理、操作人员36人，全部充实到电力管理大队。【华北五采人事字〔2010〕32号】

9月16日 华北油田分公司党政领导联席会研究决定：王辉光任第五采油厂厂长，免去其质量安全环保处处长职务；免去张凤雨的第五采油厂厂长职务；免去张海澎的第五采油厂副厂长、总地质师职务。【华北组〔2010〕166号】

同日 华北油田分公司党委会研究决定：田沛军任第四采油厂党委委员、党委书记，免去其第五采油厂党委书记、党委委员职务；张凤雨任第五采油厂党委书记；王辉光任第五采油厂党委委员、党委副书记；免去张海澎的第五采油厂党委委员职务。【华北党〔2010〕49号】

十 二 月

12 月 16 日　经华北油田分公司党委组织部同意，第五采油厂党委会研究决定，成立高邑采油作业区党总支，下设党支部 4 个：机关党支部、赵 76 采油站党支部、赵 61 采油站党支部、赵 60 采油站党支部；杨学兵任高邑采油作业区党总支书记。【华北五采党字〔2010〕39 号】

本年　第五采油厂按照"三控制一规范"要求，全面实施"五定"工作，压缩管理岗位，减少外雇用工。管理人员从 334 人压缩至 319 人，计划外用工从 195 人减少至 109 人。【人事科年度工作总结】

二○一一年

三 月

3 月 30 日　第五采油厂党政领导联席会研究决定：龙跃明任客运大队大队长；亢亚力兼任工程技术研究所副所长；马德长任电力管理大队副大队长，免去其输油作业区副主任职务；免去高忠生的客运大队大队长职务；免去刘宏伟的工程技术研究所副所长（正科级）职务。【华北五采人事字〔2011〕19 号】

3 月 31 日　第五采油厂党委会研究决定：高忠生任地质研究所党支部书记；毛俊霞任客运大队党支部书记，免去其测试大队党支部书记职务；刘宏伟任测试大队党支部书记；免去龙跃明的客运大队党支部书记职务；免去王全喜的地质研究所党支部书记职务。【华北五采党字〔2011〕9 号】

五 月

5 月 3 日　第五采油厂党政领导联席会研究决定：马永忠任厂副总工程师；免去陈国富的工程技术研究所副所长职务。【华北五采人事字〔2011〕25 号】

5 月 22 日　华北油田分公司党委会研究决定：陈繁华任第五采油厂党委委员、纪委书记、工会主席，免去其第三采油厂党委副书记、党委委员职务；赵章印任华丽综合服务处党委委员、党委书记、纪委书记、工会主席，免去其第五采油厂党委委员、纪委书记、工会主席职务。【华北党〔2011〕27号】

八　月

8月2日　第五采油厂党政领导联席会研究决定：马永忠兼任工程技术研究所所长，免去其辛集采油作业区主任职务；李造吉任辛集采油作业区主任；田进朝任财务科副科长；张炳安任辛集采油作业区副主任；免去戴影慧的财务科副科长职务；免去常宏的辛集采油作业区副主任职务。【华北五采人事字〔2011〕40号】

8月16日　华北油田分公司党政领导联席会研究决定：李海涛任第三采油厂副厂长、安全总监，免去其第五采油厂副厂长、安全总监职务。【华北组〔2011〕139号】

同日　华北油田分公司党委会研究决定：增补李海涛为第三采油厂党委委员，免去其第五采油厂党委委员职务。【华北党〔2011〕41号】

九　月

9月30日　第五采油厂党政领导联席会研究决定：代国庆任生产运行科副科长（正科级）。【华北五采人事字〔2011〕44号】

十　月

10月9日　华北油田分公司党政领导联席会研究决定：刘春平任第五采油厂副厂长；李振清任第五采油厂副厂长、安全总监；郭志强任第五采油厂总地质师。【华北组〔2011〕161号】

同日　华北油田分公司党委会研究决定：增补李振清、郭志强分别为第五采油厂党委委员。【华北党〔2011〕55号】

10月25日　第五采油厂党政领导联席会研究决定：戎顺利任厂安全副总监兼质量安全环保科科长，免去其企管法规科科长职务；张永任地质研究所所长；免去张进双的厂长办公室副主任职务。【华北五采人事字〔2011〕48号】

同日　第五采油厂党委会研究决定，免去张进双的厂机关党总支书记职务。【华北五采党字〔2011〕23号】

十 一 月

11月11日　第五采油厂党政领导联席会研究决定：黄建青任深州采油作业区副主任；刘建平任企管法规科副科长；杨中峰任工程技术研究所副所长。【华北五采人事字〔2011〕51号】

11月30日　第五采油厂党政领导联席会研究决定：免去程自力的作业大队副大队长职务。【华北五采人事字〔2011〕55号】

同日　第五采油厂党委组织部研究决定：武玉双任工程技术研究所输油管理室主任。【华北五采党组字〔2011〕13号】

二〇一二年

一 月

1月9日　第五采油厂党委会研究决定：免去郑清秀的电力管理大队党支部书记职务。【华北五采党字〔2012〕3号】

四 月

4月4日　第五采油厂党政领导联席会研究决定：李英强任作业大队大队长，免去其测试大队大队长职务；刘宏伟任测试大队大队长；张国法任生产运行科科长，免去其作业大队大队长职务；免去王中军的生产运行科科长职务；王国斌任作业大队副大队长。【华北五采人事字〔2012〕20号】

4月6日　第五采油厂党委会研究决定：免去刘宏伟的测试大队党支部书记职务；王中军任测试大队党支部书记。【华北五采党字〔2012〕13号】

4月23日　华北油田分公司党政领导联席会研究决定：陈繁华任第五采油厂副厂长。【华北组〔2012〕84号】

同日　华北油田分公司党委会研究决定：陈繁华任第五采油厂党委书记，免去其第五采油厂纪委书记、工会主席职务；潘忠琪任第五采油厂纪委

书记、工会主席；免去张凤雨的第五采油厂党委书记、党委委员职务。【华北党〔2012〕25号】

<h1 style="text-align:center">六 月</h1>

6月18日 第五采油厂党政领导联席会研究决定：谭卫平任赵州桥采油作业区副主任；李士恩任客运大队副大队长。【华北五采人事字〔2012〕27号】

<h1 style="text-align:center">七 月</h1>

7月5日 第五采油厂党政领导联席会研究决定：免去高瑞荔的财务科副科长职务。【华北五采人事字〔2012〕29号】

<h1 style="text-align:center">八 月</h1>

8月8日 华北油田分公司党政领导联席会研究决定：张满库任第五采油厂厂长，免去其第一采油厂副厂长、总地质师职务；王辉光任生产运行处处长，免去其第五采油厂厂长职务。【华北组〔2012〕159号】

同日 华北油田分公司党委会研究决定：张满库任第五采油厂党委委员、党委副书记，免去其第一采油厂党委委员职务；免去王辉光的第五采油厂党委副书记、党委委员职务。【华北党〔2012〕41号】

8月11日 第五采油厂党政领导联席会研究决定：田进朝任财务科科长；申玉健任生产运行科副科长，免去其高邑采油作业区副主任职务；何永志任高邑采油作业区副主任。【华北五采人事字〔2012〕36号】

8月24日 第五采油厂党政领导联席会研究决定：常宏任辛集采油作业区副主任；曹华任工程技术研究所副所长；免去杨中峰的工程技术研究所副所长职务；免去张炳安的辛集采油作业区副主任职务；免去刘文菊的物资供应站副站长职务。【华北五采人事字〔2012〕37号】

<h1 style="text-align:center">九 月</h1>

9月10日 华北油田分公司党委会研究决定：郝玉军任华盛综合服务处党委委员、党委副书记、纪委书记、工会主席，免去其第五采油厂党委

员职务。【华北党〔2012〕65号】

9月21日　第五采油厂党委会研究决定：郭小玉任党委组织部部长，免去其党群工作科科长、团委书记职务；亢亚力任党群工作科科长、团委书记，免去其工程技术研究所党支部书记职务。【华北五采党字〔2012〕25号】

9月23日　第五采油厂党政领导联席会研究决定：郭小玉任人事科科长；免去亢亚力的工程技术研究所副所长职务。【华北五采人事字〔2012〕39号】

十 二 月

12月11日　华北油田分公司党委会研究决定：郝玉军任第五采油厂党委委员、党委副书记、纪委书记、工会主席，免去其华盛综合服务处党委副书记、党委委员、纪委书记、工会主席职务；潘忠琪任苏里格项目部党委委员、党委书记、纪委书记、工会主席，免去其第五采油厂党委副书记、党委委员、纪委书记、工会主席职务。【华北党〔2012〕121号】

12月24日　按照华北油田分公司"走出去"的发展战略要求，第五采油厂首批选派155名职工赴长庆油田第六采油厂武峁子作业区，参与支援"西部大庆"建设。【《采油五厂二十年》资料】

二〇一三年

三 月

3月20日　第五采油厂党政领导联席会研究决定：电力管理大队调驱队整体划转作业大队；成立作业大队作业七队。【华北五采人事字〔2013〕12号】

3月25日　第五采油厂党委组织部研究决定：张志强任作业大队调驱队队长；黄众志任作业大队调驱队副队长；王平任作业大队作业七队队长；以上同志均免去原任职务。【华北五采党组字〔2013〕2号】

四 月

4月17日　第五采油厂党委组织部研究决定：尹作成任工程大队工程二中队副队长。【华北五采党组字〔2013〕5号】

4月22日　第五采油厂党委会研究决定：庄学军任作业大队党总支书记，免去其赵州桥采油作业区党总支书记职务；李凡月任厂机关党总支书记，免去其保卫科科长职务；刘德明任保卫科科长；高忠生任工程技术研究所党支部书记，免去其地质研究所党支部书记职务；徐天昕任赵州桥采油作业区党总支书记；王毅敏任地质研究所党支部书记；王海生任纪委监察科副科长，免去其工程大队党总支副书记、工会主席职务；胡敏任工会办公室副主任，免去其党群工作科副科长、团委副书记职务；白振平任荆丘采油作业区党总支副书记；免去李广仁的作业大队党总支书记职务。【华北五采党字〔2013〕7号】

同日　第五采油厂党政领导联席会研究决定：于志铭任资产装备中心主任，免去其工程设计室主任职务；白振平任荆丘采油作业区副主任，免去其客运大队副大队长职务；免去刘德明的资产装备中心主任职务；蒙立新任深州采油作业区副主任。【华北五采人事字〔2013〕23号】

4月27日　第五采油厂党政领导联席会研究决定：杨瑞起任油田建设管理中心主任，免去其生产运行科副科长（正科级）职务。【华北五采人事字〔2013〕25号】

五　月

5月23日　第五采油厂成立油田建设管理中心，为厂直属科级单位。【华北五采人事字〔2013〕27号】

七　月

7月23日　华北油田分公司党政领导联席会研究决定：翟胜强任第五采油厂副厂长、安全总监。【华北组〔2013〕128号】

同日　华北油田分公司党政领导联席会研究决定：李振清任合作开发项目部副经理、安全总监，免去其第五采油厂副厂长、安全总监职务。【华北组〔2013〕129号】

同日　华北油田分公司党委会研究决定：增补翟胜强为第五采油厂党委委员。【华北党〔2013〕48号】

九　月

9月2日　第五采油厂党政领导联席会研究决定：杨中峰任工程设计室副主任；付西宁任计划科副科长；王刚任电力管理大队副大队长；免去张志友的地质研究所副所长职务；免去曹华的工程技术研究所副所长职务；免去马德长的电力管理大队副大队长职务；免去蒙立新的深州采油作业区副主任职务。【华北五采人事〔2013〕38号】

9月30日　第五采油厂党委会研究决定：王中军任厂机关党总支书记，免去其测试大队党支部书记职务；文庆玉任测试大队党支部副书记、工会主席，免去其高邑采油作业区副主任职务；免去李凡月的厂机关党总支书记职务。【华北五采党字〔2013〕13号】

同日　第五采油厂党政领导联席会研究决定：张志明任工程技术研究所副所长；李昆任地质研究所副所长；于东升任作业大队副大队长；李仲昌任电力管理大队副大队长；闫斌任高邑采油作业区副主任。【华北五采人事〔2013〕38号】

十 二 月

12月11日　第五采油厂党委组织部研究决定：高庆凯任赵州桥采油作业区赵112采油站党支部书记；彭跃军任赵州桥采油作业区赵一联合站站长；乔鹏菲任赵州桥采油作业区赵112采油站站长；黄众志任荆丘采油作业区荆一联合站副站长；高振胜任荆丘采油作业区输油管线巡护站副站长；马凯波任输油作业区榆科采油一站站长；刘国志任输油作业区榆科采油一站副站长；刘波任输油作业区输油线路巡护站站长；范帅任输油作业区输油线路巡护站党支部书记；洪兆民任输油作业区输油线路巡护站副站长；李玉欣任作业大队作业五队队长；石庆柱任作业大队作业三队党支部书记；张志强任作业大队准备队党支部书记；远君秋任作业大队车队党支部书记；以上同志均免去原任职务。【华北五采党组〔2013〕10号】

二〇一四年

三　月

3月29日　第五采油厂党委会研究决定：张国法任物资供应站站长，免去其生产运行科科长职务；李造吉任生产运行科科长，免去其辛集采油作业区主任职务；陈宝新任辛集采油作业区主任，免去其输油作业区主任职务；王维任输油作业区主任，免去其荆丘采油作业区主任职务；牛宝歧任荆丘采油作业区主任，免去其高邑采油作业区主任职务；孙学峰任高邑采油作业区主任，免去其深州采油作业区副主任职务；黄建青任高邑采油作业区副主任，免去其深州采油作业区副主任职务；何永志任深州采油作业区副主任，免去其高邑采油作业区副主任职务；刘建威任客运大队副大队长，免去其质量安全环保科副科长职务；李士恩任质量安全环保科副科长，免去其客运大队副大队长职务；刘建平任企管法规科科长；靳萍任财务科副科长；梁向阳任客运大队副大队长；刘建军任工程大队副大队长；免去孙英祥的物资供应站站长职务。【华北五采人事〔2014〕10号】

3月31日　第五采油厂党委会研究决定：孙英祥任工程大队党总支书记；闫彪任赵州桥采油作业区党总支书记，免去其深州采油作业区党总支书记职务；徐天昕任深州采油作业区党总支书记，免去其赵州桥采油作业区党总支书记职务；毛俊霞任物资供应站党支部书记，免去其客运大队党支部书记职务；刘建威任客运大队党支部书记；刘晓燕任党群工作科副科长、团委副书记；免去杨杰的工程大队党总支书记职务。【华北五采党〔2014〕7号】

同日　第五采油厂党委会研究决定，成立物资供应站党支部。【华北五采党〔2014〕6号】

四　月

4月16日　华北油田分公司党委决定：增补郝玉军同志为天成实业集团有限公司党委委员，免去其第五采油厂党委副书记、党委委员、纪委书记、工会主席职务。【华北党〔2014〕21号】

4月18日　第五采油厂党委组织部研究决定：戴磊任护厂大队（保卫科）综治保卫管理岗，免去其客运大队客运二中队队长职务。【华北五采党组〔2014〕3号】

六　月

6月12日　第五采油厂党委组织部研究同意：张日光任一中队党支部书记；赵东任二中队党支部书记；胡瑞林任综合队党支部书记；战桂波任机关党支部书记。【华北五采党组〔2014〕11号】

6月16日　第五采油厂党委会研究决定：孙英祥任工程大队党总支书记；刘英淼任输油作业区党总支书记；庄学军任作业大队党总支书记；李建刚任辛集采油作业区党总支书记；王中军任厂机关党总支书记；杨学兵任高邑采油作业区党总支书记；闫彪任赵州桥采油作业区党总支书记；徐天昕任深州采油作业区党总支书记；何宝杰任油管检修站党支部书记；高忠生任工程技术研究所党支部书记；王毅敏任地质研究所党支部书记；刘建威任客运大队党支部书记。【华北五采党〔2014〕10号】

九　月

9月1日　第五采油厂党委会研究决定：张志友任生产运行科副科长；武乃升任深州采油作业区副主任，免去其赵州桥采油作业区副主任职务；马德长任电力管理大队副大队长；蒙立新任赵州桥采油作业区副主任；免去付西宁的计划科副科长职务；免去王刚的电力管理大队副大队长职务。【华北五采人事〔2014〕31号】

十　二　月

12月16日　第五采油厂党委会研究决定：免去张智利的物资供应站副站长职务。【华北五采人事〔2014〕46号】

12月26日　第五采油厂党委会研究决定：谷红燕任长庆第六采油厂安五作业区项目部经理（副科级），免去其工程大队副大队长职务。【华北五采人事〔2014〕48号】

同日　第五采油厂党委组织部研究决定：杨东任工程大队工程一中队队

长兼党支部书记；尹作成任工程大队工程二中队队长兼党支部书记；李仓运任工程大队工程一中队副队长；李玉华任荆丘采油作业区荆一采油站副站长；冯国富任荆丘采油作业区输油管线巡护站副站长；刘宝军任输油作业区榆科采油一站副站长；赵东任深州采油作业区泽 10 采油站副站长；刘国志任综合服务队队长；张日光任综合服务队党支部书记；以上同志均免去原任职务。【华北五采党组〔2014〕12 号】

同日 第五采油厂党政领导联席会研究决定，成立综合服务队，为直属中队级单位。【华北五采人事〔2014〕47 号】

二○一五年

二 月

2 月 13 日 第五采油厂党委组织部研究决定：王勇任输油管线巡护站党支部书记。【华北五采党组〔2015〕2 号】

三 月

3 月 10 日 第五采油厂党委会研究决定：庄学军任工程大队大队长；申玉健任输油作业区代理主任（副科级），免去其生产运行科副科长职务；徐志勇任计划科副科长（正科级）；免去张香林的工程大队大队长职务；免去王维的输油作业区主任职务；免去李昆的地质研究所副所长职务。【华北五采人事〔2015〕8 号】

3 月 19 日 第五采油厂党委会研究决定：张香林任深州采油作业区党总支书记；王维任作业大队党总支书记；免去庄学军的作业大队党总支书记职务；免去徐天昕的深州采油作业区党总支书记职务。【华北五采党〔2015〕7 号】

四 月

4 月 1 日 第五采油厂党委会研究决定：免去王中军的厂机关党总支书记职务。【华北五采党〔2015〕9 号】

五　月

5月21日　第五采油厂党政领导联席会研究决定，生产运行科电力系统运行维护，新建项目审核、改造项目设计委托、现场协调及生产用电等管理职能划归电力管理大队。电力管理大队更名为电力管理中心，为具有机关管理职能的厂属大队级单位。【华北五采人事〔2015〕23号】

5月22日　第五采油厂党委会研究决定：王毅敏任工会办公室主任、工会副主席，免去其地质研究所党支部书记职务；亢亚力任地质研究所党支部书记，免去其党群工作科科长、团委书记职务；刘英淼任荆丘采油作业区党总支书记，免去其输油作业区党总支书记职务；白振平任输油作业区党总支书记，免去其荆丘采油作业区党总支副书记职务；梁喜堂兼任电力管理中心党支部书记；刘怀建任长庆第六采油厂项目部临时党支部书记，免去其荆丘采油作业区党总支书记职务；王海生兼任厂机关党总支书记；王国斌任组织部副部长；谷红燕任电力管理中心工会主席；免去付建英的工会副主席、工会办公室主任职务。【华北五采党〔2015〕12号】

5月25日　第五采油厂党委会研究决定：亢亚力任地质研究所副所长；申玉健任输油作业区主任；杨中峰任工程设计室主任；王国斌任人事科副科长，免去其作业大队副大队长职务；何永志任生产运行科副科长，免去其深州采油作业区副主任职务；张志明任深州采油作业区副主任，免去其工程技术研究所副所长职务；王达任厂长办公室副主任；免去白振平的荆丘采油作业区副主任职务。【华北五采人事〔2015〕24号】

同日　第五采油厂党委组织部研究决定：李小永任工程技术研究所责任工程师；孙新瑞任地质研究所责任地质师；王鹏举任辛集采油作业区主任助理；马永伟任高邑采油作业区主任助理；马海骄任赵州桥采油作业区责任工程师；张凯任荆丘采油作业区责任工程师；李艳任深州采油作业区责任地质师；刘献君任输油作业区责任地质师；李永才任作业大队大队长助理；以上同志均免去原任职务。【华北五采党组〔2015〕4号】

六　月

6月10日　第五采油厂党政领导联席会研究决定，调整部分单位机构

设置：电力管理中心机关设生产管理组、技术管理组；地质研究所设项目管理室。【华北五采人事〔2015〕26号】

七 月

7月22日 第五采油厂党委组织部研究决定：郭淑琴任自动化管理室主任；李静任开发动态室主任；李丙江任深一联合站站长；孙斌任深一联合站党支部书记；魏法明任深一联合站副站长；洪兆民任输油线路巡护站站长；叶文芳任输油线路巡护站副站长；王华任晋40采油站站长；刘小峰任晋40采油站党支部书记；陈志彬任何庄采油站党支部书记；谢天宇任晋93采油站党支部书记；魏学庚任晋105采油站站长；孙陌球任晋105采油站党支部书记兼副站长；路庆乐任赵112采油站副站长；郭思全任赵60采油站站长兼党支部书记；张伟江任赵61采油站站长；和改英任赵61采油站党支部副书记；孙福杰兼任作业六队党支部书记；宋延民任准备队队长；张瑞旺任车队党支部书记；刘玮任作业三队队长；以上同志均免去原任职务；免去蒋伟彪的晋93采油站党支部书记职务。【华北五采党组〔2015〕9号】

7月30日 第五采油厂党委会研究决定：张永任厂副总地质师；梁喜堂任电力管理中心主任，免去其电力管理大队大队长职务；马德长任电力管理中心副主任，免去其电力管理大队副大队长职务；李仲昌任电力管理中心副主任，免去其电力管理大队副大队长职务。【华北五采人事〔2015〕33号】

九 月

9月2日 第五采油厂党委会研究决定：免去毛俊霞的第五采油厂物资供应站党支部书记职务。【华北五采党〔2015〕17号】

十 月

10月28日 第五采油厂党政领导联席会研究决定，成立工程维修站；保卫科更名为护厂大队（保卫科），保卫科与护厂大队实行合署办公，为具有机关管理职能的厂属大队级单位。油田建设管理中心项目概算、预算职能及人员划归计划科。【华北五采人事〔2015〕39号】

十 一 月

11月3日　第五采油厂党委会研究决定，成立护厂大队（保卫科）党支部、工程维修站党支部。【华北五采党〔2015〕26号】

11月18日　第五采油厂党委会研究决定：庄学军任护厂大队（保卫科）大队长（科长），免去其工程大队大队长职务；朱荣贵任质量监督中心副主任，免去其工程大队副大队长职务；刘建军任工程维修站站长（副科级），免去其工程大队副大队长职务；免去刘德明的保卫科科长职务。【华北五采人事〔2015〕43号】

11月20日　第五采油厂党委会研究决定：刘德明任护厂大队（保卫科）党支部书记；孙英祥任测试大队党支部书记，免去其工程大队党总支书记职务；刘建军任工程维修站党支部书记。【华北五采党〔2015〕30号】

十 二 月

12月28日　第五采油厂党委组织部研究决定：孙建利任荆丘采油作业区荆一采油站站长；艾文兵任荆丘采油作业区输油线路巡护站党支部书记；王勇任荆丘采油作业区荆二联合站党支部书记；张志强任作业大队作业七队党支部书记；以上同志均免去原任职务。【华北五采党组〔2015〕15号】

后　记

在华北油田分公司人事处、华北油田组织史资料编纂办公室和专家的指导下，在第五采油厂历任领导的关心及各单位的配合和支持下，经过全体编纂人员的辛勤努力，由第五采油厂人事科／党委组织部牵头组织编纂的《华北油田组织史资料（基层卷）第一部　第五卷》正式出版了。本书以组织机构的建立、发展、沿革为主体，系统地展现第五采油厂从成立到发展壮大的变革历程，对于总结组织建设发展规律和经验，传承历史将起到积极作用。

2013 年 4 月，华北油田分公司下发《关于全面启动〈中国石油华北油田组织史资料〉编纂工作的通知》，全面启动《中国石油华北油田组织史资料》的编纂工作，分企业卷、基层卷 2 个层次组织编纂。根据华北油田分公司的工作部署，第五采油厂抽调 5 名熟悉组织人事及档案工作并有一定文字功底的人员，组成编纂组。

2013 年 10 月，依据《华北油田组织史资料编纂技术规范》，第五采油厂全面启动基层卷的编纂工作。经过认真编纂、修改，2018 年初步完成基层卷的编写工作。

编纂《华北油田组织史资料（基层卷）第一部　第五卷》既是落实华北油田分公司的一项工作部署，也是第五采油厂发展建设的需要。在编纂过程中，编纂人员始终坚持"广征、核准、精编、严审"的工作方针，坚持尊重历史和"实事求是"的原则，认真落实"三清、四问、五不让"的编纂工作要求，翻阅档案千余份，录入电子档案 700 余份，厘清了第五采油厂自成立以来组织工作发展的整体脉络和基本特点，确保本书成为系统、完整、准确、全面地反映第五采油厂组织人事工作沿革的正史资料。综述收录了经营改革、勘探开发、生产建设、技术创新、党建和思想政治工作、企业文化建设等方面的资料，全面反映第五采油厂的发展改革历程，以求到达系统保存资料、方便利用的目的。

本书在成书过程中，得到了华北油田组织史资料编纂办公室的指导，以及第五采油厂厂长办公室的大力支持。人事档案室和综合档案室全力协助编篡资料的查找，机关各部门及基层单位积极配合资料审查工作，保障了编篡工作顺利开展。值本书出版之际，谨向对编篡工作给予大力支持和帮助的所有单位和人员表示衷心的感谢。

此外，由于第五采油厂组织机构沿革错综复杂，人事更迭频繁，早期的文献资料和人事档案保存不够完整，部分档案资料随着机构的分离划转遗失，加之编篡人员能力有限，书中难免有疏漏不详之处，恳请读者批评指正。

编篡组联系方式

地址：河北省辛集市束鹿大街 63 号

邮编：052360

电话：0317–2743846

第五采油厂组织史资料编篡组

2025 年 3 月

参编人员

顾　问：郝玉军　翟胜强　郭志强　王　涛　李　健　周　俊

人　员：（以姓氏笔画为序）

于志铭	马永忠	王　维	王海生	王毅敏	牛宝歧
亢亚力	龙跃明	申玉健	田进朝	代国庆	白振平
戎顺利	吕德福	任　虹	闫　彪	刘宏伟	刘怀建
刘建平	刘建威	刘英森	刘德明	庄学军	孙学峰
孙英祥	杨　兵	杨　杰	杨中峰	杨学兵	杨瑞起
李英强	李建刚	李造吉	张　永	张国法	张香林
陈占英	陈宝新	贾文克	徐定光	郭小玉	高忠生
梁喜堂	曾艺忠	蒲祥金			

《中国石油华北油田组织史资料》系列图书
出版说明

为充分发挥组织史"资政、存史、育人、交流"的作用，按照中国石油天然气集团公司（以下简称集团公司）的要求，华北油田分公司于2013年4月同步启动《中国石油华北油田组织史资料》系列图书企业卷和基层卷的编纂工作，并明确由华北油田分公司人事处负责具体牵头组织。

《中国石油华北油田组织史资料》（1976—2013）企业卷（编号CNPC-YT10）共3卷4册，由华北油田组织史资料编纂办公室组织编纂，集团公司人事部编纂办公室规范性审查后，由石油工业出版社统一出版，于2016年12月出版发放。

《华北油田组织史资料》（基层卷）第一部共37卷40册，由各基层企事业单位人事部门负责牵头组织编纂并形成初稿。华北油田组织史资料编纂办公室规范性审查后提出审核意见，各基层企事业单位按照审核意见修改合格，形成送审稿。送审稿报集团公司人事部编纂办公室规范性审查后，由石油工业出版社统一出版。《中国石油华北油田组织史资料》（基层卷）第一部出版编码：HBYT-JCJ-1-01 至 HBYT-JCJ-1-37。

编纂《中国石油华北油田组织史资料》系列图书是响应集团公司安排部署，全面加强组织人事工作科学化、规范化建设的重要任务，是一项政策性、技术性、规范性、连续性很强的业务工作，是《中国石油组织史资料》的重要组成部分。《中国石油华北油田组织史资料》系列图书的编纂，厘清了华北油田勘探开发40年来，从华北石油会战指挥部到华北石油管理局和华北油田分公司各级党政组织的成立、更名、发展、撤并以及领导干部变动情况等内容，为企业资政、存史、育人、交流提供了真实可信的依据。这套翔实完整的系列图书，从工业企业史的角度丰富了华北油田的历史资料，为组织人事、史志研究、档案管理等部门人员从事相关业务提供了诸多便利，为体制改革和机构调整提供了历史借鉴。值此《中国石油华北油田组织史资料》系列图书出版之际，谨向对该套图书出版工作给予支持和帮助的所有单位和人员表示衷心的感谢！

由于掌握资料和编纂者水平有限，丛书难免存有错漏，恳请读者批评指正。对华北油田企业卷、基层卷的意见建议请联系华北油田组织史资料编纂办公室；对各单位基层卷的意见建议请联系各单位编纂组或组织史资料编纂办公室。对书中错漏之处我们将统一在今后续编时一并修改完善。

华北油田组织史资料编纂办公室联系方式
联系单位：中国石油华北油田分公司人力资源部 / 党委组织部
通信地址：河北省任丘市
联系电话：0317-2725521，2704209
电子邮箱：rsc_yz@petrochina.com.cn，hj_weitong@petrochina.com.cn

《中国石油华北油田组织史资料》系列图书目录

《中国石油华北油田组织史资料》企业卷（共4卷12册）		
编号	卷号	卷名
CNPC-YT10	第一卷	华北石油会战指挥部（1976.2—1981.6）
CNPC-YT10	第二卷（共二册）	华北石油管理局（1981.6—2008.2）（上）
		华北石油管理局（1981.6—2008.2）（下）
CNPC-YT10	第三卷	华北油田分公司（1997.7—2013.12）
CNPC-YT10	第四至六卷（共八册）	华北油田分公司（2014.1—2018.12）

华北油田组织史资料（基层卷）第一部（共37卷40册）		
编号	卷号	卷名
HBYT-JCJ-1-01	第一卷（上）	第一部分　油田指挥部—采油厂（1976.3—1983.1）
		第二部分　华北石油管理局 第一采油厂（1983.1—1999.9）
	第一卷（下）	第三部分　华北油田分公司 第一采油厂（1999.9—2015.12）
HBYT-JCJ-1-02	第二卷	第二采油厂（1983.1—2015.12）
HBYT-JCJ-1-03	第三卷	第三采油厂（1983.1—2015.12）
HBYT-JCJ-1-04	第四卷	第四采油厂（1983.1—2015.12）

编号	卷号	卷名
HBYT-JCJ-1-05	第五卷	第五采油厂（1986.8—2015.12）
HBYT-JCJ-1-06	第六卷（上）	第一部分　二连公司（1984.4—1999.9）
	第六卷（下）	第二部分　二连分公司（1999.9—2015.12）
		第三部分　二连油区综合服务处（1999.9—2006.3）
HBYT-JCJ-1-07	第七卷	储气库管理处（2010.2—2015.12）
HBYT-JCJ-1-08	第八卷	第一部分　油田勘探开发研究院—石油勘探开发研究院（1973.12—1977.8）
		第二部分　石油勘探开发设计研究院（1977.8—1984.11）
		第三部分　勘探开发研究院（1984.11—2015.12）
HBYT-JCJ-1-09	第九卷	采油工程研究院（1983.1—2015.12）
HBYT-JCJ-1-10	第十卷	地球物理勘探研究院（1999.12—2015.12）
HBYT-JCJ-1-11	第十一卷	数据中心—数据中心（档案中心）（2014.7—2015.12）
HBYT-JCJ-1-12	第十二卷	第一部分　山西煤层气勘探开发分公司（2006.5—2015.12）
		第二部分　长治煤层气勘探开发分公司（2011.5—2016.11）
HBYT-JCJ-1-13	第十三卷	苏里格项目部（2008.5—2015.12）
HBYT-JCJ-1-14	第十四卷	第一部分　燃气处（2005.1—2009.7）
		第二部分　河北华港燃气有限公司—华港燃气集团有限公司（2009.7—2015.12）
HBYT-JCJ-1-15	第十五卷	第一部分　科工贸总公司（1992.7—2004.9）
		第二部分　河北华北石油天成实业集团有限公司（2004.9—2015.12）
HBYT-JCJ-1-16	第十六卷	第一部分　房产开发公司（华北油田城市综合开发实业总公司）—华北油田城市综合开发实业总公司（1993.2—2004.5）
		第二部分　河北华北石油房地产开发有限公司（2004.5—2015.12）
HBYT-JCJ-1-17	第十七卷	第一部分　第二综合服务处（1996.3—2002.12）
		第二部分　第五综合服务处（1996.12—2010.3）
		第三部分　第九综合服务处（1996.12—2001.6）
		第四部分　华美物业管理处（2001.4—2010.3）
		第五部分　华美综合服务处（2010.3—2015.12）

编号	卷号	卷名
HBYT-JCJ-1-18	第十八卷	第一部分　第四综合服务处（1996.4—2005.4）
		第二部分　第十五综合服务处（1996.12—2005.4）
		第三部分　华丽综合服务处（2005.4—2015.12）
HBYT-JCJ-1-19	第十九卷	第一部分　第六综合服务处（1996.12—2007.3）
		第二部分　第十一综合服务处（1996.12—2007.3）
		第三部分　第七综合服务处（1996.12—2010.3）
		第四部分　华佳综合服务处（2007.3—2015.12）
HBYT-JCJ-1-20	第二十卷	第一部分　第三综合服务处（1996.4—2008.10）
		第二部分　第十三综合服务处（1996.12—2008.10）
		第三部分　华苑综合服务处（2008.10—2015.12）
HBYT-JCJ-1-21	第二十一卷	第一部分　第一综合服务处（1996.4—2008.10）
		第二部分　第十四综合服务处（1996.12—2008.10）
		第三部分　华兴综合服务处（2008.10—2015.12）
HBYT-JCJ-1-22	第二十二卷	第十二综合服务处—华隆综合服务处（1996.12—2015.12）
HBYT-JCJ-1-23	第二十三卷	第一部分　第八综合服务处（1996.12—2010.3）
		第二部分　华盛综合服务处（2010.3—2015.12）
HBYT-JCJ-1-24	第二十四卷	第十综合服务处—华达综合服务处（1996.12—2015.12）
HBYT-JCJ-1-25	第二十五卷	公用事业管理处（1981.11—2015.12）
HBYT-JCJ-1-26	第二十六卷	供水供电服务中心（2010.3—2015.12）
HBYT-JCJ-1-27	第二十七卷	第一部分　总医院（1976.5—2015.12）
		第二部分　第二医院（1988.6—1997.1）
		第三部分　医疗卫生管理中心（1996.11—2006.3）
HBYT-JCJ-1-28	第二十八卷	第一部分　《华北石油报》社（1976.2—2003.5）
		第二部分　新闻文化管理处（1992.9—1994.5）
		第三部分　华北油田有线广播电视台（1998.10—2003.5）
		第四部分　新闻中心（2003.5—2015.12）
HBYT-JCJ-1-29	第二十九卷	第一部分　水电指挥部（1976.4—1981.9）
		第二部分　水电厂（1981.9—2015.12）

编号	卷号	卷名
HBYT-JCJ-1-30	第三十卷	第一部分　华北石油会战指挥部供应指挥部（1976.3—1981.9）
		第二部分　华北石油管理局器材供应处（1981.9—2008.2）
		第三部分　华北油田分公司器材供应处（2008.2—2015.12）
HBYT-JCJ-1-31	第三十一卷	第一部分　通讯处（1976.4—1997.8）
		第二部分　通信公司—华北石油通信公司（1997.8—2015.12）
HBYT-JCJ-1-32	第三十二卷	河北华北石油路桥工程有限公司（2000.2—2015.12）
HBYT-JCJ-1-33	第三十三卷	消防支队（2004.12—2015.12）
HBYT-JCJ-1-34	第三十四卷	公司小车队（1976.3—2015.12）
HBYT-JCJ-1-35	第三十五卷（上）	第一部分　华北石油党校（1977.4—2003.5）
		第二部分　华北石油技工学校（1978.9—1996.11）
		第三部分　华北石油卫生学校（1982.11—2003.5）
		第四部分　华北石油财经学校（1983.9—1996.11）
		第五部分　华北石油教育学院（1983.11—2003.5）
	第三十五卷（下）	第六部分　华北石油中等职业学校（1996.11—2003.5）
		第七部分　华油职业技术学院—渤海石油职业学院（2003.5—2015.12）
HBYT-JCJ-1-36	第三十六卷	第一部分　华北石油技工学校（1976.9—1978.7）
		第二部分　华北石油学校（1978.7—2004.2）
		第三部分　天津石油职业技术学院（2004.2—2015.12）
HBYT-JCJ-1-37	第三十七卷	第一部分　接待处—招待处（1976.2—2008.11）
		第二部分　北戴河石油工人疗养院—职工疗养院—北戴河疗养院（1976.2—2008.11）
		第三部分　招待处（北戴河疗养院）（2008.11—2015.12）